Politics of Policy Initiative

未来をデザインする
政策構想の政治学

【著】
中道寿一
Hisakazu Nakamichi

福村出版

[JCOPY] 〈(社)出版者著作権管理機構 委託出版物〉
本書の無断複写は著作権法上での例外を除き禁じられています。複写される場合は、そのつど事前に、(社) 出版者著作権管理機構（電話 03-3513-6969、FAX 03-3513-6979、e-mail: info@jcopy.or.jp）の許諾を得てください。

はじめに

―― 政策を構想するということ ――

　まず、「政策を構想するということ」の「政策」からみていこう。私たちの周りには、政府の行う福祉政策や金融政策、外交政策、環境政策などさまざまな政策があり、また、地方自治体の推進する住宅政策や交通政策、物流政策などさまざまな政策がある。こうした中央政府、地方政府の行う政策はどこから出てきたものなのであろうか。確かに、現実政治においては、中央政府、地方政府の政府提出法案が議会において承認されることにより政府政策となっていくことが多くみられる。しかし、その政府政策にしても、中央政府の場合、議院内閣制であれば、中央議会（国会）の選挙などを通じて選出された議会の多数派の支持を得て内閣が形成され、その内閣から提出された政策が議会の承認を得て政府政策となるのであり、地方政府の場合には、住民によって選出された首長が提出した条例案が議会で承認されて政府政策となるのであるから、国民および住民の意思を反映したものということができる。もちろん、国民および住民の選んだ議会が自ら法案ないし条例案を提出し審議可決して政府政策とすることも可能であるし、その方が望ましい。しかし、現実においては、行政組織・官僚組織が法案ないし条例案を作成し、政府および与党との協議の上、議会へ政府提出法案および条例案として出てくるのである。その意味からすれば、政策とは「政治の方案。政略。政府・政党などの方策ないし施策の方針」（『広辞苑』）であるという定義は、確かに現実に即した定義といえよう。

　にもかかわらず、現代政治において、政策の発生源は決して政府、与党、官僚組織に限定されるものではない。政策は、住民運動や消費者団体、国際的環境団体、国際的スポーツ機構など、さまざまな運動、組織、機構を発生源としてもつことができるし、あるいは、そうした運動や組織、機構を構成

する1人ひとりの市民をも発生源とすることができる。その意味で、政策とは「個人、あるいは、この個人からなる運動・組織・機構による、問題解決のための作業仮説の設計＝問題解決の手法」（松下圭一）と定義することもできる。そして、この定義は、前者の定義と比べるならば、政策の発生源を行政組織、官僚組織に限定せず各市民にまで拡大することができるという意味で、広義の定義であり、しかも、この定義の方が、「政策構想」、とりわけ、市民による政策構想を考える上で重要な定義である。以上の事柄をまとめるならば、(1) 政策は、スローガンや標語となることもあるが、一般的には「文書」の形態をとる。したがって、政策を形成するということは法律（条例）を作るということである。(2) 政策は、市民レベルから政府レベルまでの各レベルで自由かつ多様に構想される。そして、一般的には、各政党によって絞られてきた複数の政策が、選挙などを通じて議会に持ち込まれて討議・調整され、最終的には多数決によって政府政策として決定される。

　次に、政策を構想するということは、どういうことであるのか。政策を構想するということは、まず現実社会から具体的な政策課題を発見し、分析し、それを政策へと立案することである。したがって、政策を構想するということは、「現在の傾向を未来に延長するのではなく、現在の条件から未来を発明すること」（松下圭一）とも言える。そして、「未来を発明」するためには、鋭い時代感覚と学際的な総合力と未来への構想力、いわば、建築家的な政策マインドが必要となる。

　しかしながら、今日、我々にそうした鋭い時代感覚や、とりわけ未来への構想力があるのであろうか。今日の人間は「遠くを見る目」を衰弱させているとして、「夢見る力」の回復を指摘した、次のような文章がある。「むしろ気がかりなのは、現在の負の遺産の原因をなしているものだ。つまり自ら取り組み、解決しなければならないさまざまな課題を次の世代に先送りしようとする私たち自身の時代精神である。むろん経済の成長が大きな右肩上がりを描いていた時代は"問題の先送り"は賢い選択であった。経済の規模の拡大が、厄介な問題を解決してくれていたからだ。だが、そんな時代が遠く過ぎ去ったことは、誰もが知っている。目の前の問題に正面から取り組もうとしないのは、何も私たちが目前の問題の深刻さを見る力を失っているからで

はないだろう。むしろ逆に遠くのもの、はるか彼方を見る力が弱っているためではないだろうか。たとえば、時代を超えて受け継がれる夢や理想のようなものを見る力のことだ。……何も政府や政治家だけがおかしいといっているのではない。問われているのは民主主義の主権者である私たち自身の歴史感覚がまともかどうかである。民主主義とは、今生きている人の投票による子孫への独裁である。子孫の将来は、現在の有権者の想像力のなかにある。……夢の実現が夢の喪失という苦い現実をもたらしたにすぎないとすれば、あまりに悲しい。人の幸せは経済だけでは得られないという当たり前のことを誰もが知りながら、なお人の幸せと、社会の理想についての新たな夢を描けないところにわたしたちの文明の落とし穴があったのだ。子供らに残す公的部門の借金も、さまざまな制度の疲弊も、すべては失われた古い夢を追い続けるしか社会の安定を保つ術のないところに原因がある。……」(『毎日新聞』社説、2004年1月5日、傍点筆者)

現在、我々が失いつつあるものは、「目前の問題の深刻さを見る力」ではなく、「遠くのもの、はるか彼方を見る力」であるということ、しかし、民主主義が「今生きている人の投票による子孫への独裁」であり、「子孫の将来は現在の有権者の想像力のなかにある」以上、今生きている我々が、想像力を駆使して子孫の将来について考えなければならないというのである。したがって、今生きているものにとって必要なことは、まさに「現在の延長」ではなく、「未来の発明」を行わなければならないのであり、しかも我々1人ひとりが政策を構想することでなければならないのである。

ところで、政策を構想するということは、「政治をデザインする」ということでもある。辞書を繙けば、デザイン（design）とは、「意匠計画。生活に必要な製品を製作するにあたり、その材質・機能および美的造形性などの諸要素と、技術・生産・消費面からの各種の要求を検討・調整する総合的造形計画」「下絵、素描、図案」(『広辞苑』)とある。それは、ちょうど、建築家が、依頼主の要求や使用できる資金、土地、材料などを勘案しながら、目にみえない新しい家を設計することになぞらえることができる。その意味において、政策を構想するということは、現実の政治を前提としながらも、そこに生きている人々の夢、希望を組み入れ、未来をデザイン（発明）すると

いうこと、したがって、政治をデザインするということでもある。それでは、まず、その政治とは何かについて考えてみよう。次に、政策とは何かについて、そして市民による政策構想について考えてみよう。

未来をデザインする政策構想の政治学

目　次

はじめに──政策を構想するということ　3

第1章　政治について　11

序　政治とは何か──人と政治のかかわり　12

第1節　政治の発見　21

第2節　政治のしくみ　28

政治状況　28

権力概念　30

政治権力の特質　32

支配・エリート　34

権力の正当性　38

神話・象徴　42

象徴と政治　43

政治神話　45

危機における政治神話　48

国民主権と国民代表　52

権力分立制　54

[補論]　議会制民主主義と大統領制民主主義　60

リベラリズムとデモクラシーの相克／2つの規範的構成原理／議会制民主主義と大統領制民主主義の諸問題／第三の道？

第3節　政治的アクター　76

政　党　76

政党制度　81

日本の政党　83

脱政党化現象　85

利益集団・NPO　86

選　挙　91

政治的リーダーシップ　98

　　　　大衆社会　101
　　　　補論　全体主義と大衆社会論　105
　　　　官僚制　114
　　　　現代国家　119
　　第4節　政治参加・政治意識・政治変動　124
　　　　政治参加　124
　　　　政治意識　127
　　　　政治変動　130
　　　　補論　人間の意志の営みとしての政治　132

第2章　政策型思考について　143

　　第1節　政　策　144
　　　　政策と政策科学　144
　　　　新しい政策研究――政策構想の必要性　148
　　第2節　政策の諸局面　151
　　第3節　政策価値の変化――「夜警国家」から「福祉国家」へ　153
　　　　「夜警国家」における「政治のデザイン」　154
　　　　「福祉国家」における「政治のデザイン」　166
　　第4節　政策型思考　174
　　　　目的＝手段的認識　174
　　　　循環的発想　176
　　　　システム的発想　176
　　第5節　市民の政策構想　178
　　　　補論　市民が政治に参加する方法――市民による政策構想　182
　　第6節　新たな市民政治の模索　186
　　　　日本の市民社会状況（NPO）　186

第3章　政治のデザイン　　191

　第1節　政治デザイナーの古典的モデル　　192
　第2節　社会設計（デザイン）構想　　196
　　　社会設計・計画思想の普及と深化の背景　　197
　　　社会設計・計画思想の問題点　　198
　第3節　市民による政治デザイン　　200
　　　市民による政策構想——諸価値の共生を求めて　　200
　　　価値相対主義から価値多元主義へ　　204
　　　補論　政策科学と大学——中間支援組織としての大学の役割　　206
　　　　はじめに／「新しい市民社会」論とその構成要素／いくつかの視点／政策科学と大学

あとがき　　227

参考文献　　229

索引　　234

第 1 章

政治について

序

政治とは何か――人と政治のかかわり

　まず、桜の花にまつわる2つの作品（小説）から話を始めたい。1つは、『檸檬』の著者梶井基次郎の「桜の樹の下には」であり、もう1つは、『堕落論』で著名な坂口安吾の「桜の森の満開の下」である。
　「桜の樹の下には死体が埋まっている。これは信じていいことなんだよ。何故って、桜の花があんなにも見事に咲くなんて信じられないことじゃないか。俺はあの美しさが信じられないので、この二三日不安だった。しかしいまやっとわかるときが来た。桜の樹の下には死体が埋まっている。これは信じていいことだ」。これは、梶井基次郎の作品「桜の樹の下には」（『梶井基次郎集』新潮社）という短編の冒頭の文章である。ここでは、絢爛たる桜の花の美しさとそれを見るものの不気味な不安、そして、その不安の原因としての死体の存在とが結び付けられ、人間の、したがって、自然の実相としての、生と死の結びつきが突然突きつけられる。
　「お前、この絢爛と咲き乱れている桜の樹の下へ、一つ一つ死体が埋まっていると想像してみるがいい。何が俺をそんなに不安にしたかがお前には納得がいくだろう。馬のような死体、犬猫のような死体、そして人間のような死体、死体はみな腐乱して蛆が湧き、堪らなく臭い。それでいて水晶のような液をたらたらとたらしている。桜の根は貪欲な蛸のように、それを抱きかかえ、いそぎんちゃくの食糸のような毛根を聚めて、その液体を吸っている。何があんな花弁を作り、何があんな蕊を作っているのか、俺は毛根の吸いあげる水晶のような液が、静かな行列を作って、維管束のなかを夢のようにあがってゆくのが見えるようだ。……俺はいまようやく瞳を据えて桜の花が見られるようになったのだ。昨日、一昨日、俺を不安がらせた神秘から自由に

なったのだ」

　絢爛豪華に咲き乱れる桜の花々も、好むと好まざるとにかかわらず、朽ち果てる運命にある。今を盛りに豪奢の限りを尽くすすべての生も、死を免れることはできない。無限の生が生を無意味にするように、生が死と結びつくことによって、生は意味あるものとなる。だからこそ、梶井は末尾で次のように述べる。

　「ああ、桜の樹の下には死体が埋まっている！　一体どこから浮かんで来た空想かさっぱり見当のつかない死体が、今はまるで桜の樹と一つになって、どんなに頭を振っても離れてゆこうとはしない。今こそ俺は、あの桜の樹の下で酒宴をひらいている村人たちと同じ権利で、花見の酒が呑めそうな気がする」と。

　人間によってなされた最大の発見とは、まさに人間は死すべき運命にあるという冷厳な事実である。人間を特殊なものにし、かつ、人間の心を不安に陥れた発見とは、すべての人間を待ち受けている普遍的で不可避な、手に負えない死という事実であった。Z・バウマンによれば、「人間は、自らが死に向かっていることや、死から逃れる道のないことを知っている唯一の生き物である。ハイデガーが明言しているように、すべての人間が必ず"死に向かって生き"なければならないわけではないが、すべての人間は死の影のなかでその生を生きている。人間は、自らのはかなさについて知っている唯一の生き物である。したがって、人間は、自らが一時的なものに過ぎないことを知っているので、人間はまた、人間とは異なる、始まりもなければ終わりもない永遠なもの、恒久的存在を想像することができる——想像しなければならない」（バウマン『政治の発見』日本経済評論社）のである。梶井の「桜の樹の下には死体が埋まっている」という叫びは、人間は死すべき運命にあり、はかない、一時的な存在でしかないという冷厳な事実への驚きと不安と安堵感の表れではなかったか。

　坂口安吾も「桜の森の満開の下」（1947年）のなかで、「近頃は桜の花の下といえば人間がより集まって酒を飲んで喧嘩をしていますから陽気でにぎやかだと思いこんでいますが、桜の花の下から人間を取り去ると恐ろしい景

第1章　政治について

色になります」「桜の林の花の下に人の姿がなければ恐ろしいばかりです」（『堕落論』集英社）と書いて、桜の花のもたらす不気味な不安、というよりも、桜の花のもつ恐怖について指摘している。その恐怖を安吾は次のように描いてみせる。「花の下では風がないのにゴウゴウ風が鳴っているような気がしました。そのくせ風がちっともなく、一つも物音がありません。自分の姿と足音ばかりで、それがひっそり冷たい、そして動かない風の中につつまれていました。花びらがぽそぽそ散るように魂が散っていのちがだんだん衰えていくように思われます」と。

　この物語は、山賊の男が美しい女の夫を斬り殺して彼女を自分の妻とし「とろけるような幸福」を感じて、愛する女から命じられるままに、自分の7人の古女房のうち6人を殺し、また、都に出てからも、女の「首遊び」のために次々と殺人を犯して多くの首を女の前に供するという、「およそ満ち足りるということを知らない美女と、このいわば"宿命の女"に呪縛された男の話」（富士川義之「風景と女たち」『ユリイカ』1986年10号）なのであるが、この山賊の男は、女の美しさに魂を奪われ、命じられるままに残虐の限りを尽くしながらも、常に一抹の不安を感じていて、それが、「桜の森の満開の下を通る時に感じる恐怖心」と似ていることに気づくようになる。やがて都の生活に疲れた山賊が、鈴鹿の山の桜の森への郷愁をつのらせ、女とともに山へ戻るのであるが、桜の森の満開の花の下に入っていくと、これまで山道を登る間中ずっと山賊の背中にしがみついていた女が鬼であることに気づき、鬼に首を絞められた山賊は全身の力を込めて鬼を引きずり落とし、夢中で逆に鬼の首を絞めて殺してしまう。そして、山賊が我に返ったとき、目の前に倒れて死んでいるのは愛する女性その人であることに気づくのである。

　「彼の呼吸はとまりました。彼の力も、彼の思念も、すべてが同時にとまりました。女の死体の上には、すでに幾つかの桜の花びらが落ちてきました。呼びました。抱きました。徒労でした。彼はワッと泣きふしました。……彼の背には白い花びらがつもっていました」

　しかし、愛する女を殺してしまった山賊にとって、桜の森の満開の花の下は、もはやかつてのような恐怖の対象ではなくなっている。「そこは桜の森

のちょうどまんなかのあたりでした。四方の涯は花にかくれて奥が見えませんでした。日頃のような怖れや不安は消えていました。花の涯から吹きよせる冷たい風もありません。ただひっそりと、そしてひそひそと、花びらが散りつづけているばかりでした。彼は始めて桜の森の満開の下に座っていました。いつまでもそこに座っていることができます。彼はもう帰るところがないのですから。桜の森の満開の下の秘密は誰にも今も分かりません。あるいは"孤独"というものであったかもしれません。なぜなら、男はもはや孤独を怖れる必要がなかったのです。彼自らが孤独自体でありました。彼は始めて四方を見回しました。頭上に花がありました。その下にひっそりと無限の虚空がみちていました。ひそひそと花が降ります。それだけのことです。ほかには何の秘密もないのでした」。山賊の男が愛する女を殺すことによってはじめて知り得たもの、それは、人間の「孤独」あるいはその下に無限に広がる「虚空」こそ「桜の森の満開の下」にあって彼に恐怖を与えていた当のものであったということである。

　室井尚は、この「孤独」や「虚空」を、「その前では、あらゆるものが意味を失い、あらゆる価値が崩壊するような極点として小説空間を照らす」一種の「差異撤廃装置」であると指摘している。「安吾の多くの小説には、その小説に含まれるすべての要素を一挙に無化するような地点が含まれている。それは一種の差異撤廃装置とでもいうべきものであり、その光源によってあらゆる差異（象徴秩序、文化、言語、等など）が一挙に消滅してしまうような究極の地点である」（「風博士とブンガク」『ユリイカ』1986年10号）と。これは、安吾が「文学のふるさと」において、「生存それ自体が孕んでいる絶対の孤独」を「文学のふるさと、あるいは、人間のふるさと」と呼んだものでもある。柄谷行人も、「桜の森の満開の下」には、「安吾のいう"生存それ自体が孕んでいる絶対の孤独"（「文学のふるさと」）の、透明な結晶がある」（『坂口安吾と中上健次』太田出版、1996年）と認めている。しかし、柄谷は、「文学のふるさと」のなかの、「ふるさとは我々のゆりかごではあるけれども、大人の仕事は、決してふるさとへ帰ることではない」という安吾の言葉や、「モラルがないこと、突き放すこと、私はこれを文学の否定的な態度だとは思いません。むしろ、文学の建設的なもの、モラルとか社会性と

第1章　政治について

いうものは、この"ふるさと"の上に立たなければならないものだと思うものです」という安吾の主張にも注意を喚起し、次のように述べている。「"桜の森の満開の下"が示す存在論の透明さは……ひとを突き放す〈現実〉なのである。……安吾が書いているのは、人間の根底にはわれ嫌悪す、故にわれ在りというべき在り方しかないということだ。救いのないことが救いであり、モラルがないことがモラルだという安吾の、窮極の"ふるさと"がそこにある」。したがって、「逆説的だが、"根を下す"ということは、"根"から突き放されることであり、いいかえればそのようにして"根"を感知することである」。「"突き放される"ところに、"現実"がある。何に突き放されるかは、〈独自〉の問題に過ぎない」「安吾は"ふるさと"を発見する。だが、それは一切の〈人間的〉な親和性を寄せ付けぬ、抽象的で無機的な世界である。彼はそこに根をおろす。"根"からいわば〈突き放された〉かたちで根をおろす。安吾が安吾として"革新的な何か"をもってあらわれてくるのはそこからである」と。

　こうした視点にたって、戦後すぐに書かれた「桜の森の満開の下」のさまざまな道具立てをみてみると、果てしない欲望に取り憑かれた美しい女と、女に心を奪われ残虐の限りを尽くす山賊の男との関係は、天皇制にもとづく大日本帝国と国民との関係として捉えることも可能であろう。バウマンの言うように、人間は、死から逃れられないことを知っている唯一の生き物であり、自らのはかなさを知っている唯一の生き物であるがゆえに、有限な人間とは異なる、永遠なもの、恒久的な存在を想像せざるを得ない生き物でもある。人間存在そのものの生み出す不安を解消するために、有限な存在としての自己を永遠なものとしての民族や国民、国家へ結びつけることはありうることである。それは、時として、「人間が根源的に抱いている滅亡への憧憬、あるいは自己抹殺への誘惑」（篠田正浩「豪奢──滅亡への誘惑」『ユリイカ』）として現れることもある。だとすれば、桜の森の満開の下で愛しい女の死体を前に呆然と立ちつくす山賊の男の置かれた状況とは、敗戦日本の国民1人ひとりの精神状況ではなかったか。だからこそ、安吾は、そこから立ち直り、新たな出発をするためにも、まず国家や国民、民族の呪縛から個人として解き放されること、したがって、「存在それ自体が孕んでいる絶対の

孤独」としての［人間のふるさと］に立ち返ることの必要性を主張したのではなかったか。この「絶対の孤独」の自覚から初めて、新しいモラル、新しい社会が生まれてくると主張しているのではなかったか。だとすれば、「桜の森の満開の下」の末尾の幻想的な描写は、国家幻想を射程に入れた安吾の「価値転換の凄まじさ」(篠田正浩)を示すものとして読むことができるのではないか。「彼は女の顔の上の花びらをとってやろうとしました。彼の手が女の顔にとどこうとした時に、何か変わったことが起こったように思われました。すると、彼の手の下には降りつもった花びらばかりで、女の姿は掻き消えてただ幾つかの花びらになっていました。そして、その花びらを掻き分けようとした彼の手も彼の身体も延ばした時にはもはや消えていました。あとに花びらと、冷たい虚空がはりつめているばかりでした」。

以上のように、坂口安吾の「桜の森の満開の下」は、既存の国家や国民、民族を、その基底においてとらえなおすという意味において、「政治のはじまり」を感じさせる作品であった。では、次に、その「政治」とは何か、について考えてみよう。

※

政治とは、情熱と観察力とを同時にもって、堅い板に力をこめて徐々に穴をあけていくことを意味する、といったのは、M・ウェーバー(Weber 1864-1920)である。

　この世において、絶えず繰り返して、不可能なものに対してこれをとらえようとする努力がなされないものとすれば、可能なものにも到達しないということは、絶対的に正しいし、すべての歴史的な経験がこれを確証しています。しかし、これをなしうるものは、指導者であらねばならないし、それのみならず、むしろ——非常に単純な語の意味において——英雄でなければなりません。そしてこの両者でないものは、すべての希望の挫折にも耐えうるようなあの心の堅固さをもって、すぐただ今から武装しなければなりません。そうでなければ、今日可能であるものを貫徹することすらできないでありましょう。この世が、彼の立場から

第1章　政治について

みて、彼が提供しようと欲するものにとって、あまりにも愚鈍であり卑俗であるものとしても、すべてのこのものに直面して「にもかかわらず」ということに挫折しないことが確実であるもの、ただこのもののみが、政治への「職業」を持つのであります（傍点筆者）。

これは、1919年1月28日、ミュンヘン大学に就任し、その記念として青春の真只中にある学生たちを前に行われたウェーバーの有名な講演「職業としての政治」の最後の部分である。えてして、純粋かつ無私たることを最良とみなし、高い理想に生きようとする青年たちにとって、現実の政治は理想とはほど遠い醜悪なものでしかない。革命の余燼くすぶる「興奮の時代」の只中にあって、理想に走ろうとするそうした青年たちに対し、ウェーバーは、心情倫理の意義を評価しながらも、「この世は悪魔によって支配せられ、政治と、すなわち、手段としての権力と強制力とにかかわりあうものは、悪魔的な力と契約を結ぶものであって、彼の行動にとっては、善から善のみが、悪から悪のみが生じうるということは、真実ではなくて、むしろしばしばその反対である。……このことを見抜かないものは、実際において政治的には一個の子供である」と述べ、政治における倫理的逆説の自覚を説いた。そして、「悪魔は年をとっている。だから、悪魔を理解するにはお前も年をとっていなければならない」という『ファウスト』の一句を引用して、目的と手段の均衡を考慮する結果責任の重要性を、したがって、政治的成熟の必要性を強調した。この意味において、ウェーバーは、政治にかかわる者、特に、責任ある職業政治家の条件として、たゆまぬ理想への使命感とともに、覚めた現実認識のリアリズムを挙げたのである。この警告は、当時の青年たちのみならず、政治的無関心を指摘される現代の青年たちにとっても重要であり、また、職業政治家のみならず、政治にかかわるすべての人々が常に想起すべき点の1つであろう。

それにしても、人は、なぜ政治とかかわるのか、また、政治とかかわらざるをえないのか。現代は「政治化の時代」と言われる。本来、社会の一領域でしかない政治は、今日、他のあらゆる領域に浸透し、あらゆる問題を政治問題化することによって、政治は、好むと好まざるとにかかわらず、人間の

序　政治とは何か——人と政治のかかわり

運命を左右するようになってきている。また、そうした「政治の不可避性」のみならず、人間は、アリストテレス（Aristoteles B.C.384-B.C.322）の言う「政治的動物」として、すなわち、神でも獣でもない「共同存在」として、政治を必要とする。だとすれば、政治を宿命としてとらえ政治の前に無為にたたずむのではなく、自らが政治の主人公であることを自覚し、政治を「可能なものの術」としてとらえることが必要である。相互依存関係のますます強まりつつある現代において、人間の幸福を実現し、真の意味で社会を「われわれのもの」にしていくためにも、政治は不可避であり、必要である。

　それでは、一体、政治とは何か。これは、最初にあって、再び最後に立ち戻る重要な問いである。それゆえ、この問いへの解答は、決して容易ではない。たとえば、「政治は力である」という規定は、政治における権力の契機を強調しているし、「政治は妥協である」という規定は、政治における技術性の契機を、また、「政治は倫理である」という規定は、政治における倫理的契機を強調したものである。さらに、多くの人間を自己表現の素材として扱う政治家（権力者）に焦点を当て、政治における人間の表現欲の契機を強調した「政治は芸術である」という規定も可能である（ここから、H・D・ラスウェル Lasswell 1902-1978 は、政治的人間の行動として、P＝p－d－r という定式を抽出した*）。このように、政治の規定は、政治を考察するものの立場や視点によって異なる。その意味で、政治学の対象とする政治は、多様であり多義的である。しかし、政治学が学たろうとすれば、その対象たる政治の多様性を前提としつつも、政治の多義的規定を放置しておくことは決して望ましくない。だとすれば、政治を把握する何らかの枠組みが必要となる。ここでは、政治の一般的定義として、「人間集団間の統一的秩序形成作用」（高畠通敏）を挙げておこう。なぜなら、この定義は、政治的決定と政治的秩序を基軸とし、一方で、「政治的決定」軸の対極に、その決定が既存の価値の分配のみを行う場合（闘争）と、新たな価値を社会に実現する場合（政策）を措定し、他方で、「政治的秩序」軸の対極に、その秩序が権力による上からの支配的秩序の場合（統治）と成員の同意によって作り上げられる秩序の場合（自治）を措定し、そこから、階級闘争や現実の政治過程にアクセントを置く、K・マルクス（Marx 1818-1883）、V・パレート（Pareto

19

第1章 政治について

1848-1923)、C・シュミット（Schmitt 1888-1985）などに代表される「政治＝闘争」観、政治権力の実行すべき「正しい」政策の探求にアクセントを置く、プラトン（Platon B.C.427-B.C.347）の「哲人王」から現代アメリカの政策学者へと連なる「政治＝政策」観、N・マキァヴェリ（Machiavelli 1469-1527）以来の、権力による政治秩序の確立にアクセントを置く「政治＝統治」観、そして、J・J・ルソー（Rousseau 1712-1778）やJ・ロック（Locke 1632-1704）、そしてアナーキスト（anarchist, anarchism）などに代表される「政治＝自治」観を抽出し、こうした政治観の共通領域を設定しているからである。

したがって、政治学とは、こうした政治について、客観的に考え、それを組織立てていく学問と言えよう。その意味において、政治学は、「客観的に組織された知識の体系」であると同時に、「各主体において組織された認識の体系」でもある。ところで、こうした性質をもつ政治学には、政治の力学や法則性を解明する学問とみなすリアリズムの系譜と、政治の「集団における共同の目的の遂行」に重点を置き、公共性、共同性を出発点とするアイディアリズムの系譜とがあるが、今日問われているのは、こうした政治学の系譜を前提にしつつ、「現代的諸条件をふまえながら、どのように主体的な視点を共同に切り開いてゆくかということ」、換言すれば、「われわれを取り巻く人間的環境を"状況"として全体的に把握し、……これを"人間の条件"として受け入れながら、なおかつ、"状況"に対して"主体的"に働きかけること」、したがって、「われわれを取り巻く"制度"や"イデオロギー"だとか"権力"構造などを、流動する人間の現実のなかでの一変数として見通すということ」「われわれの内なる"意識"や"習慣"にしがらみになっているものを、突き放して観察する態度を養うこと」である。

* ラスウェルは、「権力追求者は、価値剝奪に対する補完の一手段として権力を追求する」と考察し、P＝p－d－rという公式で表現した。Pは政治人を、pは私的動機、dは公的な対象への転位、rは公的利益の観点からなされる合理化を意味する。

第1節

政治の発見

　高畠通敏（1933-2004）には『政治の発見』（三一書房、1983年。岩波書店、1997年）という著書がある。高畠自身によれば、この本の目的は、「一九六〇年以降日本でも広がりはじめた市民運動が、現代政治の世界にどのような意味をもつかを、理論的に明らかにしよう」としたものであり、本書に収められている論文「政治の発見」（1965年）は、「日本人の政治観が、政治を〈戦い〉〈乱〉そして〈治〉としてみる封建時代の身分的治者の見方や〈ムラ〉的な共同体的統合の伝統から未だ脱しきれていない現状を分析し、政治を〈自治〉的な秩序の形成とそのための政治技術として考える市民的政治観を樹立する必要」を説いたものであり、この主張は、「戦後の保守と革新両陣営がともに見失っていた市民自治という課題を、政治に対する認識の枠組みから作り直そうという発想に基づくもの」であり、「その後の革新地方自治や新市民革命の流れを先取りしつつ市民運動の政治的成熟を説くもの」であった（『社会学文献事典』弘文堂、1998年）。
　論文「政治の発見」では、近代日本の政治観として、政治＝乱、政治＝治、政治＝ムラ、政治＝正という4つの政治観が提示されている。「政治＝乱」観においては、政治は「戦さ」「戦い」であり、「政治」的認識とは、「泰平のうわべのなかに赤裸々な"乱世"と真実を見ること」であり、「政治」的人間とは、「治において〈乱〉を忘れぬ志を抱く人間」である。そして、この政治観の特質は、「政治イデオロギーや道徳も、制度の"たてまえ"やモレスも、極限状況的な"たてまえ"のなかで溶解し、すべてが勝敗に及ぼす効果から計算される」、その「軍事的リアリズム」にある。「政治＝治」観は、「乱」を終息させ、凍結させるものとしての「統治」観にもとづいている。

第1章　政治について

　「統治」とは、「乱」が終息し非日常的な秩序が復活するという意味での基底的な「治」に対して、「特定化された利害をめぐる"争乱"を人為収斂させるもの」であり、「統治」は「治」に「寄生」し、「治」は「統治」を前提とする。したがって、この政治観は、「"政治"とは被治者の人心の収攬であり、その心理的操縦であるという観念と結び」ついている。「政治＝ムラ」観においては、「ムラ」では「利害の分化と対立が明らかに存在するにもかかわらず、域内平和のイデオロギーの下、"話合い"を通じて全員一致制の決議方法がとられる」ので、形式上の一致を確保するために「ムラ」政治家の「勘」と「肝」という「芸」が必要なのであり、また、シコリを洗い流すための「酔える」能力あるいは技術が必要とされる。「政治＝正」観とは、「祭政一致」観や福祉国家観や「科学的政治」などにみられるような、「政治」を「共同社会のための何らかの"正しい"方策の実現」ととらえる見方である。すなわち、道徳的「正しさ」であれ、科学的な「正しさ」であれ、何らかの「正しさ」を体現した「政治」を、「共同社会内に発見し、実現する事業」としてとらえる見方である。したがって、そこで必要なのは、正義感であり、「非政治的」客観性である（『政治の発見』岩波書店、1997年）。

　このように、高畠は、「今日の日本に支配的な"政治"のイメージのタイプ」を「乱」「治」「ムラ」「正」のモデルとして区分し、「それぞれのイメージに付随して必要と見なされてきている"政治"的技能」として、「"志"の高さと軍事的リアリズム、官僚的技能と操作のリアリズム、取引の技能と"酔"える能力、正義感と"非政治"性」を挙げ、それらの内部にある「緊密な相互連関」を指摘している。そして、高畠は、こうした「政治」観を「政治の定義」として用いて、現代日本の「政治」過程を詳細に記述することは可能であると述べる。しかし、高畠によれば、こうした「政治」観は「すべて疑似政治」に過ぎず、日本において「基本的に脱落している政治のイメージ」そのものこそ、本来の「政治」である、と言う。ここに、「政治の発見」の意味がある。

　では、発見すべき「政治」とは何か。高畠によれば、その「政治」とは、「自由独立な人間の集団のなかで、相互の自由なる合意によって秩序を創出する機能としての政治」「自ら治めるという意味における自治のモデルであ

第 1 節　政治の発見

り、自治を現実に機能させる努力と工夫の過程としての政治」である。では、この「政治」を支える「自治」とは何か。著者によれば、自治とは、「異なる人間がつくる社会においてはじめて生まれるもの」(傍点筆者)であり、異なる「個人の間に秩序が生まれるということは、両者をふくみつつ、両者を超えたところに合意が創出されるということであって、その過程において、両者の利益は、自治社会を維持するという共通の関心によって相互に変形する」のである。その際、必要となる政治的能力こそ、「自己の個的利益を利益としてつねに主張しうる独立性」であり、「他との協調と妥協の上に秩序を創出することが、究極の利益であると判断できる知性」、すなわち、「原則の自覚と主張の能力」であり、「決定についての"適切"さの判断能力と受容能力」なのである。したがって、現代日本において最も必要なことは、知識としてはすでに知っているこうした事柄を、「日本の社会に現実に導入し定着させること」、そのためにも、「大衆民主政を内から支える政治技能と政治習慣を市民が習得すること、……そして、それを自治的な政治社会に内から変質させていくこと」であり、さらには、「自主的な秩序形成の活動としての政治を価値とするカルチュアをつくること」である。この意味において、「政治」の「発見」とは、「政治」の「創造」でもある。

　ところで、高畠は、この「政治の発見」(先述の4つの政治観)について、したがって、「政治の創造」について、『政治学の道案内』(三一書房、1976年)において、次のように説明していた。すなわち、政治を「有限性ということを媒介として成り立つ人間集団内の統一的秩序作用」と定義した上で、政治=政策、政治=統治、政治=闘争、政治=自治という4つの政治観を提示し、さらに、これら4つの政治観の関係を、政治的決定という座標軸の両極に「政治=政策」と「政治=闘争」を設定し、政治的秩序というもう1つの座標軸の対極には「政治=統治」と「政治=自治」を設定することによって明らかにしながら、現代日本の政治観として欠如しているものこそ、したがって、現代日本において最も必要な政治観こそ、自らの政治秩序を自ら形成するという「政治=自治」観であることを示している。高畠による以下のような丸山眞男批判は、この視点からなされたものである。すなわち、「丸山の理論のなかには、権力的支配のリアリスティックな分析と日本の自治的

第1章 政治について

方向への改革という二つの魂が、理論的に無媒介に共存している。それはおそらく、政治学の任務をして、"あらゆる組織のなかで境界人たらざるをえない"知性を養うことにあるという主知主義的な規定へと導いてゆくことと無関係ではない。しかし、自治的な政治はパラドクスを明察する知性によって保たれるのではなく、大衆のあいだの日常化した政治技能によってはじめて支えうるのである。そのためには、統治の理性と現実を認識できる"境界人"的知性だけでなく、自治の理性と現実をも認識できる"集団人"的知性を開発しなければならない。それはまた、統治官僚だけでなく、市民集団や住民運動の中での政治的秩序を下から形成するオルグ的人間の精神構造をも照らし出すことの必要性を意味している」(傍点筆者)と。

市民政治が、日常生活のなかに「自治」としての「政治」を「発見」し、それを実践する営みのなかでそれを維持する政治的技能を不断に編み出し、身につけ、共有していこうとするものであるならば、それがたとえデモクラシーの名の下になされるものであろうとも、市民政治そのものの権力化を回避しなければならない。なぜなら、高畠によれば、「デモクラシーはつねに、市民を心理的に同質化することによって、体制の安定を勝ち取ろうという志向を持つ。こんにち、問われるべきは、デモクラシーのこのような誘惑に反して、政治秩序を下から異質な市民の協力によってどのように組み上げるかという自治の問題でなければならない」(傍点筆者)からである。

同名の書に、Z・バウマン『政治の発見』(日本経済評論社、2002年。原題 In Search of Politics, 1999) がある。バウマン (Bauman 1925-) は、今日のグローバル化が従来の国民国家の枠組みや境界を曖昧化ないし融解させていくなかで、政治が従来と同じようにローカルなままであろうとすることにより、グローバル化は人々を政治的アパシーに陥れるだけでなく、その「透明性」と「柔軟性」によって、人間存在に対してこれまで以上に底知れぬ不安をもたらしているととらえる。人間は、有限で可死的な存在であることによって、不安と苦痛を抱いているが、国民や家族を構成することによって、不安や苦痛を緩和することができる。「国民という心象は、その個々のメンバーの可死性に反して、無時間的な、永遠性のシンボルを配備することができる」のであり、「国民性の継承された不可死性は可死の人間に意味を

与え、その不可死性の恒久化は、可死的行為に超越性という付加価値を与える。国民は、可死的存在に、その個人的死を超えて永遠性の中に入るチャンスを与える」のである。しかし、近代は、死から、その超越性を奪ってしまった。A・カミュ（Camus 1913-1960）の『異邦人』は、この現世においてのみ人間は存在するのであって、生命は死をもって終わるということ、死すべき運命の個人と「宇宙の情け深い無関心」とのあいだには今や何も介在しないということを知ったのであり、したがって、「自分自身の、純然たる、実存的不安と直接的に向かい合うことになった」のである。そしてさらに、現代のグローバル化がボーダーレスな状況を生み出し国民国家をゆるがすことによって、国民は、もはや「恒久的な生活の保護者と考えられていた国家の政治的主権の保護の下でも安全ではなく」なり、「国民共同体の意味付与機能」も失われ、各人が、「孤独と隔離に対する恐怖心」と戦わなければならなくなったのである。それゆえ、バウマンは言う。「我々を不安にし心配させる実存的な恐怖は、純粋かつ未加工のままでは手に負えないし、扱いにくく、それゆえ、耐えられない。そのぞっとするような真実を明らかにしない唯一の方法は、圧倒的に大きな恐怖を、取り扱いやすいように小片に切り刻むことである」と。すなわち、人々は、実存的な不安を「肥満」という個人的・現実的な不安へすり替え、ダイエットやフィットネスクラブへ通うことで対応しようとする。「ひとたび人間存在の不安定性に対処する課題が私事化され、個人の力に委ねられたならば、個人的に経験された恐怖は共有されず、共通の大義や新しい共同行為へと融合することもない」。こうした状況下で考えられる唯一の結合形式は、「糸巻き型の共同体」、すなわち、多くの個人の「恐怖」が同時に絡みつく1つの糸巻き＝肥満を発見することによって結合する、ダイエットクラブやフィットネスクラブのようなグループでしかない。したがって、バウマンによれば、グローバル化した現代の状況とは、人々がその不安と苦痛によって分離され孤立化し、人間的連帯のデリケートな絆は引き裂かれ、個人は政治的市民から市場消費者へと貶められ、しかも、公的領域と私的領域との架橋が行われていない状況なのである。

　それでは、こうした状況に対して、バウマンは、どのように対処すべきであると主張しているのであろうか。バウマンは、私的問題を公的な問題へと

第1章 政治について

転化するにはどうしたらよいと言っているのであろうか。彼は、古代ポリスの私的領域と公的領域の区別にまで遡りながら、私的領域としてのオイコス（*oikos* 家事、家政）と公的領域としてのエクレシア（*ecclesia* ポリスのすべての構成員に影響を及ぼす問題が取り扱われ決定される政治の場所）とのあいだに、この２つの領域の円滑かつ不断の交通を保証する第三の領域としてのアゴラ（*agora* 私的／公的領域）、「絶えざる緊張と綱引きのある領域であり、また同時に、対話し、協調し、妥協する場所」としてのアゴラの意義を再「発見」する。現代のアゴラは、「公的なもの」が後退して政治的に接近できない場所に隠れてしまい、しかも、「私的なもの」が傍若無人に振舞うという「危険な状態」にあるため、アゴラを再活性化することによって、機能不全に陥り後退しているエクレシアを取り戻すことを提唱する。そのためには、我々の意識を、エクレシアからアゴラへと方向転換させなければならない。分断されている「公的なもの」と「私的なもの」とを再び架橋するために、「アゴラの私事化とその脱政治化」を阻止しなければならない。アゴラを、自立的な個人と自立的な社会に適合させるように、アゴラを再建しなければならない。「私的なものと公的なものが出会い、まさに、提供された選択肢から選択するのではなく、選択肢の範囲を検証し、疑問視し、再交渉する」、あの「政治」をめざさなければならない。

だとすれば、バウマンのめざすべき「政治」、発見すべき「政治」とは何か。彼によれば、あらゆる社会は、その制度を創造し、それを活性化し、機能的、有効にするという意味において、自律的（自治的）である。しかし、その自律的社会も、「自立的であるということの自覚の有無と、その自覚が社会の毎日の機能において制度化されている度合い」によって、「即自的な自律的社会」と「対自的な自律的社会」とに区分されうる。そして、制度の現実と理念を前提に、制度の理念によって制度の現実を常に検証し続ける、「対自的な自律的社会」こそ、現代において最も重要であり必要であると主張する。では、この「対自的な自律的社会」とは何か。バウマンによれば、この社会は、「傷つきやすい人間同士の共生する社会」であると同時に、「あらゆる創造物の生来の可死性を素直に認め、その選択の余地のない危うさから、恒常的な自己変革、自己改革のチャンスを引き出そうと試みる」社会で

第1節　政治の発見

ある。そして、この社会において不可欠な自治とは、「可死性を不幸から幸福へ変えるために協力し合う共通の努力」なのである。かくして、「政治」とは、「事実上の有効性を誇る諸制度を、法律上の有効性に照らしてコントロールするための有効かつ現実的な努力」(傍点バウマン)なのであり、政治の本質とは、批判的考察であり、民主主義とは、批判的考察を行う場所(*site* サイト)なのである。

　かつて、高畠通敏は、「現代民主主義の可能性」というテーマの講演の冒頭で、体制化した民主主義の問題性を衝きながら、自治としての「政治」、異質な市民による下からの政治秩序の形成ということの重要性について語り始めたことがある。そのときの高畠の意図は、グローバル化の下で進行する「私的なものと公的なものの分裂状況」に対して、「私的なものを公的なものに組み替えることこそ、新たな政治を構築するための緊急かつ不可欠な条件」であり、私的問題と公的問題を結びつける「私的／公的領域」、すなわち、「市民が自らを統治するために、対話に参加する領域」としてのアゴラの再構築をめざすバウマンの主張とは、「政治の発見」と「政治の創造」において通底している。そして、この「政治の発見」と「政治の創造」は、今もなお必要であり続けている。だとすれば、「政治の発見」と「政治の創造」を担う主体としての個人をどうとらえるかが喫緊の問題として私たちの前に立ちあがってくる。

第2節

政治のしくみ

政治状況

　政治は、人間の社会行動の1つである。したがって、政治は、他の社会行動と同様に、状況・制度・組織という3つのレベルで発現する。この3つのレベルは、社会行動の流動化・定型化・機構化として区別される。一般に、人間は、さまざまな利益関心と価値指向性とをもちながら、他者と相互作用することによって、環境に適応していく。その際、さまざまな関心をもつ個人からみた環境の意味的側面を「状況」と呼ぶ。それゆえ、「状況」は、価値の多様性や関心の変化によって、常に流動化する。しかし、そうした変転極まりない「状況」にあって、人間は、trials and errors（試行錯誤）を繰り返しながら、ある目標を達成するにはある一定の行動が有効であることを認識し、その行動に同調することを合目的的と無意識的にみなすようになる。こうした、特定の目標価値を獲得するのに、その社会で正当と認められている行動定型を、「制度」という。たとえば、「制度」は、広い意味での規範（慣習、習俗、道徳、エートス、法律、言語など）として現れるし、また、近代社会においては、富という価値を獲得する正当な行動定型として、私有財産制や、契約の自由、自由競争などが制度化され、政治権力の獲得ないし配分の正当な行動定型として、立憲主義、議会主義、多数決原理などが制度化された。もちろん、こうした制度が有効に機能するためには、社会のなかに、そうした制度を通じての価値充足の期待が存在しなければならない。そして、こうした価値獲得の行動定型としての「制度」は、その具体的・機能的・合理的形態（機構）として、「組織」を必要とする。「組織」とは、たと

えば、「機能集団」と呼ばれる政党や官僚制、軍隊などにみられるように、一定の目的を実現するために、成員個人の行動を役割としてより機能的・合理的に定型化し編成したものである。したがって、「制度」が「組織」を必要としたように、「組織」もその安定した再生産を行うためには、「制度」を必要とする。かくして、社会行動は、「状況」から「組織」「制度」へと位相を変えることにより、定型化され可測化されることになる。しかし、この3つのレベルの関係は、単に静態的な層構造をなすものではなく、「制度」を通じての「状況」化（選挙）や、「制度」（あるいは諸「制度」の総体としての「体制」）の根本的「状況」化（革命）、巨大な「組織」化と大衆の「状況」化による自発的「制度」の崩壊（現代社会）などから分かるように、動態的である（篠原一・永井陽之助編『現代政治学』有斐閣、1965年）。

ところで、こうした「状況」「組織」「制度」という3つのレベルを前提にしながら、かつて丸山眞男は、「権力論を中核にすえた新しい政治学の理論モデルの提示」を行おうとして、政治状況の循環から政治権力の再生産に及ぶ政治過程を以下のように定式化したことがある。

（Ⅰ）C−S
（Ⅱ）C−P−S
（Ⅲ）P−C−S−P'（P＜P'）
（Ⅳ）（C−）D−L−O−d（−S）
C＝紛争　　S＝解決　　P＝権力　　D＝支配服従関係の樹立
L＝政治権力の正当化　　O＝政治権力の組織化
d＝社会的価値の配分　　　　　　（『政治の世界』御茶の水書房、1952年）

これは、一方で、政治状況が、競争の紛争への転化〔（Ⅰ）：政治の第一の契機〕、紛争への権力の介入〔（Ⅱ）：政治の第二の契機〕によって政治性を強めていくこと、他方で、紛争を解決する手段としての権力が、それ自体を維持するために、常により大きな権力を必要とし、自己目的化されやすい性質をもっていること〔（Ⅲ）：権力の自己目的化〕を示しながら、変転極まりなく、とらえ難い政治状況の循環を見事に定式化し、さらに、政治権力その

第1章 政治について

ものの構造を、上述の4つの要素によって分析〔(Ⅳ)：政治権力の構造〕し、政治権力の「制度」化、「組織」化のプロセスを明らかにしようとしたものである。もちろん、こうした、権力を中心にして政治をとらえようとする見方は、丸山に限定されるものではない。たとえば、M・ウェーバーは、政治を、「国家相互の間であろうが、一国内において、国家の包容する人間集団相互の間であろうが、権力の分けまえにあずかろうとする努力、あるいは、権力の分配を左右しようとする努力」と定義しているし、H・D・ラスウェルは、「権力の教義が政治思想であり、権力の科学が政治学である」とすら述べている。権力が政治において中心的位置を占めている点については、広く認められているといってよかろう。

権力概念

それでは、このように、政治において中心的位置を占める権力とは何か。その一般的定義からみていこう。権力一般の定義としては、「社会関係のなかで、抵抗に逆らってまで自己の意志を貫徹するチャンス」というM・ウェーバーの定義が有名である。その際、ウェーバーは、その「チャンス」は何にもとづくものでもかまわないとしているが、この「チャンス」が、可能性を意味するのか、あるいは、現実に「自己の意志を貫徹」している場合を意味するのかによって、権力のとらえ方が異なってくる。たとえば、ある人にとって、権力とは、「他人に影響をおよぼす法的な地位や権限」であったり、また、他の人にとっては、そうした影響が実際に生じている「状況」や「関係」であったり、さらには、そうした力をもっている、ないし、行使する「人」であったりする。その意味で、権力概念は、多義的である。それゆえ、この多義性を克服する1つの方法として、権力概念は、実体的権力概念（権力の実体説）と機能的・関係的権力概念（権力の関係説）とに区分し、整理される。

権力の実体説は、権力者が、何らかの価値や能力、手段を保有するがゆえに権力を有するととらえる。したがって、権力を1つのもの、実体としてとらえる見方である。この見方からすれば、権力者が、価値、能力、手段とい

った権力の基礎資源を所有していることによって、非権力者は権力者への服従を強いられるということになるが、その場合、特に、権力者がそうした「権力」を多くもてばもつほど、非権力者の「権力」は少なくなるという見方が成立する。これは、要するに、社会システムのなかで利用できる権力の絶対量を一定とみて、そのなかでの権力の奪取を問題とするものであり、T・パーソンズ（Parsons 1902-1979）により「権力のゼロ・サム（zero-sum）概念」と名づけられたものである。ところで、こうした権力の実体説は、たとえば、暴力（軍隊）の集中を権力の基盤とみたN・マキァヴェリや、人間を「死においてのみ止むところの権力への欲求」をもつ存在と規定し、「人間の力とは彼が将来明らかに得であると思われるものを獲得するために現在所有している手段である」とするT・ホッブズ（Hobbes 1588-1679）、市民社会における経済価値の優越、とりわけ生産手段と富の所有による支配階級理論を展開したK・マルクス、また、大衆と隔絶したエリートの存在を前提とし、すべての重大な政策決定力をエリートが握っているとするC・W・ミルズ（Mills 1916-1962）などにみられる。えてして、権力の実体説は、社会における階級が明確で、支配・服従関係が固定的で、支配階級が同時に権力の資源となる武力、財力の保有階級でもある場合に、有力である。しかし、この立場は、権力と権力要素ないし権力の実質的基礎とを混同する可能性をもつこと、また、権力者を重視し、服従者の側の積極的な服従の提供を看過ないし過小評価する可能性をもつこと。さらに、この立場に関しては、多くの社会的勢力と「社会内における統一的な決定を確保する強制力」としての政治権力とを十分に区別できない、という欠点が指摘される。これに対し、権力の関係説は、権力を具体的な状況における人間および人間集団の相互関係、治者と被治者とのあいだの相互作用においてとらえ、被治者の同意を重視する。これは、権力を、現実の具体的な状況あるいは心理関係において、どれだけ他の人間ないし集団を自己の意図した方向へ動かしたかという点からとらえようとする。したがって、どれだけ多くの力や基底価値をもっていたとしても、それによって、他者を自己の思うように動かすことができなければ、権力があるとは言えない。その意味において、支配・服従関係は、積極的であれ、消極的であれ、被治者の服従や同意なしには存在

しえない。「国際政治においても、国内政治においても、相手の目に映じた権力のイメージは、たとえそれが現実の権力を正確に映していない場合でも、それ自体権力関係を決定する要因となる。権力の経済的基盤や軍事力自体が不変でも、威信の損減が権力にとってしばしば致命的に作用する」(丸山眞男)という指摘や、「権力保持者は国家のなかで権力をもつが、決して国家の権力を保有しているのではない」とし、「服従が支配者を作る」(H・ヘラー Heller 1891-1933) という指摘は、この点を突いている。ところで、こうした権力概念は、支配者による社会的価値の独占性が相対的に低下し、マス・コミュニケーションが発達し、自発的な社会諸集団が形成され、それらの相互連関性が増大した社会ないし時代においてみられる。したがって、この概念は、第二次大戦後アメリカで発達した行動論政治学において多く認められる。しかし、この見方を一方的に押し進めて、権力現象を治者と被治者との関係に解消してしまうならば、権力の強制的側面を軽視ないし看過する危険性がある。それゆえ、この２つの見方の一方を正しいとし、他方を否定することはできない。どちらの見方も、権力現象のある側面をとらえているのであって、権力現象を把握するための複数の視点の１つであると言えよう。なるほど、過去の政治思想家や政治学者による権力の定義はこの２つの見方のいずれかに傾いていることは確かであるが、純粋にこの２つの見方に区分することは困難である。我々にとって大切なことは、権力現象のより正しい認識であるならば、いずれか一方の見方ではなく、その双方の見方でとらえること、すなわち、「権力は実体的要素を含んだ関係」ととらえる必要がある。

政治権力の特質

　これまで、権力概念を中心に述べてきたが、そのなかでも政治権力とは何か、政治権力の特質とは何かについて考えてみよう。H・D・ラスウェルによれば、社会には富、健康、愛情、開明、技能、尊敬など、さまざまな価値が存在し、こうした価値を追求する存在としての人間が、ある価値を用いて他の価値を得ようとする。このとき、前者の価値を「基底価値」、後者の価

第2節　政治のしくみ

値を「目標価値」と呼び、「もしGがHのK政策に影響を及ぼすような決定の作成に参与する場合、Gは価値Kに関し、Hに対して権力をもつ」と言う。このように、ラスウェルは、権力を、ある行為の型に違反すれば重大な価値剥奪が期待されるような決定の作成に参与すること、換言すれば、他の人間（あるいは集団）の所有する何らかの価値の剥奪ないし剥奪の威嚇を用いることによって、他の人間（集団）を統制する能力と規定する。では、こうした一般的な社会権力のなかでも、特に政治権力とは何か。ラスウェルは、あらゆる種類の価値を獲得するために、まず権力という価値を獲得しようとする権力を、政治権力と呼んだ。「権力を基底として権力政策に行使される支配が狭義の政治権力である。大統領の拒否権と任命権は、この意味で典型的な政治権力である」と。

　ところで、C・E・メリアム（Merriam 1874-1953）は、政治権力が誕生する要因として、「(1) 組織化された政治的行為を必要とさせるような社会諸集団の間の緊張関係。(2) 社会生活への調整と適応とを必要とするパーソナリティーの諸類型。(3) このような集団状況とパーソナリティーの調整とに対応しようとしている権力追求者や指導者たち」を挙げ、これらの要因の相互作用のなかから政治権力が生まれるのであり、また、この点にこそ政治権力の本質的な特殊性が認められると主張する。政治権力は、「何よりもまず、集団の統合現象であり、集団形成の必要性や有用性から生まれるのである。つまり、権力は人間の社会的諸関係の一つの関数なのである」と。すなわち、政治権力は、特定地域の人間相互の行為を組織し、統合させるという機能を担うものであり、他の社会権力と比べて、権力の及ぶ範囲も広く、強制力も強い。それゆえ、政治権力は、最も組織性の高い権力であり、他の社会権力を統合する統一的な権力であり、典型的な公権力と言えよう。したがって、こうした政治権力の最も典型的なものとして国家権力がある。国家は、ある一定の地域内で、最高の物理的強制手段を保有し、その地域全体にまたがる決定を作成し執行する統治機構であり、他の社会集団に対して優越的地位に立ち、他の社会集団間の対立や紛争を最終的に解決する能力をもっている。それゆえ、政治紛争は一般的に国家権力をめぐって展開されることになる。しかし、だからといって、国家権力が唯一の政治権力だというわけではない。

第1章 政治について

封建領主たちのなかから絶対君主が登場してきたという歴史的経緯により、国家が政治権力を掌握するようになったにすぎない。国家以外にも政治権力をもつ集団は多数存在する。しかし、国家権力が典型的な政治権力であることに間違いない。

支配・エリート

権力をめぐる社会関係、すなわち、政治関係は、具体的には支配という形をとって現れる。支配とは、ウェーバーによれば、「特定の（または、すべての）命令に対して、挙示しうる一群の人々のもとで、服従を見出しうるチャンス」と定義されるが、一般的には、ある個人ないし集団が他の個人ないし集団に対して、物理的強制力やその他の手段を用いて、あるいは、他の個人ないし集団の自発的服従によって、自己に有利な形で、社会的価値の分配権を要求し、かつ獲得・維持しようとする関係である。したがって、支配は、社会的上下関係、従属関係として現れる。ところで、こうした支配・服従関係においては、支配者は、その社会の最も主要な価値を専有し、服従者をそうした価値への参与からできるだけ排除しようとし、そのために、物理的強制手段を自己の側に集中させ組織化しようとする。服従者を価値への参与から排除する方法としては、住居、信仰・儀礼、身分、社会的道徳観念、言語などの区別が挙げられ、服従者を一切の価値への参与から排除する極端な例としては、奴隷制がある。しかし、そうした極端な場合においては、物理的強制手段の行使を伴わざるをえず、したがって、外見的服従の背後において服従者の激しい反抗心がかきたてられ、あるいは、服従者の自発的服従や能動的協力が薄れ、支配服従関係は不安定となり、危機的になる。アクトン卿（Lord Acton 1834-1902 イギリスの歴史・思想家であり政治家）の言うように、まさに、「絶対的権力は絶対的に腐敗する」のである。物理的強制手段の頻繁な行使は政治の失敗を意味するがゆえに、物理的強制手段はウルティマ・ラティオ（*ultima ratio* 最後の切り札）として、背後に隠しておくべきものである。それゆえ、支配者は、現存の支配・服従関係を維持するため、自己の重大な権益が犯されない限りにおいて、権力という価値そのもの

第2節 政治のしくみ

を含む、できるだけ多くの価値を服従者に配分し、権力の最もおぞましい部分を隠蔽する必要があるし、経済的費用の面からみても、その方が得策である。もちろん、それだけで、支配・服従関係が安定するわけではない。支配者は、支配・服従関係を服従者に内面化させることによって、服従者の自発的服従を調達する必要がある。C・E・メリアムが、そうした服従者の自発的服従を調達する手段として、ミランダ（*miranda*）とクレデンダ（*credenda*）を指摘したのは、そのためである。「権力の常套手段は、信仰せらるべきさまざまなもの、すなわちクレデンダと、賛嘆せらるべきさまざまなもの、すなわちミランダとで自分を飾り立てることである」（メリアム『政治権力』東京大学出版会、1973年）と。ミランダとは、芸術的な方法や、儀式、歴史の美化、神話、大衆動員による威力誇示などによって、人間の感情、情緒に、権力の偉大さ、神聖さ、美しさをアピールする政治権力の神秘的、非合理的側面であり、クレデンダとは、「正当性イデオロギー」を用いながら、人間の理性にアピールし、権力への尊敬、信服、犠牲心を得ようとする政治権力の合理的側面である。

　ところで、支配服従関係において、すべての者が支配し、同時に、すべてのものが自らに服従するという「人民主権」が理想であるとしても、歴史的現実においては、少数の支配するものと、多数の服従するものとが存在する。とりわけ、資本主義とテクノロジーの発達により、市民社会の公衆は、「地位、富、名声、権力などを保有する社会内の少数者」「選良」としてのエリート（elite）と、非エリート（non-elite）としての大衆とに分解したとして、エリートと非エリートとの区別が引き出された。このように、エリートと大衆を対概念として、一握りのエリートに権力が集中しているとみる理論を、エリート論という。古典的なエリート論としては、V・パレート、G・モスカ（Mosca 1858-1941）、R・ミヘルス（Michels 1876-1936）のエリート論が挙げられる。パレートによれば、人間はおのおの社会的ピラミッドのなかで決定された地位を占めているが、そのなかでも、知力、性格、能力、機能、権力などにおいて優越した少数者、すなわち、エリートがいて、多数の非エリートを支配している。しかし、いかなるエリートといえども権力を長期にわたって保持することはできない。エリートは、大衆のなかに潜在的

第1章 政治について

エリートを発見し、エリートへの門戸を解放することになる。それゆえ、人間の歴史はエリートの不断の交代の歴史である、と。その意味で、パレートのエリート論は、「エリートの周流」論である。

また、モスカによれば、いかなる社会にも2つの階級、支配者たちと被支配者たちとが存在し、組織された少数者が未組織の多数者を支配している。支配者たちは、ひとたび支配的地位を獲得したならば、「政治的フォーミュラ（political formula）」（その典型例として、ナショナリズムがある）を利用して、合理化を行い、その地位に留まろうとする。1896年に刊行されたモスカの『政治学要綱』が1939年に英訳されたとき、『支配する階級（The Ruling Class）』という書名は、モスカの主張を端的に示していた。「あらゆる社会には、人間の二つの階級、支配する階級と支配される階級が現れる。第一の階級はいつも数において少なく、あらゆる政治機能を遂行し、権力を独占し、権力がもたらす利点を享受する。他方、第二の階級は、数において多いが、あるときには多かれ少なかれ合法的に、あるときは多かれ少なかれ恣意的かつ暴力的に、第一階級によって指導され統制される」。

そして、ミヘルスは、デモクラシーは確かに自由を拡大させはしたが、同時に、その目的を実現するために組織化を行うことによって、新たな寡頭制を生みだしたとして、デモクラシーの自己矛盾を指摘し、この矛盾の最たるものとして、政党、とりわけ、社会主義政党を取り上げる。すなわち、本来、寡頭制打破を目標とする社会主義政党は、その目標を実現するために労働者階級を組織することによって、必然的に、少数の指導者と多数の被指導者との分離、少数支配の位階的構造をとるようになる、として、「寡頭制の鉄則（独：ehernes Gesetz der Oligarchie、英：iron law of oligarchy）」を主張した。

> 組織について語るということは「オリガーキーへの傾向」について語ることである。……組織の本質のうちには、根強い、少数者支配への傾向がある。組織のメカニズムは「堅固な機構」を作り上げることによって、組織された大衆のうちに重大な変化をもたらし、指導者と大衆の関係を逆転させる。組織は、すべての党または労働組合を、指導する少数

第 2 節　政治のしくみ

者と指導される多数者との二つの部分に決定的に分割する（ミヘルス『現代民主主義における政党の社会学』1910 年）。

以上のような、パレート、モスカ、ミヘルスのエリート理論が古典的エリート理論に属するとするならば、C・W・ミルズの「パワー・エリート（power elite）」論は、現代的エリート論に含まれよう。ミルズは、現代アメリカにおいて支配力をふるっているのは相互に密接に連関しあった一握りの強力なエリート層であると指摘し、このエリート層を次のように分析した。

　経済の頂点には、会社富豪と肩を並べて、会社最高幹部たちが君臨している。政治的秩序の頂点には、政治幹部会のお歴々が座し、軍事的秩序の頂点には、統合参謀本部と上層軍部のまわりに群がる軍人政治家のエリート層が控えている。これらの各領域が他と合致し、そこで下される決定が全領域に影響をおよぼすようになるにつれ、権力のこの三領域における指導者たち──将軍、会社最高幹部、政治幹部──は互いに接近し、アメリカのエリート層を形成するようになる（ミルズ『パワー・エリート』東京大学出版会、1958 年）。

すなわち、「産官軍複合体」の成立である。したがって、現代アメリカの権力構造は、この「パワー・エリート」の下に、中間的な権力レベル、そして、底辺に、非組織的・原子化された大衆という三層構造の権力ピラミッドとして描かれる。「アメリカの権力組織の頂点は統一化され、強大であり、底辺は分断され、無力である。中間水準の権力の諸単位の存在に目を奪われている人々がいるが、頂点と底辺の実質は、この人々の認識とはおよそかけ離れているのである。また、この中間水準は、底辺の意志を表現することもなしえず、頂点の決定を動かすこともできない」と。また、現代アメリカのコミュニティ・レベルのエリート論として、F・ハンター『コミュニティの権力構造』（原著 1953 年、鈴木広監訳、恒星社厚生閣、1998 年）が挙げられる。ハンター（Floyd Hunter 1912-1992）は、アトランタ市を分析対象に選び、「声価によるアプローチ」やソシオメトリーという方法を用いて、現

第1章 政治について

代アメリカのコミュニティ権力構造を分析したが、そこから、「成層化されたピラミッド構造」を抽出し、権力ピラミッドの頂点には大企業出身のエリートによる政策決定集団（クリーク）が形成されており、この集団がコミュニティの政治的現実を支配していると主張する。

このようなエリート論に対して、R・A・ダール（Dahl 1915-2014）は、多元論の立場から、「政策決定アプローチ」「イッシュー・アプローチ」という方法を用いて、ニューヘヴン市を対象に実証分析を行い、ハンターの言うようなエリート支配はすでに過去のものであって、現在では、資源の不平等分散によって多元的なリーダー構成がみられ、コミュニティには権力および影響力に関する複数の競合する諸中心の存在がみられると指摘する（ダール『統治するのは誰か』原著1961年、河村望・髙橋和宏監訳、行人社、1988年）。

こうした権力エリート論と多元論との論争を、一方における管理社会化の進展、保守政党による少数支配の持続、他方における市民運動、住民運動の展開を前提にして考察するとき、現代社会に生きる我々にとって双方とも重要な分析視角を提供するものであると言えよう。ただ、エリート論は、民主主義の虚偽意識を暴露し、現実に対するリアルな認識をもたらしてくれるものではあるが、大衆蔑視を伴ったエリートの強調は、ナチズムのような指導者原理に傾斜する危険性をもつ。それゆえ、現実へのリアルな認識をもちつつ、エリート支配によらないための、個人の自律性と、自律した個人による自主的な集団形成こそ、必要だと言えよう。

権力の正当性

「人が人を支配するということは、民主主義的感情にとって耐え難いことである」といったのは、H・ケルゼン（Kelsen 1881-1973）である。服従を強制されることは、憎悪の対象となり、不平不満の源となる。それゆえ、そうした支配・服従関係を維持し、権力の発動を効果的にするためには、支配に対する正当性の信念が服従者の側に存在しなければならない。支配者は、支配に対する正当性の信念を服従者の内面に培養するよう努力しなければな

らない。J・J・ルソーは、『社会契約論』のなかで、次のように述べている。「最も強いものでも、自分の力を権利に、"他人の"服従を義務にかえないかぎり、いつまでも主人でありうるほど強いものでは決してない」。「力は権利を生み出さないこと、ひとは正当な権力にしか従う義務がないこと」を認めなければならない、と。要するに、支配者は、支配服従関係を樹立し維持しようとすれば、服従者にその支配服従関係を消極的にでも認めさせなければならない。すなわち、服従者の服従に最小限度の能動性が存在しなければならない。このように、「服従者が明示的にせよ黙示的にせよ、支配服従関係を容認し、これに意味を認める根拠」を権力の正当性根拠と言う。ウェーバーは、「支配が被治者に正しいとみなされ、かつ、実際そのようなものとして扱われるチャンス」、すなわち、服従者による権力の「倫理的正しさ」の是認を正当性と名づけ、以下のような「正当的支配の三類型」を抽出した。

①伝統的支配——ウェーバーは、伝統的支配について、「一つの支配は、その正当性が、古来伝習の"昔から存在している"秩序と首長権力との神聖性にもとづいており、また、この神聖性にもとづいて信仰されているとき、伝統的と呼ばれる。1人（または複数）の首長は、伝統的に伝えられてきた規則によって決定される。彼らに服従がなされるのは、伝統によって彼らに付与された彼ら自身の権威による」と定義する。要するに、伝統的支配とは、永遠の過去に由来する伝統、慣習、先例への被治者の信仰にもとづく支配である。したがって、この支配においては、支配者は、「上司」ではなく「個人としての首長」であり、被支配者は、「成員」ではなく「臣民」である。この支配は、一般的に、身分的な秩序の支配している停滞した前近代社会にみられる支配であり、典型的な例としては、家父長制的支配と家産制的支配がある。前者は、血統や家系の正統性にもとづき、祖先から受け継いだ習俗やおきてにしたがってなされる支配であり、後者は、国土や人民を、「国父」とみなされる支配者の私的所有物、すなわち、家産とされる支配である。この支配は、その本質からして、僅少の変化さえも嫌悪し、支配の永続化をはかる。すなわち、伝統や慣習は、被支配者のみならず支配者をも拘束しており、もし支配者が伝統や慣習を無視ないし逸脱したならば、被支配者による

第1章　政治について

反乱ないし抵抗が生じる。しかし、それは、「権力の伝統的な制限を無視した首長の人に向けられるのであり、体制そのものに向けられるのではない」。首長の変更と伝統的秩序の回復のみがめざされる。これを、伝統主義的革命と呼ぶ。

　②カリスマ的支配——カリスマ（charisma）とは、本来、宗教用語であり、恩寵による賜物を意味するが、一般的には、ある人物の超自然的・超人間的・非日常的な資質のことを言う。そして、こうした資質を有する人物をカリスマ的指導者と呼び、その例として、預言者や軍事的・政治的指導者、たとえば、マホメット（Mohammed あるいは Mahomet、ムハンマド 570頃－632）、G・J・シーザー（Caesar B.C.100-B.C.44）、ナポレオン（Napoléon Bonaparte 1769-1821）などが挙げられよう（預言カリスマ、呪術カリスマ、軍事カリスマ、雄弁カリスマなどに区分されることがある）。しかし、カリスマの正当性にとって決定的に重要な点は、支配者のカリスマが「客観的に」存在するかどうかではなく、被支配者、すなわち、「帰依者」によって承認されるかどうかである。したがって、支配者のカリスマが、真正カリスマ（本当のカリスマ）であるか擬似カリスマ（みせかけのカリスマ）であるかは問題ではない。マスコミの発達した現代社会においても、マスコミによる大衆的熱狂によってカリスマが成立しうる。ただ支配者は、そのカリスマの証しを長期にわたって表さなければ、そのカリスマ的権威を消失するだけである。それゆえ、カリスマ的支配とは、「ある個人に備わった非日常的な天与の資質（カリスマ）がもっている権威で、その個人の啓示や英雄的行為その他の指導者的資質に対する全く人格的な帰依と信頼に基づく」支配と言えよう。カリスマ的指導者は、その性格からして、社会の安定期においてよりも、社会の激動期や危機的状況において登場する。まさに、歴史上、革命的な力として登場する。しかも、このカリスマは、人間を内から革命的にさせる。これは、官僚制的合理化が技術的手段や形式的な合法性により伝統的支配を外から変革する力となったことと全く対照的である。また、このカリスマ的支配は、非日常的なものとして、特殊日常的な形式である合法的支配（官僚制的支配）や伝統的支配と鋭く対立する。しかし、この非日常的

第 2 節　政治のしくみ

なカリスマも、やがて固定化し、日常化する（血統カリスマとして、あるいは、カリスマが組織や機構に固着し、制度カリスマ、官職カリスマとして）。かくして、カリスマ的支配は、体制化し、永続化するが、その本来のカリスマ性は失われ、変質化する。

　③合法的支配──合法的支配とは、被支配者が、形式的に正しい手続きで定められた制定規則に対し、あるいは、その規則にしたがって支配を行う者の命令に対し、正当性を認め服従する場合の支配、すなわち、権力の行使が法の枠内においてなされるという意味での合法性、法治主義を正当性の根拠とする支配である。一般的に、この支配の正当性、すなわち、合法性は、近代国家において認められる正当性であり、また、法が人民の意思の表現とされることから、民主制の正当性ともみなされる。したがって、明示的で予測可能な一般的法規範にもとづくこの支配は、永続的ではあるが非合理的な伝統にもとづく支配や非日常的で非合理的なカリスマにもとづく支配と比べるならば、合理的で永続的な支配と言えるし、この支配の典型として、官僚制が挙げられる。しかし、この支配は、「悪法も法なり」として、その内容を自らの良心や良き慣習に照らして吟味することなく、あらゆる法的形式にしたがうことに正当性の根拠を見出す危険性を内包している。その意味において、ここで言う合法性は、悪政に抵抗する被支配者の法的権利を含む「法の支配」とは異なる。こうした法実証主義の危険性は、「アドルフの合法性」を例に挙げるまでもなく、官僚制を生命線とする現代国家において、きわめて重要な問題であり続けている。

　ところで、ウェーバーの以上のような正当的支配の三類型は、あくまでも理念型、純粋型であり、現実の支配を分析するための概念用具である。したがって、現実の支配は、こうした類型の混合や変種として存在している。丸山眞男は、ウェーバーの三類型を前提にしながら、これを５分類に拡大し、支配の現実を分析しようとした。すなわち、伝統的支配、自然法による支配、神ないし天の授権による支配、カリスマ的支配、人民の授権による支配がそれである。この分類においては、特に、自然法が、「制定法や慣習法と異な

41

第1章　政治について

って、目には見えないけれどもすべての人間の理性のなかに生まれながらに備わっていると考えられる規範」であるとき、現行の法律との一致、不一致によって、自然法による支配は、現状維持の保守的機能と現状打破の革新的機能の相反する側面をもっていること、また、16、17世紀のヨーロッパ絶対君主のイデオロギーとして機能した王権神授説（帝王神権説 The divine right theory）や古代中国の君主のイデオロギーとしての「天命による支配」に代表される「神ないし天の授権による支配」は、授権の神話が作られることによって伝統的支配と、神ないし天の命令が規範として意識されることによって自然法による支配と、結びつくことが指摘される。わが国の天皇制などは、こうした諸類型によって、よりよく分析されよう。もちろん、権力の正当性の根拠は、こうした倫理的正しさの問題としてだけでなく、支配者の政策の正しさといった問題としてもとらえる必要がある。

神話・象徴

　E・カッシーラー（Cassirer 1874-1945）は、両大戦間の時期に経験した危機が従来の政治的思惟の諸形式を一変し、新たな理論的問題を招来したとして、次のように述べている。「一八世紀および一九世紀の政治思想家たちにとって未知であった諸問題が、突如として前景に現れてきたが、おそらく近代政治思想のこの発展において、最も重大な、そして最も気遣わしい特徴は、新しい力、すなわち、神話的思惟の力の出現であろう」。その神話こそ、T・カーライル（Carlyle 1795-1881）の『英雄崇拝論』（1841年）、J・A・ゴビノー（Gobineau 1816-1882）の『人種不平等論』（1855年）、H・S・チェンバレン（Chambelain 1855-1927）の『一九世紀の諸基盤　2巻』（1899年）を経て、A・ローゼンベルク（Rosenberg 1893-1946）の『20世紀の神話』（1938年）に結実したナチ・ドイツの「人種神話」である。カッシーラーは、それが現実に機能してもたらした悲惨な結果の体験をもとに、神話の無視ではなく理解を、神話の対象ではなく機能を重要視し、神話を「象徴的形式」と定義し、そしてさらに、神話を社会現象探求の有力な手がかりとして、ギリシア哲学のロゴスとミュトスにまで遡り、政治思想史における神

話的思惟の系譜を跡づけ、技術時代たる現代の神話が、技術人であると同時に魔術人である政治家により、計画にしたがって入念に作りだされていることを指摘している。この指摘は、政治における神話、すなわち政治神話のもつ意味の重大さを示すと同時に、ナチズム現象が政治の負の極限、政治の堕落形態であるとすれば、そこで中心的役割を果たした神話もその堕落形態であることを示している。それでは、なぜそのような神話がその堕落形態であるのか、以下、政治的神話を、「政治的象徴の複合体」として把握し、その発生・発展・風化を軸に考察してみよう。

象徴と政治

　一般に、あるものが他のものを代表することを象徴（symbol）と言う。特にそれは、表現部と意味内容部との結合体たる「記号」のなかの、意思伝達を意図しない自然的記号と区別された、意思伝達を意図した作為的記号である。平和を表す鳩、キリスト教を示す十字架、図表、化学構造式、数学記号など、その例は種々であるが、その最も代表的なものこそ、言語に他ならない。この象徴としての言語を駆使する人間は、他の動物と区別された存在、すなわち、「いかなる背理をも、現実の欲求対象として、自己同一化の対象として、追求しうる本質的に空想的な存在」であり、人称名詞のなかで自己を認識する存在、サルトルのいう「対他的存在」である。それゆえ、社会への適応には、媒介としての象徴体系が不可欠で、それなしには安定感を保持しえない存在である。つまり、対人関係によって社会を構成する人間は、自己の行動の決定を他者の行動に依存させており、そのために他者の行動から示される象徴を読みとらなければならない。G・H・ミード（Mead 1863-1931）が、人間の役割に着目し、コミュニケーション過程で自己と他者との関係に対応して起こる自己内部のⅠ（他者の態度に対する個人の反応）とME（他者の諸態度の組織されたセットで、自らその役割を担うもの）との分裂を指摘し、その分裂を内部にもつ自己と他者との相互関係を、言語による象徴作用として分析しているのは、まさにこの文脈においてであり、R・K・マートン（Merton 1910-2003）が、人間の環境への適応は、その客観的

第1章　政治について

側面ではなく意味的象徴的側面であることから、その側面を象徴により操作することで、人間を動かしうることを「自己充足的予言」と定義したのも、この文脈においてである。この意味から、人間の行動は象徴行動といえ、それによって人間は、「現在の確実なものと未来の不確実なものとの交換」「信頼と服従の交換」（P・ヴァレリー）を獲得する。

ところで政治は、人間の人間に対する統制を組織化することにその本質的契機をもち、そのためのウルティマ・ラティオとして、物理的強制力を内包している。しかし、物理的強制力の頻繁な行使が、革命・戦争という例外状況、それゆえにまさに政治の破綻につながるものである以上、物理外的強制力をもって同意と服従を取り付けなければならない。P・ヴァレリー（Valéry 1871-1945）の言うように、「野蛮は事実の時代であるから、秩序の時代が擬制の天下であることは必然である。――なぜなら、秩序をただ肉体の拘束の上にのみ基礎づけうるような権力はどこにもないからである。そこには擬制の力がなければならない」のである。政治体系が、権力体系の他に、利益体系と信条体系とに区分して理解されるのはそのためである。そして、制度は、結局、それを支える精神に依存しており、そこに消極的黙従から、積極的合意に至る広汎な基盤がなければ、制度は形骸化し、崩壊することを免れない。それを防ぐためには、不断の理性的ないし情緒的な合意の反応が再生産されなければならない。だから、最小のコストで最大の効果を得ることに、政治の存続の成否がかかっているとすれば、不可視のものを可視的なものに転化し、そのことによって合意と服従を可能にする象徴の操作は、政治にとって不可欠である。なぜなら、一般大衆にとって、複雑な制度の価値や抽象的な思考過程の意味は、理解し難く、むしろ、そのような制度や観念を単純化し、凝集化した象徴によっての方が受容しやすいからである。たとえば、日常生活のなかで無意識に使用している「国家」は、その実体を目にすることはできないが、警官の棍棒や税務署の督促状から感じることができ、また、その哲学的構成においてよりも、国旗や国歌においてよりよく理解されるのである。

このような象徴操作は、伝統的な価値基準にしたがって、既存の体制を擁護、または、その枠内で従来の制度を批判する場合はもちろん、新たな価値

基準にしたがって既存の体制を批判し変革する場合にも同様である。体制擁護のために、過去に国民的英雄や伝説が利用され、また、絶対主義に対する市民階級の闘争から生まれた哲学体系が「社会契約」「人民主権」「人権」「抵抗権」というスローガンに象徴されたことを、我々は知っている。さらに、象徴の凝集が、役割の分化と結合し、ひいては支配・服従の関係を生じさせる契機をはらんでいるため、リーダーシップと結びつき、リーダーシップは、象徴によって大衆の不満とその原因を規定し、めざす目標と敵を明確化し、帰属集団内部の同一化を培養すると同時に、不可測なものを可測的にする。しかし、完全な可測性は、G・オーウェル（Orwell 1903-1950）やA・ハクスリー（Huxley 1894-1963）によって示された逆ユートピアでしかない以上、象徴に虚偽性が介在する。だから、体制エリートの象徴操作は、体制イデオロギーとして現れ、反体制エリートの象徴操作も、いったんそれに成功すれば、体制イデオロギーに転化する可能性をもつ。このように、象徴操作は、体制・反体制を問わず、同一の機能を果たすと言えよう。

政治神話

　以上のことから、政治的象徴の本来の機能は、「象徴によって具現された一定の情緒的価値を民衆のなかに目覚めさせることによって、特定の政治目的のために集団としての心理を強化し、凝集化し、ひいては統一的な集団行動として発現させること」に、すなわち、政治における最も重要な統合機能を果たすことにあると言えよう。特に、現代社会が、大衆社会状況を呈し、他者指向性を特徴とすることで、情緒的性格を色濃くもつとき、政治的象徴の問題はきわめて重要な問題となる。それゆえ、政治的象徴を、「同一化の象徴」と「正当化ないし合理化の象徴」とに分けて、整理してみよう。

　「同一化の象徴」とは、体制の持続的安定化のために必要な忠誠と信従とをもたらす情緒的な側面を強調した象徴であり、神秘化の傾向を伴う。それには、たとえば、「家」「階級」「民族」「人民」「人類」といった言語象徴から、記念日、記念碑、国歌、国旗、建物、制服などの物的象徴、儀典、行進、デモンストレーションなどの行動的象徴、歴史的英雄やカリスマ的権威をも

第 1 章　政治について

つ人物などの人格的象徴まで広汎にわたり、しばしば、その結合がみられる。物的象徴と人格的象徴とが結合したリンカーン記念堂、レーニン廟、乃木神社、明治神宮などがその例である。C・E・メリアムは、これを、権力のもつ非合理性・神秘的側面として分析し、「ミランダ」と名づけているが、これらの象徴はいずれも、大衆の熱狂と賛美の情動をかきたて、支配体制と支配者人格への同一化と信従とを促進する機能をもつことでひとしく、その典型例こそ、ナショナリズムであろう。なぜなら、ナショナリズムは、国民の起源・運命・文化的特性、地理的風土などの共通性と一体性とを強調し、外集団と区別された内集団への帰属感を保証・強化することにその特徴をもっているからである。

次に「正当化ないし合理化の象徴」とは、体制の正当性根拠を与える理性的な象徴であり、メリアムの言う「クレデンダ」、H・D・ラスウェルの「政治教義（political doctrine）」に相当する王権神授説から「人民の同意」「合意による支配」まで、歴史的推移によって、超越的・神秘的なものから、内在的・合理的なものへと変化し世俗化したが、人間の理性へ訴えることで権力を正当化することに変わりはない。体系的には、各国、各時代の憲法の前文、憲章、またはアメリカ独立宣言やフランス革命の人権宣言などの公式宣言に明示されるのが一般的である。

しかし、この2つに分けられた象徴は、時代を遡るにつれて一体化されていたことからも分かるように、相互に補完し合う傾向をもち、特に、「正当化ないし合理化の象徴」は、真に現実に有効となるためには、情緒的培養基としての「同一化の象徴」の存在を不可欠とする。逆にいえば、いかに美しい民主的憲法が文字の上に書かれていても、それを支える「同一化の象徴」そのものが民主化されない限り、いかなる民主的憲法も空文化・死文化を免れない。だからこそ、かつて紀元節・天長節の復活が、単なる休日の増加としてはすまされない重大な政治問題となったのである。そして、このような象徴が、幼少年期からの学習過程のなかで受容され、一定の性格構造と行動様式をとるようになるため、現代政治学において、「政治的社会化」「政治文化」として研究されているのであり、かつて「家永教科書裁判」が注目されたゆえんである。いずれにしろ、このことから、2つの象徴、すなわち、

第 2 節　政治のしくみ

「同一化の象徴」と「正当化ないし合理化の象徴」を、「当該政治体制のなかで流通している基礎的な政治的象徴の複合体」として把握し、科学的な「認識象徴」とは区別された「組織象徴」と呼ぶならば、「一定の社会における組織象徴の最も基本的な型」が政治で言う神話（Myth）、すなわち、「政治神話」であろう。

ところで、S・デ・グレージア（Sebastian de Grazia 1917-2000）は、『政治共同体（political community）』（原著 1948 年、邦訳『疎外と連帯』佐藤智雄・池田昭ほか訳、勁草書房、1966 年）のなかで、支配者の死が国民に与える影響を示すため、次のような記事を引用している。

> ジョージ五世が不帰の客となった当日、バスで隣合わせた人、階段を拭いている掃除女、あるいは街角にたたずんでいる観光客に話しかけた人のなかで、虚脱感がほとんど全土を隈なく覆っていることに疑念をもった人は一人としていなかった。観察の鋭い人は、この情緒が特にパーソナルな性格のものであることを見逃さなかったであろう。かつて拝顔の栄に浴したこともなく、ラジオの放送以外に玉音に接したこともない人たちでさえ、国王がまるで個人的に親しかった友人か、壮年にして倒れた近親者であったかのように、涙を流して追悼にふけったのであった。……ジョージ五世の死に際して、同国王こそ「われわれすべての父だった」という声が繰り返し、しょっちゅう聞かれた。

ここには、支配者と被支配者との関係が父子関係で認識されていることによって、「国王」という人格的象徴は、かつての、そして当時の体制の何らかの「正当化の象徴」として機能していたことを示していると同時に、生活程度や性絡や趣味を異にする種々な個人が「国王」という象徴の共同幻想のなかで平等な人間として現れ、「国王」を自己の一部として感じていることから、「同一化の象徴」として機能していたことを示している。そして、さらに重要なことは、このことが、長期間にわたる日常の学習過程を通じて培養された結果であり、何ら違和感を感ずることなく当然のこととして振舞っていることである。つまり、象徴は、象徴の作為性を放棄し、究極において

自然化されるということである。それゆえ、流布される政治的神話も、作為としてではなく、「生ける現実」として自然化されることを究極の目的としている。そして、政治的神話が自然化されたとき、政治神話はその機能を完全に果たしたことになり、政治は安定する。

危機における政治神話

　しかし、このような心理状況は、しばしば日常生活のなかでよりも、むしろ戦争のような危機状況において発生する。このことは、周知の事実であるが、政治神話の機能にとってきわめて重要な意味をもつ。危機状況において、各人の日常的関心の無限の差異性が急に無意味なものと見え始め、運命を共同にするものの一種奇怪な安静が奇跡のように生ずる。それと同時に、常態にあって機能している抑制が崩壊し、安定を喪失した群衆のむら気、ヒステリー、加虐性が前面に現れる。ここに、統合の象徴、すなわち、政治神話を、整備されたマス・メディアによって体系的に流布すれば、大衆を、意図した一定の行動へ導くことができ、さらに強力な武器とすることができる。「いったん行動的な群衆のなかに入ると、この行動に追随するものはみな、他の人も自己と同様な感応を示しているのを見て、さらに各自その勢を強めうる。大衆集会にあっては、単に多数の集合という事実によって非合理的な心理的効果が確保される。このようにして大衆は、儀式と特定の象徴とが一式整うと、心理的な用意ができて、団結した大衆となる。軍楽隊、旗旒、パレード、儀式の絶え間ない反復は個々人の党派心を強烈にして、宗教的熱情にも似た沸騰を見せる」（S・ノイマン Neumann 1904-1962)。

　政治が、「状況」から、「組織」化を経て、「制度」へと転化することに、その基本的パターンをもつとすれば、危機はまさに、「制度」からの「状況」化である。それゆえ、体制変革をめざす者が第一に行わなければならないことは、危機の醸成、政治の「状況」化である。そのためには現実に起きた危機を利用することはもちろんのこと、自ら危機を作り出すことが必要になる。そのことは同時に、無意識に既存の政治的神話を受容してきた大衆を、その絆から解放し、体制依存の現状維持的態度を新たな行動様式に転換させるた

めの、対抗神話を形成することに結びつく。依拠する制度のない指導者と大衆には、象徴や神話が制度の代用となるため、象徴の創造は死活の重要性をもってくるのである。そして、「記憶」と「期待」の体系でもある政治神話の、「記憶」のなかに憎悪が加味されれば、「期待」は極大化しうるのである。

　このことを最も熟知し実践したのはナチズムであろう。ナチズムが、敗戦・革命という危機のなかで生まれ、ワイマル共和国という、すでに既成となった体制に対して、表面的には革命勢力として登場し、テロを繰り返すことで不断に危機を創出したのも、また、その危機の原因を、ドイツ国民にとって周知の屈辱的なベルサイユ条約とそれを履行するワイマル体制に求め、体制批判の種々の象徴と新たな政治神話を形成することで、民衆の支持を獲得しようとしたのも、そのためである。

　その政治神話の形成は、E・カッシーラーが「言語の呪術化」と呼ぶ、新語・造語・語義改変から始められた。『ナチ・ドイツ語 現代ドイツ慣用語法略解』（Heinz Paechter、1944年）に示された新しい言葉は、「人間の情動の全域——憎悪、怒り、憤怒、驕慢、悔蔑、傲慢あるいは軽蔑」を含んだものであり、激しい政治的熱情をかきたてるものであった。次に、その「呪術化された言語」を用いてナチズムは、全政党を攻撃し、全国民には各階級に応じて別々の公約を呈示した。その基本的な象徴が、「国民主義」と「社会主義」である。この2つの象徴は、当時の支配的な推進力であったが、ナチズムはこれを換骨奪胎して使用した。つまり、深い愛国心と社会主義に殉ずる気持ちを、従来の象徴の名において、従来とは全く異なった方向へ転換させたのである。「国民社会主義運動は外へ向かっては国民の自由のために闘い、内に対しては真の社会主義的ドイツ民族共同体建設のために闘う。ここでは、ナショナリズムと社会主義の概念は空しいきまり文句ではなく、深い道義的な責任の表現となる」。

　「社会主義は真実、共同体、民族共同体を意味する。……公益は私益に優先する。これが社会主義だ。諸君は、わがドイツ民族の内から再び真の健全な民族共同体を建設することを欲するか？……そうならば、嘘つきのマルクス主義とブルジョア的財産主義を駆逐せよ」（山口定）。このようなナチ党の選挙パンフレットが示すように、ナチズムにおいては、民族共同体＝社会主

第1章 政治について

義であり、しかもそれは、反マルクス主義・反資本主義となる。この象徴の流布に際しては、各階級に応じて細心の注意がはらわれた。特に、ナチズムの中心基盤たる新旧中産階級に対しては、その中間的立場から生ずるアンビヴァレントな心理を考慮して、「社会主義」よりも、ワイマル民主主義や議会主義の欠陥を、そして「国民主義」を強調し、労働者に対しては、「真の目的意識をもった労働の社会主義の闘士ではなく、株式資本主義の下僕、受益者」になり下がった「ブルジョア議会にいるプロレタリアートの代表」を批判し、「真の社会主義」を強調した。ここで注目すべきことは、ナチズムの批判は、民主主義そのものではなくワイマル共和国の制度に対して、そしてそこにいる各階級の代表者に対してなされているのであり、大衆の階級対立そのものを激化させる象徴操作ではないということである。それはあくまでも、大衆に「現状批判」を印象づけることで、大衆の支持を獲得しようとするものであった。C・シュミットが、民主主義と自由主義とを区分し、議会主義を自由主義に属するものと規定し、理念的にも現実的にも議会の無効性を指摘し、同時に、民主主義の本質を国民の同質性と治者と被治者の同一性に求め、それを直線的に意思形成の方法に結びつけることで、民主主義＝独裁としたのも、この文脈に則するものである。ここに、ワイマル共和国の破壊が、民主主義の名の下に行われたことの1つの理由がある。

　それにしても、ナチズムが各階級に応じて別々に公約した「良き未来」は、それが具体化すれば当然、至るところで矛盾を呈せざるをえない。それゆえ、ナチズムは、具体策の提示を避け、「ナチ運動に投票すればすべてが解決される」と繰り返すだけで、理念的・抽象的・神秘的な主張に終始一貫したのである。H・ラウシュニング（Rauschning 1887-1982）が、「すべてのいつわりの仮面がはがされる大きな過程の最終段階で完全にイデオロギー不信になった人たち、知的なニヒリストにとっては、いかなる思想も存在しない。あるのは大衆に暗示するためのイデオロギーの代用品だけである。そして自分がこの"思想"にとらわれていないで自由であれば、それだけ好き勝手に大衆の好みに合うものを効果的に操作できる」として、ナチズムを「ニヒリズム革命」と呼んだのは、そのためであり、また、公約の矛盾した内容にもかかわらず、「宣伝それ自体には何ら基本的方法はない。大衆の征服という

目的があるのみだ。この目的に奉仕する手段は何でも結構」というゲッベルス（Goebbels 1897-1945）の言葉に示されるように、大衆社会における人間の心理の怜悧な洞察と操作に関しては、高度に体系的・組織的であったことは注目すべきである。

　このような計算された象徴操作によって、古い秩序から解放され、不安ながらも一抹の期待をもってナチズムのもとに結集した大衆の一体感を、さらに強化するために、スケープ・ゴートとして利用され、攻撃の的にされたのが、ユダヤ人であった。この反ユダヤ主義が、『わが闘争』（ヒトラー、1925-1926年）、『20世紀の神話』（ローゼンベルク、1930年）に示されるナチズムの原理、すなわち、社会ダーウィン主義にもとづく「生存圏思想」「民族共同体論」「指導者原理」の基礎たる「人種理論」の、「アーリアン人種の優秀性」と表裏一体の関係をもつものであったことから、反ユダヤ主義がナチズムの政治的神話のなかで占めた位置の大きさを理解しうると同時に、それが一種の共犯意識として作用したことも理解しえよう。共犯意識の生み出す強烈な親密感は、ドストエフスキーの『悪霊』のスタヴローギンによって如実に示されたところのものである。ここに至ってナチズムの象徴は、正当な象徴化を阻止するカタルシスすなわち非日常的な発散として機能したのである。そして、この一体感を恒常化するためにナチズムは、「新しい儀式」、すなわち、新たな党の徽章、党旗、制服、党歌、デモ、集会などといった同一化の象徴を導入し、日常化させることで、全体的政治化を行い、独裁支配の体制を確立していったのである。この意味において、「アウシュヴィッツ」は、政治的神話のもたらした犠牲の極限を示すものであろう。

　ところで、いかなる国も、固有の歴史的経験と社会・経済構造から引きだされる政治的神話をもつ以上、政治神話は、人間の社会的生活を保障する限りにおいて必要であり正当であると言わなければならない。しかし、政治神話は、その発生経緯から、実体化され物神化される可能性を常にもっている。その典型例こそナチズムの政治神話であった。しかし現代は、ナチズムの時代以上に著しいマス・メディアやインターネットなどの発達をみ、特にテレビの発達と普及は、情報の同時性とともに、人々の日常の思考様式を深層において規定する作用を倍加させたため、政治神話の操作性はきわめて高くな

っている。しかも、大衆社会を基盤に管理社会への傾向を極端に帯びてきた現代では、入念に計算された政治神話を、抗しえぬ合理的・客観的なものの名で、非政治的な領域において、無意識のうちに受容させられ、政治的無関心と相まって、無意識のうちに同一反応を惹起させられうる（たとえば、テレビ・ドラマ『刑事コロンボ』の「意識下の映像」で示された「サブリミナル」手法など）。そこに生じる現象が、ナチズム以上のものでないと誰が言えようか。それゆえ、新たな政治神話の形成によって、それに対抗するばかりではなく、「情報源の複数化と情報量の拡大による正確な認識と判断」をもって、さまざまな論理の衣装を被って現れる政治神話の、「意味論的成層」を突破し、本来の政治的核心に迫る批判的洞察が、すなわち、政治神話の非神話化が必要となる。特に、現代日本の最大の政治神話としての民主主義が、戦後デモクラシーとして次第に既成のものとされているとき、その民主主義を日常生活のレベルまで引きおろし、人権運動のなかでとらえ直そうとする市民運動は、まさに政治神話としての民主主義の非神話化運動であろう。理念を理念としておき、現実を理念に近づける不断の営為のなかにこそ、民主主義はあるのだから。

国民主権と国民代表

　主権概念は、絶対主義国家が法王、領主に対抗して形成されるとき、理論的武器として確立されたものであり、その代表的思想家 J・ボダン（Bodin 1530-1596）によれば、「主権とは、国家の絶対にして、永続的な権力」であり、「臣民に対する至高の、法から自由な権力」である。すなわち、主権とは、国家権力そのもの、あるいは、国家権力の最高、かつ、他のいかなる権力によっても拘束されない性質を意味する。したがって、主権の所在がどこにあるかによって、君主主権、人民主権、法主権、国家主権、団体主権などに区分されうるが、絶対主義国家においては、当然のごとく、君主主権が主張され、絶対君主の支配に反対した市民革命では、人民主権、国民主権が主張された。たとえば、ヴァージニア権利章典は、「……すべての権力は人民に存し、したがって、人民に由来するものである。行政官は人民の受託者で

あり公僕であって、常に人民に対して責任を負うものである」(1776年)と規定しているし、また、フランス人権宣言(人および市民の権利宣言)は、「第3条　あらゆる主権の原理は、本質的に国民に由来する。いずれの団体、いずれの他人も、国民から明示的に発するものでない権威を行いえない」(1789年)と明文化している。そして、君主支配の手段であった議会が市民革命以後、国民支配(自治)の手段へと変化し、近代議会は国民主権にもとづく国民統合のシンボルとなったのであり、その国民統合の原理こそ、国民代表の観念であった。

　かつてのタウン・ミーティングのように、社会の規模が小さく、住民の数が少ない場合には、全住民が木の下に集まって住民全体の問題を議論し、決定を行うことができたが、社会の規模が拡大し住民の数が多くなると、全住民が一同に集まり共通の問題を討議し決定することは不可能となる。そこで、住民は自分が出席する (present) 代わりに、自分の代わりに出席する (represent) 人、すなわち、代表者を選び出して、その代表者に住民全体の問題を討議し決定することを頼まざるをえなくなる。したがって、代表制は、直接民主主義を継承し、直接民主制の代替機関としての意味をもつ。しかし、代表は代理と異なる。代理関係においては「代理人は委託者の拘束に服し、委託の範囲内で事務を行い、それを逸脱すれば解任される」のに対し、代表者、少なくとも近代議会制における代表者は、個別的な国民の代理人ではなく、信託を受けた国民全体の代表者として発言し行動する。また、代表者は、時と場合によっては、彼を選出した人々の意見と対立しても、国民の真の利益のために高度な判断を下さなければならないし、選挙民も、代表者に対して、そうした判断を期待する。こうした代表観を明確に示しているのは、フランス1791年革命憲法の「もろもろの県で選出された代議士は、個々の県の代表者ではなく、全国民の代表者であり、彼に委任を与えることは許されない」という条文や、イギリスの保守思想家E・バーク (Burke 1729-1797) の有名なブリストル演説 (1774年) であろう。バークは言う。

　　議会は相互に敵対するさまざまな利害を代弁する大使の会議ではない。そこでは、それぞれが代理人かつ代弁者として、その他の代理人かつ代

弁者である人々に対して自らの利益を守らなければならないであろう。しかし、議会は、一つの利益、つまり、全体の利益を有する一つの国民の審議的な集会である。そして、そこでは、地方の目的、地方の偏見ではなく、全体の一般的理性から生じた一般的善が指針とならなければならないのである。……代表者の偏らない意見、成熟した判断、啓蒙された良心を諸君のために犠牲にすべきではない。……諸君の代表は、諸君に対して勤勉でなければならないだけではなく、彼の判断力を行使しなければならない。もし彼がそれを諸君のために犠牲にしたいならば、諸君に奉仕するのではなくて、裏切っていることになるだろう。

　もちろん、国民代表といえども、現実には、地域代表の形態をとる場合が多い。また、地域代表には直接民主主義的要素や自治の要素が含まれている。しかし、代表議会において、地域代表的性格が強まれば、議会の不安定化につながる。すなわち、社会の対立をそのまま議会にもち込むことになり、全国民の利益を考慮しつつ積極的に社会の統合を推進するという議会の機能を果たせなくなる。その意味において、国民代表は、近代議会制民主主義において支配的観念となるのであるが、同質性の崩壊に伴って、地域代表の観念も議会制に影響を与えるようになる。

権力分立制

　近代国家以前の、権力の分散状況を克服して成立した近代国家および現代国家においては、権力の一元性が強調される。したがって、権力分立制とは、文字通りの権力の分割ではなく、一権力の諸機能を区分し、その機能を別々の機関に担当させることにより、特定機関への権力集中を阻止し、権力の濫用を防止しようとする考え方である。たとえば、三権分立制は、立法権、行政権、司法権という3つの権力が存在するのではなく、権力の立法機能、行政機能、司法機能を担当する国会（議会）、内閣（大統領）、裁判所という3つの機関が存在するのである。また、機能は権力行使の範囲を法的に規定した権限として具体化されることから、権力分立制は、権限の分割ないし分散

でもある。さまざまな政府機関に権限を分割ないし分散させることによって、特定の機関への権限の集中を防ぎ、同時に、一方の機関に他方の機関の権限を抑制する権限を付与することで、相互の監視を行わせ、全体としてのバランスをはかろうとするものである。こうした考えを、checks and balances（牽制と均衡）と呼ぶ。

　こうした権力分立制の考えをいち早く定式化したのは、J・ハリントン（Harington 1611-1677）の『オセアナ（The Commonwealth of Oceana）』（1656年）と言われている。理想国を意味する「オセアナ」では、人の支配ではなく「法の支配」が樹立されるべきこと、法の制定と執行が異なった機関によって行われるべきこと、さらに、立法府内部にも権限の区分を植え込むべきことが説かれている。そして、こうした考えを継承し理論化したのがJ・ロックである。ロックは、権力に対する不信、あるいは権力を運用する人間に対する不信から出発する。

　　人間にはとかく権力を握りたいという弱点があるために、法を作る権力を有する人間は、さらにそれを執行する権力をも自己の手に握ろうとの誘惑を制御しえないであろう。同一人が立法・執行の両権力を手に収めれば、彼らは自分の作る法への服従から免れ、法をその作成においても執行においても、彼ら自身の私的利益に適合させ、もって社会および政府の目的に背反し、協同体の自余の者とは利害を異にするに至るであろう（ロック『市民政府二論』1689年）。

それゆえ、ロックは、「人民に対してたくらまれた禍悪は、それが実行される前に、人民はこれを予防することができる」として、「支配権を委ねた人々の権力を制限し、政治権力のそれぞれの部分を異なった人々の手に委ねることによってその均衡をはかる方法」が必要であると述べる。そこで、ロックは、権力を、機能の点から、立法権と執行権および連合権（主として外交権）とに区分し（機能的三権分立）、担当者の点から、立法権を「さまざまな異なった人々」によって構成される立法府（議会）に、執行権・連合権を「同一の人物」、すなわち、君主にと、2つに区分する（政治的二権分立）。

第1章 政治について

しかし、彼においては、立法権、執行権、連合権のなかで立法権が最高権力とされ、君主に対する議会の優位が主張された。もちろん、立法権は、最高権力とはいえ、無制限な権力ではない。立法権は、制定法にもとづく平等な支配を行わなければならないこと、制定法は自然法に適合していなければならないこと、国民の同意なしに課税してならないこと、そして、何よりも、立法権は他者に譲り渡すことのできない不可譲の権利であること、という制限が付けられている。

　このようなロックの権力分立論（Separation of powers）をより体系的に理論化したのが、フランスのC・L・モンテスキュー（Montesquieu 1689-1755）である。当時、ボルドー高等法院判事であったモンテスキューは、議院内閣制の確立しつつあったイギリスに1729年から31年まで滞在し、イギリスの政治制度をつぶさに観察して、それを理想化しながら、主著『法の精神 De l'esprit des lois』（1748年）の「イギリスの国家構造について」（第2部第6章）のなかで、権力分立について次のように述べている。「政治的自由は制限政体においてのみ見出される。しかし、それは必ずしも制限政体の中にあるわけではない。権力が濫用されぬときにのみ、そこにあるのだ。しかし、永遠の経験が示すところでは、権力を有する者はいずれもそれを濫用しがちである。かれは限界を見出すところまで止まらない。なんぞ知らん、徳性さえも限界の必要があるのである。権力が濫用されぬようにするためには権力が権力を抑制するように事物を按配せねばならぬ」。それゆえ、モンテスキューは、権力（の機能）を、法律を制定（改正、廃止）する機能、万民法に関する事項を執行する機能（「講和または戦争を行い、外交使節を交換し、安全を保ち、侵略を予防する」）、市民法に関する事項を執行する機能（「犯罪を罰し、または個人間の争訟を裁判する」）に区分する。すなわち、立法権、執行権（行政権）司法権の区分である。モンテスキューの権力分立論の特徴は、ロックにおいては区分されていた国内行政と外交の機能を1つにまとめ、また、ロックにおいては執行権に含まれていた法律の適用（裁判）の機能を独立させ、しかも、その司法権を、立法権、執行権と対等な地位においた点にある。そして、モンテスキューは言う。「同一人物の手に、または、同一官職団体の手に、立法権と執行権とがかねられるとき、自由は

第2節　政治のしくみ

存在しない。何となれば、同一君主または同一元老院が暴政的な法をつくってそれを暴政的に執行する恐れがあるからである。裁判権が立法権および執行権と分離していない場合もまた、自由は存在しない。この権力が立法権と結合しておれば、市民の生命および自由に対する権力が恣意的なものとなろう」と。それゆえ、モンテスキューは、担当者の点から、この三権を人民、貴族、君主という「国家構成の三要素」と結びつける。まず、立法権は人民と貴族によって担われる。すなわち、人民と貴族が相異なる見解と利害をもって立法権に参与する。したがって、立法権を行使する立法府は、人民の庶民院と貴族の貴族院の2院から構成され、庶民院は発議権を、貴族院は法案を修正ないし否決する権限をもち、相互の牽制と均衡がはかられる。執行権は君主が担当する。君主は、立法府によって制定された法にもとづいて執行権を行使するが、法案拒否権をもつことで、立法権を制約する。このように立法権と執行権においては、人民、貴族、君主の利益と関連づけられ、相互に均衡・牽制・制約する関係が作られているが、司法権はどの要素の利益も代表しない。その意味において、「いわば無」である。モンテスキューの権力分立論は、政治的自由を実現するために、権力を3機能に区分し、それを社会の現実の異なる勢力に担わせることによって牽制と均衡をはかると同時に、二院制という形で立法府内部にも牽制と均衡（checks and balances）のしくみを植え込んだ（built-in）三権分立論と言えよう。

　こうした権力分立論は、アメリカ合衆国憲法（1788年）において具体化され、フランス人権宣言（1789年）「第16条　権利の保障が確保されず、権力の分立が規定されないすべての社会においては、憲法をもつものではない」と明文化され、近代国家の統治原理として広く採用されることになった。司法権に関して、イギリスでは1701年の王位継承法以来、裁判官の終身制が保障されているし、アメリカでは最高裁判所に違憲立法審査権が与えられていて、その独立が保障されている。立法権と行政権との関係に関しては、両者を対等な関係におく大統領制と立法権の優位を認める議院内閣制がある。三権分立制の典型例としてのアメリカ大統領制においては、行政部は立法部から完全に独立し、行政部の権限と責任は大統領に集中している（大統領は各省長官を任免し、各省長官も大統領に対して個人的に責任を負う）。また、

第1章　政治について

　大統領は国民から直接選出される（実際には国民が各州から上下両院議員総数の選挙人を選出し、その選挙人が大統領を選出する間接選挙）。したがって、大統領は議会の信任を必要としないが、逆に、大統領は、議会を召集したり解散したりすることはできないし、また、議会に直接法律を提出することもできない。ただ、議会に教書を送って勧告するか、あるいは、議会の可決した法律案を拒否する権利（しかし、両院の3分の2が同じ法律案を再び可決すれば、法律となる）しかない。要するに、アメリカ大統領制においては、大統領の地位と権限が独立しているため、安定した強力な政権が樹立され、迅速な政治決定が下されうるという点に特徴がある。

　立法部の優位を認めるイギリスの議院内閣制では、議会の多数派によって内閣が形成される首相には下院の多数派の指導者が任命され、各大臣は上・下院いずれかの議員から選ばれ、内閣は議会に対して連帯責任を負う。もし内閣が下院で信任を失ったときには、内閣は総辞職するか、議会を解散しなければならない。こうした制度を責任内閣制というが、この制度が確立される契機は、1742年にR・ウォルポール（Walpole 1676-1745）が首相の座を退いたときと言われている。ところで、この制度においては、法律案の提出や制定に関する、議会と内閣との円滑な関係、内閣の行き過ぎへの議会による歯止め、責任の所在の明確化などが期待できる。しかし、その逆に、議会の多数派とその指導者たる首相は大きな力をもつことができ、したがって、国民による監視がゆるめば、多数派による権力の濫用の行われる危険性も生じる。真に「国民のなかの議会」たらしめるためにも、国民の政治関心は不可欠である。

　また、議会は、国民の権力への参加という側面だけでなく、統治機関という側面をもっている。しかも、議会における議員は、国民の代表者といえども、国民全体からみれば少数者であることに間違いない。したがって、代表者が私的利益を優先させるならば、議会の専制化が生じうる。それゆえ、二院制は、審議の慎重化という点だけでなく、こうした議会の専制化に対する防止という点からも必要な制度と言えよう。

　しかし、20世紀に入り、資本主義が高度に発達し、社会問題が多発するようになると、国家機能が増大し、それに伴って権力分立制も変質化した。

すなわち、国家機能の円滑化をはかるために、委任立法が増大され、そのことによって、議会の不可譲の権利であった立法権は行政部へと一部委譲され、行政部への権力集中の傾向が強まっている。そうしたなかで、議会が行政部からの単なる法案提出所と化して、翼賛機能しか果たさなくなるとき、議会制デモクラシーは形骸化し、三権分立制は崩壊したといってよかろう。三権分立制が元来自由をはじめとする人権を確保するためのものであったことを考えるとき、「機能的合理性の追求が実質的非合理性を生み出す」危険性を現代社会は内包しているのである。

　もちろん、権力分立制を否定する制度も存在する。民主集中制とも呼ばれる権力集中制がそれであり、社会主義国において採用されている。旧ソヴィエト連邦においては、人民の代表からなるソヴィエトにすべての権力を集中させるという制度が採用されていた。この制度の基礎には、人間性への大いなる信頼があり、人民とその前衛たる指導者とのあいだに対立矛盾はなく、ともに高度な道徳的存在であって、彼らが権力を濫用するはずがないと想定されていた。したがって、そこでは、「政治制度に本来的に内在する危険性や権力そのものあるいは権力を運用する人間に随伴する害悪」は無視ないし軽視され、権力濫用の個々の事例は例外事例とみなされやすい。しかし、この制度の採用に関しては、そうした思想的前提からだけでなく、問題を処理する上での効率性が優先されたということも考えられるべきである。

　ところで、権力分立制の他の形態として、地方分権がある。地方分権は、中央集権に反対して、多くの権力を地方政府に分散させ、中央政府と地方政府との相互抑制をはかることによって、中央政府による権力の濫用を防止しようとする制度である。また、地方分権は、各地域の問題を各地域が自己の責任と自己の機関によって処理するという地方自治の制度でもあり、そこでは住民のより直接的な政治参加が期待される。そのための制度として、リコール（Recall 国民罷免）、イニシアティヴ（Initiative 国民発案）、レファレンダム（Referendum 国民投票）などがあり、そうした制度を用いることによって、住民は民主政治の何たるかを学んでいくと考えられることから、地方自治は「民主主義の学校」とも言われる。こうした側面をもつ地方分権は、「地方の時代」というスローガンにもかかわらず、依然として中央集権

第1章 政治について

的傾向の強い、しかも、地方自治の経験の浅いわが国において、重要な意味をもち続けている。

補論 議会制民主主義と大統領制民主主義

リベラリズムとデモクラシーの相克

　1989年以降の東欧革命やソビエト連邦の崩壊、旧社会主義国の市場経済への移行を前にして、F・フクヤマは、1つの統治システムとしてのリベラル・デモクラシーが「人類のイデオロギー上の進歩の終点」「人類の統治の最終の形態」になると主張して話題を呼んだ。フクヤマは、「歴史」の究極に自由主義国家や共産主義社会を想定していたヘーゲルやK・マルクスを例に挙げながら、歴史過程を「合理的な欲望」と「合理的な認知」という2つの要素でとらえ、この歴史過程にあってこの2つの要素にバランスを与える最適な政治システム、したがって、最終的な政治システムこそ現代のリベラル・デモクラシーであるとして、「歴史の終わり」を主張した。しかし、はたして歴史をこの2つの要素のみでとらえうるかどうか、また、世界で生起する諸問題に対して現代のリベラル・デモクラシーが十分答えているかどうか、それゆえ、現代のリベラル・デモクラシーが「人類の統治の最終形態」であるかどうか、不明である。けれども、リベラル・デモクラシーが、社会主義国崩壊以後の主要なイデオロギーであるとするならば、その思想と制度とを再検討してみる必要があろう。

　ところで、C・B・マクファーソン（Macpherson 1911-1987）は、自由民主主義思想の歴史的展開を示すために、4つのモデルを構築した。その4つのモデルとは、①民主主義を政府による抑圧から被治者を防御するものとみる「防御的民主主義」（ベンサム、J・ミル）、②民主主義を個人の自己発展の手段とみなす「発展的民主主義」（J・S・ミル、バーカー、デューイなど）、③民主主義を多くの民衆の参加なしで均衡を生み出すエリート間の競争としてとらえる「均衡的民主主義」（シュンペーター、ダールなど）、④それにとって代わるべき、より多くの市民参加を求める「参加民主主義」（マクファーソン、ペイトマンなど）である。そして、マクファーソンは、これらの

モデルの継起的発展として、19世紀以降における自由民主主義思想の展開を示したのである。

D・ヘルド（Held 1951- ）は、このマクファーソンの4つの自由民主主義モデルを手がかりにしながら、自由民主主義ではなく民主主義全般を対象として、民主主義の9つのモデルを提示した。そのなかで、マクファーソンの4つのモデルは、「防衛的民主主義」（ホッブズ、ロック、モンテスキュー、マディソン、J・ミル）、「発展的民主主義」（J・S・ミル、レベラーズ、ルソー）、「参加民主主義」（ペイトマン、マクファーソン、プーランザス）として、また、「均衡的民主主義」を「競争的エリート的民主主義」（ウェーバー、シュンペーター）と「多元主義」（トルーマン、ダール）とに分割して継承されているとし、自由民主主義の理論的バリアントとしては「依法的民主主義」（ハイエク、ノージック）モデルが付加されている。そして、こうした自由民主主義の6つのモデルに影響を受けつつ、なかでも、「古典古代民主主義」（アテネ都市共同体）と「直接民主主義」（マルクス、エンゲルス、レーニン）という2つのモデルの影響を受けた「参加民主主義」の理論的バリアントとして、ヘルド自身の「民主主義的自立」モデルが提示されている。

しかし、本章では、自由民主主義をもう少し狭く、すなわち、自由主義と民主主義との接合によって成立したものとしてとらえてみたい。

C・シュミットは、1920年代における「議会主義の危機」の原因を、大衆民主主義の発展に求めた。シュミットによれば、民主主義と自由主義とは、君主絶対主義という共通の敵に対する闘争過程において歴史的に結びつきはしたけれども、大衆民主主義の発達により、「自由＝民主主義が権力の座につくと、その構成要素のあいだでどちらを選ぶか、決断をしなければならない」、本来的に「克服できない対立」関係にある。なぜなら、自由主義とは普遍的自由の原理にもとづく思想であるのに対して、民主主義とは実質的平等と同質性にもとづく思想だからであり、大衆民主主義とは、互いに区別されなければならない「異質な混合物」だからである、と。さらにシュミットは、自由主義と民主主義との対立を最も鋭く構成するものとして、権力分立論を挙げる。「権力の三分割、立法権と執行権の内容的な区別、国家権力の

第1章　政治について

全部が一点に集中してよいという思想の拒否、これらすべては、実は、民主主義的な同一性の理念に対する反対物である」と。

　かくして、シュミットは、自由主義と民主主義とを峻別し、一方で、自由主義の制度的表現として議会主義や三権分立制をとらえ、それらの理念と機能不全に陥った現実との乖離を強調することによって、議会制民主主義を否定する。他方、民主主義の本質を、異質者の排除によって確保される同質性と実質的平等とから成り立つ1人の「治者」と大多数の「被治者」との「同一性」ととらえ、その制度的表現として、国民から直接に選ばれた大統領の強力な指導にもとづく指導者民主主義＝大統領制民主主義を構想し、議会制民主主義に対置させた。そして、現実のワイマル共和制が議会制民主主義から大統領独裁へ、ついにはヒトラー独裁へと移行し、その移行の過程をシュミットが大統領独裁論によって正当化したことを考えるならば、シュミットのような、自由主義を否定する民主主義の試みは、民主主義にとって悲惨な結末をもたらすものであることを、まず確認しておきたい。

　確かにシュミットの言うように、自由民主主義は、自由主義と民主主義という異なる起源と異なる理念にもとづく2つの原理の結合によって成り立ったものである。したがって、2つの原理のあいだに矛盾や緊張関係が存在するのは当然だとしても、その結合には「自由主義の民主主義化」と「民主主義の自由主義化」という相互補完関係が介在しなければならなかった。

　周知のように、近代自由主義の担い手は、貴族と新興市民階級であった。貴族は、これまで認められてきた諸特権を剝奪し、すべての国民を平伏させようとした絶対君主に対して、自らの特権を擁護するために、君主の権力に制限を加えようとしたのであり、新興市民階級は、権力の介入を排して、自由な経済活動を追求しようとした。このことから、自由主義は、個人の自由権を確保するために、政治権力の活動範囲を限定することによって権力の恣意を制御しようとする、近代立憲主義原理を提供することとなったのであるが、同時に、自由主義は、私有財産と自由放任政策を正当化することによって、「貴族的性格」を帯びることにもなった。

　これに対し、古代都市国家の「直接民主主義」に端を発する民主主義は、「人民の支配」を意味し、「衆愚政治」への可能性を含む危険な政治体制を含

第2節　政治のしくみ

意していた。そして民主主義は、近代において、「社会ヒエラルヒーの転覆もしくは制限、財産や身分階級に分割されていない社会の形成をめざす」思想として再生した。したがって、民主主義は、人民による支配とそのための諸条件の平等化を要求する思想、すなわち、平等化および平等主義を核とする思想と言えよう。

　このことから、自由と平等、自由主義と民主主義とのあいだには対立関係が生じ、いずれか一方の価値を徹底して追求すれば他方の価値を排除することになるという危険性が生じた。たとえば、選挙権や私有財産制などをめぐって、民主主義は、それらの不平等な形態を「非正統的で反自然的な抑圧形態」と批判し、また、「公的領域と私的領域との自由主義的な区別」を批判し、より多くの平等化を要求したのに対し、自由主義は、そうした民主化の要求を急進的と批判し、その漸進的実現の主張で対抗した。しかし、民主主義の国民全体への拡大・深化には自由主義の諸原理や諸制度が必要であり、自由主義の諸原理や諸制度は民主化に適応したし、民主主義も、普通選挙権にもとづく議会制民主主義や社会への国家介入による福祉国家など、自由主義へ適応していくこととなった。

　こうした自由主義と民主主義との両立が可能であることを主張した人物として、フランスのアレクシ・ド・トクヴィル（Tocqueville 1805-1859）を挙げることに異論はあるまい。1830年代のジャクソニアン・デモクラシーのアメリカを観察したトクヴィルは、「デモクラシーを阻止しようと考えるのは神への挑戦である」と述べ、民主化を不可避的傾向とみなした。その上で、トクヴィルは次のように述べる。「17世紀の初め、アメリカに定着しようとして渡米した移住者は、デモクラシー原理をヨーロッパの旧社会のなかで敵対して闘った他の諸原理から何とか分離し、これのみを新世界の岸辺に移植した。そこでこの原理は自由のうちに成長し、習俗もこれに伴って、法制のなかに平和のうちに展開されたのである」と。すなわち、アメリカでは、恵まれた自然を背景に、平等を「機会の平等」としてとらえ、平等主義を変容させることによって、民主主義と自由主義との接合がはかられたというのである。

　しかし、トクヴィルはまた、民主化に伴う平等化の進行によって「精神が

第1章 政治について

すべて全く同一のモデルに則って形成され全く同一の途をたどる」可能性のあることを指摘し、「万一アメリカで自由が失われることがあるとすれば、多数の万能が少数を絶望に追いやり物理的な力に訴えさせるようになる場合に違いあるまい」と、「多数者の専制」の危険性に対して警鐘も鳴らしていた。その際、「人民の支配」による「権力の集中」や「多数者の専制」という危険性が存在するにもかかわらず、アメリカに民主主義を存続させている3つの要素として、トクヴィルが、「大きな共和国の強力さと小さな共和国の安全さを享受させる」連邦制、「多数の専制を緩和し、人民に自由の味わいと自由であるための術とを同時に与える」地方自治の諸制度、そして「多数の動向を抑止する力は決して持たないが、その動きをゆるやかにし、それを指導する」司法権を挙げていたことは、自由主義的民主主義の原理と制度の関係をみていく上で重要であろう。

ところで、トクヴィルの思想に影響を受けたJ・S・ミル（John Stuart Mill 1806-1873）は、『自由論』において、「もし一人をのぞいたすべての人類が同意見で、ただ一人の人間がそれに反対の意見を持っているとしても、人類がその一人を沈黙させることが不当なのは、その一人が力をもっていて人類を沈黙させるのが不当なのと全く同様である」と記している。これは、民主化に伴う、多数者による平準化・均質化傾向に対して、個性ある少数者の自由を擁護したものであった。

こうしたトクヴィルの「多数者の専制」やミルの「集団的凡庸性」の陥穽にみられる、民主化と自由の問題を、2つの自由概念の区分によって現代的に焼き直したのがI・バーリン（Berlin 1909-1997）である。彼は、自由を、「ひとが自分自身の主人であることに存する自由」と「わたくしが自分のする選択を他人から妨げられないことに存する自由」とに分け、前者を「積極的自由」、後者を「消極的自由」と名づけた。そして、この2つの自由のあいだには「それぞれ異なる方向に展開され、最後には両者が直接的に衝突するところまで行く」対立関係があると指摘した。換言すれば、前者は、自分の考えや立場にもとづいて他者に積極的にはたらきかける自由であり、したがって、他者への干渉や統制を容認する自由であるのに対して、後者は、「いかなる他人からの干渉も受けずに自分のしたいことをする」自由であり、

第2節　政治のしくみ

「自分のありたいものであることを放任されている、あるいは、放任されているべき範囲はどのようなものであるか」にかかわる自由である。こうした2つの自由のなかで、バーリンは、積極的自由が他者への干渉や統制にかかわるものである以上、ナチズムやファシズムのような全体主義支配へと転化しうる可能性をもつとして、人間相互の多様性や異質性を尊重する消極的自由の擁護を主張する。

確かに積極的自由が大衆民主主義の同質化傾向と結びつくならば、そうした多様性や異質性を消滅させる危険性を倍加させることになる。にもかかわらず、積極的自由が政治的自由や政治参加を含むものであり、消極的自由も積極的自由もその実現のためには権力参加が不可欠である以上、その択一的選択ではなく、権力の肥大化に留意しつつ、双方の両立をめざさなければならない。

2つの規範的構成原理

山口定は、さまざまな「政治体制」論議をまとめながら、D・イーストン（Easton 1917- ）を手がかりにして、「政治的共同体」「政治体制」「政府」を構成要素とする上位概念としての「政治システム」と「政治体制」そのものとを区別し、「政治体制」の構成要素として、①体制を支える「正統性原理」、②「政治エリート」の構成とそのリクルートのシステム、③国民の政治意思の表出と政策の形成にかかわる制度と機構、④軍隊と警察からなる物理的強制力の役割と構造、⑤「国家」による「社会」の編成化のしくみを挙げている。今日の先進資本主義国の政治体制は「自由民主主義体制」ととらえられているが、この体制の「正統性原理」、すなわち、この体制の規範的構成原理として、自由主義原理と民主主義原理という2つの原理が挙げられる。自由主義と民主主義との関係についてはすでに概説したが、ここでは政治体制の構成と直接かかわる限りで、山口の分析を手がかりにしながら、この2つの原理について考察してみよう。

まず、自由主義原理は、種々の自由権を保障するために権力の機能範囲を限定するという立憲主義（法治主義）と、権力の恣意性からの防御を保障する権力分立原理にまとめられる。これに対して、民主主義原理は、J・J・ル

第1章　政治について

ソーの「人民の自己支配」原理として観念される。もちろん、それは、自らを拘束する法律の形成に自ら参加することを本質とするが、必ずしもその法律の発議を人民自身が行う必要はないにしても、明確な手続きによって人民自身によって承認されることを不可欠の要件としていることを意味している。その際「明確な手続き」は、国民を代表する議会の審議であれ人民投票であれ、大規模社会においては代表観念と結びつかざるをえない。しかし、「いかなる選挙区から選ばれようとも、ひとたび選出されたならば全国民の利益を代表しなければならない」というE・バークの代表観、「代表者」が「代表される者」の明示的な付託に拘束されない代表観を自由主義的代表観だとすれば、民主主義的代表観は、「代表者」が「代表される者」の命令的委任を受けることを意味している。今日、この民主主義的代表観は、一方では国民投票制度において、他方では政党政治や政党国家といった形をとって具現されている。

　ところで、山口は、次に、こうした規範的構成原理と、「議院内閣制」「大統領制」「合議政府制」という政府レベルでの組織原理との結合関係から、「自由民主主義体制」を3つのタイプに区分している。すなわち、第一のタイプは、組織原理としての「議院内閣制」と、「民主主義的」な規範構成原理としての「政党国家」とを結合させたタイプであり、イギリスを典型例とする。第二のタイプは、組織原理としての「大統領制」と「自由主義的」な規範構成原理としての権力分立とを結合させたタイプであり、アメリカを典型例する。第三のタイプは、組織原理としての「合議政府制」と「民主主義的」な規範構成原理としての国民投票を結合させたタイプであり、スイスを典型例とする。そして、こうした3つのタイプを前提として、大革命以来のフランスの政治体制は、組織原理のレベルでは議院内閣制と大統領制との循環として、「民主主義的」な規範構成原理のレベルとしては、ジャコバン主義とボナパルティズムとの循環として示される。

　第一のタイプのイギリスでは、1695年のホイッグ内閣以来慣行となっている議院内閣制、すなわち、議会内多数党の指導者を中心にして内閣を形成する制度は、「行政権と立法権の融合」の結果としての「内閣政府制」を核とするものであったが、1867年の第二次選挙法改正による選挙権の拡大は、

イギリスの議会政治および選挙政治に決定的な影響を与えた。すなわち、選挙権の拡大は、政党組織を確立させ、政党を重要かつ不可欠の地位へ押し上げることによって、「自由主義」的代表観念から「民主主義」的代表観念への移行を促進し、「政党国家」的状況をもたらした。かくして、「議院内閣制」と「政党国家」との結合は、「議会政府制」というよりも「政党政府制」ないし「内閣政府制」という傾向を強めることとなった。しかも、この傾向は主権者としての国民が定期的選挙で政党を選択し、勝利を収めた多数党の政策を、多数党の指導者を中心とする内閣によって実現させるという論理によって正当化されているのである。

　第二のタイプのアメリカ民主主義は、①タウン・ミーティングにみられるように、「理念や原則の所産」ではなく、社会建設には全構成員の自発的協力を必要とするという「自然的な事実の所産」であり、「生活様式そのもの」であること、②全構成員の決定過程への参与と全構成員による決定の執行という「参加民主主義」の特性を強くもつこと、③その構成員が旧体制とそれにまつわる原理上の対立とをヨーロッパに置き去りにしてきた移住者であることから、その内部に原理をめぐる葛藤を含まない、アメリカ社会の原理的同質性が存在すること、などがその特性として挙げられる。

　アメリカの政治制度が定型化されたのは、1788年の合衆国憲法においてであるが、この憲法は、「各州のラディカルな民主派の抑制を目的とするものであった」と言われるように、民主主義の過剰を抑制するための分権的連邦制と、完全な三権分立制にもとづく大統領制を採用した。「憲法の父」マディソンは、『ザ・フェデラリスト』第51編において、「単一の共和国にあっては、人民が委譲した権力はすべて、単一の政府の運営に委ねられる。そして、権力簒奪に対しては、政府を、明確に区分された政府各部門に分割することによって対抗する。これに対して、アメリカのような複合的な共和国にあっては、人民によって委譲された権力はまず二つの異なった政府（中央政府と地方政府）に分割される。その上で、各政府に分割された権力が、さらに明確に区分された政府各部門に分割される。したがって、人民の権利に対しては、二重の保障が設けられているわけである」と述べ、権力分立の自由主義的性格を示すと同時に、アメリカ独特の権力分立における「二重性」

第1章　政治について

についても示していた。

　かくして、アメリカにおいては、参加民主主義の伝統を強く保持し、住民との密接な関係を保ち、大幅な自治権を享受している地方自治体（市町村）を基盤としながら、政治権力を中央政府と州政府とに二分して、憲法に明記された権限の範囲内で各政府に各々の権限を行使させる連邦制度が確立され、また、権力の集中による権力の濫用を防ぐため、統治機構を立法府、行政府、司法府の3部門に区分かつ独立させ、相互の牽制と均衡をはかる三権分立制が導入された。したがって、立法府と行政府との関係では、双方の融合を前提とする議院内閣制ではなく、双方の独立を前提とする大統領制が採用された。すなわち、行政府の長（大統領）は、連邦議会からではなく国民投票によって選出され、また、立法府の支持の有無にかかわりなく任期満了まで職務を遂行することができ、行政権の行使について連邦議会に対し責任を負うことはない。

　ところで、アメリカ民主主義の地域的ないし直接民主主義的特性は、議会や政党に地域代表的な性質を付与していることから、それらの統治能力の低下を危惧するむきもあったが、アメリカ社会の原理的同質性に担保されることによって、議会や政党はその機能を果たしてきた。しかし、20世紀に入って、同質性が崩壊することにより、議会や政党の統合能力、紛争解決能力が低下し、議会の「拒否権集団化」現象が目立つようになった。その結果、政治統合機能を担うものとして大統領に期待が寄せられてきているのであるが、もしそれが、議会の無力化を代償とするものであるならば、民主主義からの逸脱をもたらすと言わなければならない。

　第三のタイプに属するスイス連邦共和国は、言語・宗教・文化の差異によって強い個性を有する23の州（カントン）からなり、その政治体制は、自由主義的構成原理としては「連邦主義（州連立主義）」と「権力分割」を、民主主義的構成原理としては州単位の「国民投票」を特徴としている。しかし、前者の自由主義的構成原理は、ひとり中央政府の構成のみならず、意思決定の一般的手続きまで、「均衡」ないし「比例」の原理を貫徹させていることにより、アメリカの「権力分立」とは異なる。たとえば、立法府は上下の二院制を採っているが、上院は各州2名の代表者からなり、下院は州人口

に比例した数の代表者から成立している。また、連邦政府は、こうした議会から、言語・地域・政党のバランスを配慮して選出された7名によって構成される。彼らの任期は4年で、連邦政府は議会に対して責任を負う必要はない。しかも、大統領には、この7名が毎年交代で就任する。他方、後者の直接民主主義的手続きは、市町村レベルにおいては全住民集会として、州レベルでは法律の制定や財政問題に関するレファレンダムとして、連邦レベルでは憲法改正に関する国民投票として、3レベルを貫徹して存続している。その意味で、スイスの民主主義は、「直接民主主義に支えられた均衡民主主義」ないし「比例民主主義」と言えよう。

　3つのタイプのいずれにも該当しないフランスの政治体制に関しては、議院内閣制をとっていた第三共和制（1870〜1940年）、第四共和制（1946〜1958年）から、「議会制民主主義の危機」を契機に、大統領の権限強化を盛り込んだ「ドゴール憲法」体制への変化を前提にすれば、以下のような交代ないし循環として把握できよう。すなわち、「共和制」の定着とともに「民主主義」原理が確立していったが、その原理の発見形態として、当初、議院内閣制が「議会主権」を主張する「ジャコバン主義」によって正当化されたのに対し、政治的危機の発生を契機に、強力な権限を有する大統領制がボナパルティズムの論理によって要請されるようになった、と。

議会制民主主義と大統領制民主主義の諸問題

　A・レイプハルト（Liphart 1936- ）は、政治的権利と政治的自由という2つの基準で民主主義と評価された国のなかから、第二次世界大戦以降一貫して（約30年から35年間）民主主義的であった国として、オーストラリア、オーストリア、ベルギー、カナダ、デンマーク、フィンランド、フランス、西ドイツ、アイスランド、アイルランド、イスラエル、イタリア、日本、ルクセンブルク、オランダ、ニュージーランド、ノルウェー、スウェーデン、スイス、イギリス、アメリカの21カ国を挙げている。そして、こうした国々のあいだには、人口、領土、経済の規模、さらに、社会的同質性の程度などに大きな差異があるが、①こうした国々は富裕な国の部類に属していること、②これらの国々は高度な経済発展、高度な工業化・都市化を達成して

第1章　政治について

いること、③これらの国々は文化的に同質的なグループを形成していること、④これらの国々のほとんどが地理的に北大西洋地域に集中していることなどを共通点として認めている。

　さらにレイプハルトは、①行政府の長が立法府の信任に依存するか否か、換言すれば、行政府と立法府とを区分するか融合するか、②行政府の長を選ぶのは有権者か議会かという2つの基準によって、21の国々を3つのカテゴリー（形式的には4つ）に分類している。第一のカテゴリーは、行政府の長（首相）は立法府から選出され、立法府の信任に依存する（立法府の不信任によって解任される、したがって、立法府に責任を負う）議会制民主主義であり、第二のカテゴリーは、行政府の長（大統領）は人民より直接に、ないし、選挙人を通じて選出され、立法府の信任に依存しない大統領制民主主義であり、第三のカテゴリーは、前2者の混合型である。第三の混合型にはスイスが、第二の大統領制にはフィンランド、フランス第五共和制、アメリカ合衆国が、そして、その他の国々は第一の議会制のカテゴリーに分類されている。

　これに対し、J・リンス（Linz 1926-2013）は、一連の論文で、「可能性と傾向性を立証するのであって、決定主義を立証するのではない」としながら、大統領制と議会制双方の特徴を比較検討し、以下のように主張している。すなわち、大統領制よりも議会制の方が、安定した民主主義の創出に寄与するし、また、社会的・イデオロギー的・地域的に分裂し多党制をとっている国では民主主義を維持する上で有効である、と。

　まず、大統領制に関して、リンスは、次のような点を指摘している。

　(1) 大統領制は、大統領と議会という「二重の民主的正当性」に支えられ全く異なる政治的オプションを内包しているため、紛争の可能性を多分にもちながら、紛争を解決する明白なメカニズムをもたない。議会は多元的な特殊利益を代表しているのに対して、大統領は「人民の一般意志」を代表していると主張すれば、議会主義者は、大統領こそ人民代表を僭称し権力を自己に集中していると非難する。こうした紛争は、政府の有効性の低下と民主的正当性の弱体化をもたらし、極端な場合、体制危機を生み、民主主義の存続を危うくする。

(2) 大統領制は、一方で、人民投票的正当性に支えられた強力で安定した行政府をもつが、他方で、権力の人格化への深い疑念を反映して、一定の任期、再選制限など、権力の恣意性に対する防波堤をも具備している。このことは、政治過程に「厳格さ」を導入し、行政府の安定性を保障するが、政治過程への柔軟な適応を失わせる。また、大統領は、一方では、国家元首として全国民の意思を代表する象徴的存在であるが、他方では、明確な利益の代表者、政党の代表者でもあるため、調整権力ではなくなり、フレキシビリティを失う。

　(3) 大統領制は、「勝者総取り」のルールにしたがって作動するので、民主政治をゼロ・サム・ゲームにする傾向をもつ。

　これに対し、議会制に関しては、次のような点を指摘している。

①議会制では、多数のアクターが変化を起こし、再編を行い、首相の交代制を演出する。しかも、大統領制の場合、大統領の交代によって体制危機が生じやすいが、首相交代は、必ずしも体制危機を生みださない。首相の任期に制限はなく、大統領制のような確実性や可測性はないが、その分、変化する政治状況に対して柔軟に適応できる。

②大統領制では、選挙に敗れたリーダーは完全に権力の外に置かれ、再び権力へ向かうには4～5年待たねばならないため、選挙は過熱し緊張と分極化が進むのに対し、首相は議会議員であり、同僚議員と対等に向かいあい、権力を失ったリーダーも議会に議席を有し、「野党のリーダー」でもあり続ける。

③議会制では、政党とそのリーダーたちに統治責任、説明責任、協議と妥協の能力が要求されるため、議会は多くの潜在的リーダーを提供し、リーダーを養成する場として機能する。したがって、議会制は強力なリーダーシップと安定した政府を形成しうる。

④政党の分極化や政府の不安定性を回避するメカニズムとして、比例代表制や連立政権がある。とりわけ連立政権は民主的な代表と討論の機会を与え、多人種社会には不可欠であるし、実際の連立政権は不安定ではなく安定している。

　しかし、以上のことから、リンスは、あらゆる大統領制民主主義は不安定

であると言っているのでもないし、議会制民主主義は常に安定していると言っているのでもなく、ラテンアメリカやアジアにおける大統領制に関する過去の多くの事実と、西欧における現代議会制民主主義の成功からみる限り、議会制民主主義を支持できるのではないかと主張しているのである。

第三の道？

　議会制民主主義とも大統領制民主主義とも異なる第三の民主主義的制度として、J・リンスは、準大統領制ないし準議会制、あるいは「二極執行部制（bipolar executive）」を取り上げている。これは、「議会制と大統領制との統合ではなく、大統領制的側面と議会制的側面とのあいだで、そのいずれかを選択する制度」であり、その事例としては、フランス第五共和制、ワイマル共和制、あるいはフィンランド、1979年のペルー、1980年のチリ、パラグアイ、ウルグアイなどが挙げられる。この制度では、国民から直接ないし間接的に選出された大統領と、議会の信任を必要とする首相とが存在し、大統領は首相を任命し、しかも議会を解散することができる。ただし、議会を解散する場合、大統領は首相の同意を必要とする。この制度は、どの事例でも、大統領と首相とが一緒に政府を統括するということで、半分大統領制で半分議会制というようには作動しなかった。「第五共和制は、大統領制と議会制との総合ではなく、大統領制的側面と議会制的側面との交代である」とM・デュベルジェ（Duverger 1917-　）が述べているように、フランス第五共和制は半分大統領制なのではなく、ほとんど大統領制で、ときおり議会制的であった。以下、フランス第五共和制とワイマル共和制の事例を簡単にみておこう。

　11年間に25の内閣が成立した議会主義的な第四共和制の後、ドゴールは強い大統領制の実現をめざした。したがって、1958年憲法では、大統領は任期7年で、首相任免権、法律案の国民投票付託権、国民議会解散権、司法官職高等評議会主催権限、そして、何よりも緊急措置発動権といった強大な権限をもつと同時に、大統領は軍の最高責任者であり、反逆罪の場合以外、その職務の遂行中の行為で責任を負うことはない（政治高等法院においてのみ裁かれる）。大統領の選出は、1962年の憲法改正で、国民直接二回投票制

で行われるようになった（第一回投票で有効投票の過半数を得たものが当選し、過半数を得ない場合、上位2人の候補者につき第二回投票が行われ、多数を得たものが当選する）。大統領、政府、議会との関係では、大統領が首相を任免し、内閣を総裁し、議会に対しては教書で連絡をとる。首相および他の大臣は議会の議員ではないが、議会に出席し、首相は議会に対して責任を負う。

　大統領のこうした強い権限に対し、議会は政府不信任という形で対抗しうるが、政府は議会の不信任案提出に対して、審議打ち切り・政府信任投票への切り替え措置で対応しうる。また、ドゴール治下、大統領の多数派は議会の多数派であったが、ミッテラン大統領に変わってからの1986年3月選挙において、大統領の多数派と議会の多数派とが異なるという「二重権力」状況、左翼の大統領と保守的内閣といういわゆる第一回コアビタシオン（保革共存体制）が発生した。このとき、主として大統領が外交を、政府が内政を担当するという役割分担が行われたが、1993年の第二回コアビタシオンでは、外交面でも首相に実権が与えられた。そして、1995年5月にシラク大統領が誕生すると、大統領の多数派が議会の多数派となり、再び第五共和制発足当初の状況へ戻った。

　ワイマル憲法草案者H・プロイスに影響を与えたM・ウェーバーは、議会を指導者選出の場としてとらえ、そのモデルをイギリスの議会の経験に、とりわけ委員会活動に求めていた。そして、ウェーバーは、ドイツ政治の現状を認識するに際し、まず、「ビスマルクの政治的遺産」として、政治教育のひとかけらもない国民と完全に無力な議会とを挙げながら、結果責任をとらない政治家と「統制されない官僚制」の横行に慨嘆し、「行政監督の場」であると同時に「政治指導者選抜の場」としての「活動する議会」の樹立を主張した。しかし、1918年、敗戦と王朝の崩壊により、未来の政治形態を議会主義化のみによっては展望できなくなったとし、差し迫っている財政負担と意図されている社会化を解決するためには国民選出の革命的正当性に支えられた強力な大統領制を「共和制」の支柱にすべきである主張した（「ドイツ将来の国家形態」）。にもかかわらず、1919年2月、初代大統領エーベルトが議会によって選出され、また、連邦参議院の存続や比例代表制の導入

第 1 章　政治について

などにより議会はその力を制限され、「政治指導者選抜の場」としての機能を減少させていたことから、ウェーバーは、大統領を「真の民主主義の守護神」たらしめるためにも、国民の直接選挙によって大統領に固有の堅固かつ安定した地歩が与えられなければならないとし、人民投票的大統領制を主張した（「大統領」）。このことを受けてワイマル憲法は、国民から直接選出される、任期7年で再選可能な大統領制を実現した（ウェーバー『政治論集 2』中村・山田・脇・嘉目訳、みすず書房、1982年）。

　大統領には、首相・大臣の任免権、首相の副署を必要とする議会解散権、軍隊の統帥権、官僚・将校の任免権、そして 48 条の緊急命令権など強大な権限が付与された。しかし、「大統領は、首相と、その推挙にもとづいて大臣を任命する」という 53 条に続いて、54 条では「首相は、その職務の遂行にさいしては議会の信任を必要とする」とされ、ワイマル共和制の内閣形成は、大統領内閣制と議院内閣制との 2 つの可能性を含んでいた。初期のエーベルト大統領治下では、53 条の大統領の首相任命権は形式的権限で、54 条が優位していたけれども、1925 年のエーベルトの死後、ヒンデンブルク大統領が国民投票によって選出されたのを契機に、53 条が優位するようになった。

　すなわち、ワイマル共和制の内閣（二極執行部）は、議会に責任を負う議院内閣から、大統領にのみ責任を負う大統領内閣へと移行し、大統領内閣への議会からの不信任案提出に対しては議会解散権で対抗しつつ、代替立法として 48 条の緊急命令権を多用することにより、ついには大統領独裁、ヒトラー独裁へと移行したのである。C・シュミットによる大統領権限の権威主義的解釈は、この移行の理論的正当化であった。

　大統領が、自らの権限のみに依拠して、議会の支持も得られず、政党にも影響力を行使しえない場合、危機に直面しやすい。ワイマル共和制において、ナチスを議会第一党に押し上げたものこそ、これではなかったか。リンスは、これらのことを前提に、二極執行部制を成功させるためには、①大統領が主要政党のリーダーか重要人物であること、②諸政党が議会で絶対多数の連立を形成し、大統領と協力することができることなどを挙げている。しかし、二極執行部制が、分裂した政党制の問題を解決する有効なシステムとは言え

ないし、それ自体で民主的安定性を創出しうるとも言い難い。リンスの指摘する二極執行部制を成功させる条件は、安定した議会制民主主義を保障する条件と同じものであろう。だとすれば、大統領制の伝統の強いラテンアメリカ諸国において二極執行部制が導入されることは、議会制民主主義への間接的道程と言えるかもしれない。

【補論　参考文献】

福井英雄編『現代政治と民主主義』法律文化社、1995年
阿部斉『アメリカの民主政治――その伝統と現実』東京大学出版会、1972年
加藤哲郎『東欧革命と社会主義』花伝社、1990年
C・シュミット「議会主義と現代の大衆民主主義との対立」『危機の政治理論』樋口陽一訳、ダイヤモンド社、1973年
山口定『政治体制』東京大学出版会、1989年
A. Lijphart, *"Democracies: Patterns of Majoritarian and Consensus Government in Twenty-One Countries"*, Yale University Press, 1984.
J. J. Linz, 'The Perils of Presidentialism', *Journal of Democracy*, Winter 1990.
Arturo Valenzuela, 'Latin America: Presidentialism in Crisis', *Journal of Democracy*, October 1993.
J. J. Linz, 'Presidential or Parilamentary Democracy: Does It Make a Difference?', J.J. Linz and A. Valenzuela (Eds.), *"The Failure of Presidential Democracy"*, The Johns Hopkins University Press, 1994.（『大統領制民主主義の失敗』中道寿一訳、南窓社、2003年）
H. E. Chehabi and A. Stepan (Eds.), *"Politics, Society and Democracy"*, Westview Press, 1995.

第3節

政治的アクター

　19世紀後半から20世紀に入って、資本主義が著しく発達し、そのことによって、政治社会も大きく変化した。「財産と教養」のある市民を主体とする従来の近代市民社会から、大量生産・大量消費の大規模社会へと変化し、合理的理性的存在としての市民に代わって、情緒的受動的な存在としての大衆が登場した。この大衆を主役とする大衆社会においては、利害の多元化とともに社会内対立が激化し、大衆の断片化とともに大衆の組織化・集団化が進行した。イギリスにおいては、1867年の第一次選挙法改正により労働者階級の政治参加の道が開かれたことによって、名望家政党は、大衆の支持を獲得するために、大衆政党へと変化した。また、自己の利益を擁護・促進しようとする利益集団や圧力団体、さらには住民運動・市民運動などが台頭し、政治決定過程へ参与するようになってきた。すなわち、従来のような個人対国家という図式のみではとらえきれないダイナミックな政治的現実が出現してきている。したがって、こうした、ダイナミックな現実政治をよりよく理解する上で必要な基本的単位として、以下、政党、利益集団（圧力団体）、選挙など取り上げてみよう。

政　党

　政党という言葉は、「分ける」を意味するラテン語の *partire* に由来し、「部分」や「役割をもつ」「参加する」という意味をもっていた。同じくラテン語にルーツをもつファクション（徒党 faction）が、破壊的で有害な恐ろしい行為を指向する政治集団を指していたことと比べれば、政党は、それほ

ど否定的意味をもっていなかったと言えよう。しかし、政党は、発生当初、ファクションと同じ意味で用いられ、「フランス共和国が何よりも必要とするものの一つは、政党をもたないことである」(ニコラ・ド・コンドルセ Condorcet 1743-1794) とか、「政党精神のもつ有害な効果に対しては、この上なき厳粛さをもって、……警告させていただきたい。……自由国家における政党は有用なチェック手段であり……自由の精神に生命を与えるのに役立つという意見がある。……これは、ある程度までは、おそらく事実であろう。……だが、純粋に選挙に基礎をおく政府においては、それは奨励されざる精神である」(G・ワシントン Washington 1732-1799) という発言にみられるように、否定的評価を受けていた。こうした政党の否定的評価を大きく転換させたのは、大衆デモクラシーの発達である。J・ブライス (Bryce 1838-1922) は、政治の世界における政党の位置について、次のように述べている。「大きな自由主義国で政党の存在しない国はない。何人もまだ、政党のない代議政治の運営の可能性を示していない。政党は混沌とした投票者群のなかに秩序をもたらす。もし、イギリス、アメリカ、フランスのような国に政党組織がなければ、世論はどのようにして一定の目的のために提起され、教育され、指導されうるであろうか」(『近代民主政治』1921年) と。かくして、政党は、今日、世界各国でめざましい発展をとげ、「現代政治の生命線」(S・ノイマン) と言われるほど、重要な位置を獲得してきており、「政党がデモクラシーを生み出したのであり、現代デモクラシーは政党を抜きにしては考えられない」(E・E・シャットシュナイダー Schattschneider 1892-1971) と言われるように、現代デモクラシーは政党政治としての性絡を強めている。

　それでは、政党とは何か。同じ「政党」といっても、各国の歴史的・社会的・政治的諸条件などの相違によってかなり異なるため、政党を一義的に定義することは困難であるが、代表的な定義としては、「ある特定の主義または原則において一致している人々が、その主義または原則に基づいて国民的利益を増進するために協力すべく結合した団体」(E・バーク)、「社会の積極的な政治的行為者たち、すなわち、政府権力の統制に関心をもち、さらに種々異なる諸見解をいだく他の単数または複数の集団と大衆的支持をめざし

第1章　政治について

て競争する人々の明確な組織体」（S・ノイマン）、あるいは、「選挙に際して提出される公式のラベルによって身元が確認され、選挙（自由選挙であれ、制限選挙であれ）を通じて候補者を公職に就けさせることができるすべての政治集団」（G・サルトーリ Sartori 1924- ）などがある。こうした諸定義から引き出される政党の特徴としては、第一に、政党は、何らかの政治目的を達成するために結成された集団であることから、政治集団ないし政治団体の1つであるが、政党は、他のいかなる集団ないし機関からも独立した、成員の自発的意思にもとづいて結成された自由な団体であること、第二に、政党は、究極的には、公権力、すなわち政権の獲得を目的とする団体であること、第三に、政党は、政権を獲得するためには国民の支持を得なければならず、そのために国民に提示すべき独自の綱領や政策をもつということ、第四に、政党は、独自の綱領や政策をもつといえども、それは一部の特定の者の利益を追求するということではなく、公共の利益を追求するものであるということ、したがって、公的性格をもつということ、などが挙げられよう。

　それでは、次に、政党は、現代政治において、どのような役割、機能を果たしているのであろうか。第一に取り上げられるべき機能は、利益集約機能であろう。政党は、社会内のさまざまな他人や集団から表出される多元的な利益や、意見、要求を組織化し、それを、決定作成過程に影響を与える政策へとまとめ上げ、国民にそれを提示する。もちろん、他の機能（利益表出機能、政治的コミュニケーション機能、政治的社会化あるいは政治的教育機能、政治的指導者の補充・選出機能など）の場合と同様に、政党のみがこの機能を担っているわけではなく、利益集団や官僚組織、あるいは政府や議会もこの機能を果たしているのであるが、議会制デモクラシーの下においては、主として政党がこの機能を果たしているということである。第二に、政党は、国民の積極的な政治参加を促進するための政治教育機能を担う。政党は、党の新聞、雑誌、集会などを通じて、国民に政治的知識の提供や問題点の解明を行うのみならず、政策の内容や意義を説明することによって、国民の政治的関心を喚起し、積極的な政治参加を促す。こうした政党の諸機能に関して、E・バークは、「政党は、一方の端を社会に、他方の端を国家にかけている橋である。別の比喩を用いると、社会における思考や討論の流れを政治機構

の水車にまで導入し、それを回転させる導管、水門であるといえよう」と指摘しているし、S・ノイマンは、「もろもろの社会的勢力およびイデオロギーを公式の政治諸制度に結びつけ、またそれを、より大きな政治共同体の内部において政治行動に関係づける偉大な媒介者」と指摘している。第三に、政党は、政治指導者あるいは政党幹部の補充・選出機能をもつ。政党は、さまざまな個人や集団の利益集約を行い、それを政策として国民に提示するばかりではなく、それと同時に、そうした政策を実行する政治指導者をも提示する。したがって、国民による政党の選択は、政策の選択であると同時に、政治指導者の選択でもある。ところで、この機能を、権力を獲得したいと望む者の側からみれば、政党は、「有権者を選挙に動員し自らをポリティカル・リーダーのポストに押し上げる組織」であり、「白昼公然と公職の獲得をもくろむ巨大な陰謀集団」（岡沢憲芙）とも言えよう。第4に、政党は、議会の運営や、議会と内閣との関係を円滑にする機能をもつ。とりわけ、議会における多数党が内閣を形成するし、議院内閣制の場合、議会活動も、政党単位で行われるのが通例である。このことから、議会政治は、政党政治とも言われる。

　さて、次に、政党は、そのさまざまな性質から、いくつかに区分される。M・ウェーバーは、党組織の変化に着目して、名望家政党と近代的政党とを区別している。名望家政党とは、近代議会政治の初期の段階、すなわち、制限選挙の時代に対応する政党であり、議会内部での議員、職業議員ではなく、名誉職的、副業的な名望家議員のゆるやかな人的結合から成り立つ、臨時的な団体あるいは政治クラブ（政党運営はほとんど選挙と議会開催中のみ）であり、したがって、そこには、党規律もほとんど存在せず、離合・集散がしばしばみられ、流動的性質をもつ。政党運営の担い手は、議員であり、選挙の候補者選択では、候補者の名望が基準であり、選挙綱領は候補者の有権者への呼びかけか名望家会議での決定からなっていた。これに対し、近代的政党とは、「デモクラシーの子供であり、大衆の選挙権と、大衆運動と大衆組織の必然性、指導の最高の単一性と最も厳格な紀律との発展とから生まれた子供」であり、そこには、組織された大規模な全国的投票獲得組織＝マシーンが存在し、その運営は、議会外の「主職業的」政治家たちによって行われ、

第1章　政治について

機関紙の発行や定期的集会の開催など組織的な日常活動が行われる。選挙における候補者や綱領は、党大会により選出され、決定される。しかし、政党の官僚制化が進行することにより、政党の事実上の権力は、実務を担当する党職員の手に、そして、組織の頂点に立つ少数の者の手に握られ、職業政治家たちの活動も、党に強く拘束される。また、M・デュベルジェも、政党組織の観点から、政党を幹部政党と大衆（組織）政党とに区分している。幹部政党は、普通選挙権の実現する以前より存在していた古いタイプの政党で、保守政党に多くみられ、大衆政党は、普通選挙権の実現とともに登場した新しいタイプの政党で、社会主義政党、労働者政党に多くみられる。また、幹部政党は、名望家や有力者を中心とした政党で、主たる活動を選挙におくが、党員数の確保よりも、選挙においてその人物がどれだけ役立つかという点を重視する。党規律はゆるやかで、問題処理に関しては、プラグマティックなアプローチを取り、指向は現状肯定的である。各選挙区の党組織には自律性が認められ、分権的構造をもち、院内グループの全国的組織は、ゆるやかな連合体からなっている。これに対して、大衆政党は、党員数の増大を主眼とし、活発な日常活動を行う。また、厳格な党規律によって緊密な結束をもつ支部組織の党であり、中央集権的な全国組織の構造をもつ。したがって、相対的に、組織化、官僚制化の進行度が高く、内部コントロールが強く作用し、院内グループの活動も党の拘束に服する。そして、諸問題への対応としては、改革的、イデオロギー的であるとされる。また、G・アーモンド（Almond 1911-2002）は、政党の利益集約機能の観点から、その機能の高い順に、世俗的でプラグマティックな取引型政党、絶対的価値を指向する世界観政党ないしイデオロギー政党、特定集団の利益と固定的な関係をもった個別主義的ないし伝統的政党に区分している。さらに、国民政党と階級政党との区別がある。政党は、国民の支持を獲得し政権をめざす以上、部分的利益ではなく全体的利益・公共の利益の代表者であることを主張しなければならないが、実際には何らかの偏りをもっている。その意味において、この区分は、政争の具としてのイデオロギー的性格を強くもつ区分である。

第3節　政治的アクター

政党制度

　次に、政党間の相互作用のあり方、したがって、その国の政党政治および政治そのもののあり方を規定する基本的な枠組みとして、政党制の問題がある。従来、政党制の分類としては、一党制、二党制、多党制の3分類が一般的であった。一党制は、一党独裁とも言われるように、20世紀の革命的および反革命的独裁の基礎としての単独政党の形態である。S・ノイマンは、ファシズムの一党独裁と社会主義のプロレタリア独裁とを同一視し、ともに全体主義政党と呼び、その主たる機能としては、政治的エリートの創出、大衆統制と教化、国家と社会との連動装置、自己の支配体制の維持などを挙げている。これに対して、M・デュベルジェは、ファシズムの一党独裁と共産党型の一党独裁とには根本的な相違があるとして、理論や、活動・手段、党の体制、エネルギーなどの点から区別している。しかし、社会主義諸国における一党独裁の放棄とその実態の暴露は、こうした区別に疑問を投げかけている。二党制は、同質的、世俗的、取引的文化と、利益集団の自主性や効果性とを前提として、たとえ弱小政党が存在しても、二大政党によって比較的規則正しく交互に政権を担当しうる最も安定したシステムであり、その代表的な事例としてアメリカとイギリスが挙げられる。しかし、同じ二党制といっても、アメリカの場合は、民主党と共和党の二党制で、ともに党首は存在せず、党組織は地方分権的で、イデオロギー的に類似しているのに対し、イギリスの場合は、保守党と労働党の二党制であるが、第三党としての自由党は無視できない存在であり、党首を頂点とする中央集権的な党ヒエラルヒーを形成しているといった相違がみられる。また、デュベルジェによれば、二党制にも、技術的二党主義と形而上学的二党主義の区別があり、後者の場合、対立は深刻化する。多党制は、3党以上の複数の政党が存在する場合で、小党分立制とも呼ばれる。　二党制においてはこぼれ落ちる種々の利益や意見をすくい上げることは可能であるが、多数派工作が難しく、不安定化しやすい。こうした分類に対して、G・サルトーリは、「長い間、政党制はもっぱら政党の数を基礎に分類されてきた。つまり、政党の数が1つか、2つか、それとも3つ以上かを手がかりに分類されてきた。しかし、今日では、政党

第1章 政治について

制を一党制、二党制、多党制に分類する従来のやり方は全く不適切になっている」と指摘し、政党の数、政党の相対的規模、各党間のイデオロギー的距離などを手がかりに、以下の7類型に区分している。すなわち、まず、非競合システムと競合システムとに大別し、前者を、①一党制（全体主義的一党制、権威主義的一党制、プラグマティック一党制）と②ヘゲモニー*的政党制（イデオロギー指向ヘゲモニー政党制、プラグマティズム指向ヘゲモニー政党制）に、後者を、③一党優位政党制、④二党制、⑤穏健な多党制（限定的多党制）、⑥分極的多党制（極端な多党制）、⑦原子化的政党制に区分している。①は1つの政党のみ存在し、また、1つの政党のみの存在を認めている政党制であり、②は、1つのヘゲモニー政党と、それに対抗しえない認可されただけの政党、衛星政党の存在する政党制、③は、複数の競合する政党が存在しながら、結果的には特定の政党が長期にわたって政権を掌握している政党制であり、1955年以降の日本は、その典型例の1つである。④は、政権担当能力のある二大政党が多数の支持をもとめて競合し、多数党が単独政権を組織する政党制、⑤は、政党数が3～5で、各党間のイデオロギー距離は比較的小さく、対立もゆるやかで、二極の連合政権組み合わせ代案の存在する政党制、⑥は政党数が6～8で、政党間のイデオロギー距離は大きく、反体制政党や双系野党**、無責任政党が存在し、政党間の対立は求心的ではなく遠心的であり、過剰公約政治の傾向を示す、政権交代軸の多極化した政党制で、ワイマル・ドイツなどがその典型例の1つである。⑦は、小さな多くの政党が乱立し、他に抜きんでた政党の存在しない政党制で、極度の混乱期以外あまり存在しない。以上は、サルトーリの政党制の分類であったが、他に、競争的二党制、競争的多党制、支配的非権威主義政党制、権威主義政党制という4類型に区分するG・アーモンドの分類などがある。

* 覇権 hegemony 特定の人物または集団が長期にわたりほとんど不動とも思われる地位あるいは権力を掌握すること。
** 政党もしくは政党群が、4つ以上あるいは3つに分かれ、かつ右翼、中道、左翼に分かれており、右翼と中道（あるいは左翼と中道）で政権交代がある場合、中道が政権を担っているときはイデオロギー的に左右に野党が存在することになる。これを「双系野党の存在」という。

第 3 節　政治的アクター

日本の政党

1992 年、国会に議席を有する政党は、自由民主党、日本社会党、公明党、民社党、日本共産党、社会民主連合、進歩党などであった。そして、各政党の勢力分野は、自由民主党（衆議院 277 議席、参議院 113 議席）、日本社会党〔護憲共同〕（137 議席、71 議席）、公明党〔国民会議〕（46 議席、20 議席）、民社党〔スポーツ国民連合〕（13 議席、10 議席）、日本共産党（16 議席、14 議席）、社会民主連合（衆 4 議席）、進歩党（衆 1 議席）、連合（参 13 議席）、参議院クラブ（参 4 議席）であり、党員数の点では、自由民主党が最も多く（約 365 万人）、次いで共産党（約 48 万人）、公明党（約 18 万人）、民社党（約 9 万人）、社会党（約 7 万人）、社民連（約 8000 人）などとなっていた。党収入の点では、共産党（216 億）、自由民主党（189 億）、公明党（98 億）、社会党（66 億）、民社党（18 億）であった。

しかし、その後、政界再編が進み、1995 年 7 月時点での、衆議院に議席をもつ主要政党は、自由民主党（207 議席）、新進党（169 議席）、日本社会党（64 議席）、新党さきがけ（20 議席）、日本共産党（15 議席）などであり、2014 年 3 月現在では、自由民主党（衆議院 294　参議院 115　計 409 議席）、民主党（1998-、57、59、計 116 議席）、日本維新の会（2012-、53、9、計 62 議席）、公明党（1964-1994、1998-、31、20、計 51 議席）、みんなの党（2009-、9、12、計 21 議席）、日本共産党（1922-1924、1926-、8、11、計 19 議席）、結いの党（2013-、9、6、計 15 議席）、生活の党（2012-、7、2、計 9 議席）、社会民主党（1996-、2、3、計 5 議席）、みどりの風（2012-、2、0、計 2 議席）、新党大地（2011-、1、0、計 1 議席）新党改革（2008-、0、1、計 1 議席）、沖縄社会大衆党（1950-、0、1、計 1 議席）、無所属（7、3、計 10 議席）となっている。

ところで、戦後日本の政党政治において、1955（昭和 30）年は重要な年であった。なぜなら、戦後結成された保守諸政党（日本自由党、日本進歩党、日本協同党、国民党など）が離合集散を繰り返しながら、この年左右両派に分裂していた日本社会党が統一（10 月 13 日）されると同時に、自由党と日本民主党による自由民主党結成という形をとって保守合同（11 月 15 日）が

第1章 政治について

なされ「二大政党制」の確立がめざされたからであり、その後の政党政治のあり方を規定したからである。ここから「55年体制」という言葉が生まれた。しかし、「55年体制」下の「二大政党制」は、実際には万年与党と万年野党との勢力関係でしかないことから「一と二分の一」政党制（スカルピーノ）と名づけられ、また、イデオロギー的に鋭く対立していた。その後、1960年に日本社会党から民社党（1970年に改称）が分かれ、1964年には公明党が結成、さらに1976年には自由民主党から新自由クラブが分裂し、多党化の傾向を示したが、勢力関係の点からみると、G・サルトーリの言う「一党優位政党制」に近い状況にあった。しかし、1993年6月、宮沢内閣の政治改革法案への対応に不満が高まり、内閣不信任案が可決され、これを契機に、自民党から離党者が続出し、新党さきがけ、新生党が結成された。そして、7月の総選挙の結果を受けて、新党ブームのはしりとなった日本新党をはじめ、新党さきがけ、新生党、社会党、民社党、公明党による「非自民連立」政権＝細川内閣が成立した。このことによって、自民党は、保守合同以来初めて政権の座から転落し、逆に、社会党は、45年ぶりに政権へ参加することとなった。その後、1994年4月、同じ「非自民連立」政権として羽田内閣が成立するも、6月、自民党、社会党、新党さきがけによる新しい連立政権（村山内閣、社会党）に取って代わられた。そして、これに対抗して、翌95年1月、旧非自民連立勢力を中心とした新進党が結成されるに至り、その後さらに政党の離合集散が進んで、今日では自民党、民主党、日本維新の会、公明党、みんなの党、日本共産党、結いの党、生活の党、社会民主党などが活動している。今後、この多党化状況が二大政党制の方向に進むか、穏健な多党制の方向に進むか、あるいは分極的多党制に進むか、注目されるところである。

次に、保守合同によってそれまでの「保守党間の矛盾が保守党内の矛盾に再編成」され、自民党内に「派閥」が形成された。もちろん、「派閥」を生み出す理由としては、その他に、中選挙区制のため同一選挙区に複数の候補者を擁立することや、総裁選挙の公選化、政治資金・人材の外部からの調達などが考えられる。いずれにしても、党近代化への第一の障害として批判されながら「研究会」などと名称変更して存続する自民党内の「派閥」は、時

として「40日抗争」のような激しい対立を引き起こすが、独裁制への防波堤として、あるいは、政策形成において重要な役割（代案形成など）を果たすものとして、評価される場合もある。しかし、長く政権交代がなかったため、与党としての自民党と官僚および企業とのあいだに腐敗を生みやすい構造が作られ、派閥もその構造のなかに組み入れられていたことも確かである。また、最近、政権の座を降りた民主党においてもいくつかのグループ（派閥）が存在する。このグループには、出身政党や支持母体などによって生じたものもあるが、政治信条や政治課題を同じくする、比較的緩やかな性格をもつものが多い。

脱政党化現象

　各種の世論調査で注目すべき点は、「支持政党なし」と答える人々の数の増加である。1960年代から70年代にかけて、アメリカで「支持政党なし」層・無党派層（インディペンデント independent voters）が増加し、「政党の終焉」の声が聞かれたように、わが国においても、50年代においては10％以下であった「支持政党なし」層・無党派層が、60年代に入って10％を超え、70年代には20％に達し、1989年の参議院選挙では24.5％（朝日新聞社調査）を記録した。70年代後半以降のこの層は、社会党支持層を上回り、自民党支持層につぐ「第二党」となり、最近では「第一党」となっている。この有権者の政党離れ現象を脱政党化現象と呼ぶ。ところで、かつての「支持政党なし」層は、政治的無関心層であったが、70年代後半以降は、社会党支持層から、あるいは、自民党支持層からまわった、政治的関心をもちながらも、どの政党も支持しない層と考えられる。こうした無党派層は、「積極的無党派層」として分類され、さらに「政党拒否層」（「どの政党も支持しないようにしようと考えて選挙ごとにどの政党が最もよいかを考える」無党派層）や「脱政党層」（「これまで支持していた政党を見限り政党支持を捨てた」無党派層）などに区分される（田中愛治『新版政治学がわかる AERA ムック』朝日新聞社、2003年）。こうした脱政党化現象の原因としては、政治腐敗などに起因する政治システムそのものへの不信や、政党への不満（党

第1章 政治について

組織の硬直化・官僚制化、利益集約機能の低下、新たな問題に対する政党の対応能力の欠如など)、政治参加のチャンネルと機会の増加(住民運動や市民運動の台頭など)などが考えられる。いずれにしても、この「支持政党なし」層・「積極的無党派層」の動向は、今日の選挙結果を左右するほどの影響力をもつに至っている。

利益集団・NPO

「われわれが利益集団の比較研究に着手するのは、政党でも統治制度でもなく、利益集団が政治システムの型を識別する諸原理をもたらすであろうという望みを抱いているからではない。むしろ、利益集団を、世論・政党・公式の統治制度との複合的な相互関係のなかで体系的に検討すれば、総体としての政治システムを従来よりも精確に区別できるであろうと期待するからなのである」(G・アーモンド)と言われるように、現実政治のダイナミックな実態を認識するためには、政党や公式の統治制度といった政治の表舞台の下にあって、そうしたものへの積極的な働きかけを行う利益集団について考察しておく必要がある。

それでは、利益集団とは何か。利益集団の定義としては、「人々の"共有態度"をベースとする行動様式を確立・維持・強化するために、他の集団に対してある種の要求をする集団」(D・B・トルーマン Truman 1913-2003)や、「統治エリートやその他の集団ならびに一般公衆にたいして、本来、政治的な要求をするために、ある種のはっきりした価値をめぐって組織された集合体」(R・プレッサス)、「政府に対して、または政治制度を通じて利益を実現する集団」などがある。利益集団は、また、圧力団体とも呼ばれる。なぜなら、利益集団は、その集団成員の特殊利益を擁護し増進することを主たる目的とするが、そのために議会や政府、世論にはたらきかけて、政策の形成・決定・行使に影響力をおよぼそうとするからである。こうした利益集団の圧力行動にいち早く注目し、政治を諸集団の相互作用過程として分析したものこそ、A・F・ベントレー(Bentley 1870-1957)であった。

ところで、かつてA・トクヴィルが『アメリカのデモクラシー』(1835-

1840)のなかで、「世界中でアメリカは団体を最もよく利用している国である。そしてそこでは、他の諸国においてよりも多くの種々さまざまな対象にこの強力な活動手段が適用されている」と述べたように、利益集団ないし圧力団体の活動は、アメリカにおいて最も顕著に認められる。それは、アメリカ社会において、政治的自由の権利が広く保障されていること、分権的性格が強いこと、そして何よりも、アメリカの政党の組織性が弱いこと、党内規律もゆるやかで、党内リーダーシップも弱く、大統領選挙を除いて連邦レベルの日常的な政党活動が十分なされていないことが挙げられよう。こうしたアメリカ固有の原因だけでなく、利益集団ないし圧力団体が台頭してきた一般的原因としては、①大衆民主主義の発展は政治参加の拡大をもたらしたが、同時に、個人的発言よりも集団的発言の有効性を高め、集団の噴出を促したこと、②工業化・都市化により人々の利益が多様化したため、従来のような地域代表では多様化した利益を代表しえなくなり、職能代表*を生み出したこと、③大衆民主主義の発展により、名望家政党から大衆政党へと変化した政党は、寡頭制化と官僚制化を生みだし、その結果、硬直化して、流動的かつ多様な国民の利益要求に対し敏感に反応しえなくなったこと、④夜警国家から福祉国家へと変貌した現代国家において、行政機構による社会への積極介入が常態化したため、そうした官僚統制に対抗するための集団化と、許認可などをふくむ政治決定や政策を自集団に有利に導こうとする圧力行動が促進されたことなどが挙げられる。

　さて、このようにして発生・台頭してきた利益集団ないし圧力団体を特徴づける場合、政党と比較して行われるのが一般的である。すなわち、政党の目的は、政権の獲得維持であるが、利益集団ないし圧力団体の目的は、政治権力の維持獲得ではなく、公共政策の決定執行過程に影響力を行使し、個別政策を実現させることである。また、前者の目的達成の手段は、選挙における有権者の動員であるが、後者のそれは、決定作成過程への圧力行動である。さらに、組織の点において、前者の継続性と包括性は高いが、後者は、相対的に低い。そして、機能の点においては、前者は国民のより広範な利益を実現する政策を掲げ、その実現に責任を負うが、後者は、特殊利益を追求するため、求める政策は固定的・限定的であり、その実現のためには、いかなる

第1章　政治について

政党・候補者とも結び付きうる柔軟性をもち、しかも集団成員以外に責任を負う必要はない。それゆえ、利益集団ないし圧力団体の機能としては、まず、政治的要求を形成し表現する機能、すなわち、利益表出機能が挙げられる。G・アーモンドは、この利益表出機能を遂行する構造の点から、利益集団を、結社的利益集団（労働組合、経営者団体、市民団体など、個別の特殊利益を自由に代表し、要求の形成にあたっては秩序だった手続きを踏む集団）、制度的利益集団（立法部、行政部、軍隊、官僚機構、教会など、その他の政治機能を果たしながら、同時に、自らの利益および他の集団の利益を代表するフォーマルな組織）、非結社的利益集団（血族および血縁集団、人種・宗教・地域などによるインフォーマルで断続的な集団）、アノミック**な利益集団（暴動やデモなど、その構造・機能の変化しやすいアノミックな集団）に区別している。また、他の機能として、政治的社会化・エリート補充機能や、政治的コミュニケーション機能、利益集約機能、あるいはルール作成機能なども挙げられる。

　次に、利益集団ないし圧力団体の採用する戦略行動に関してであるが、岡沢憲芙によれば、それは、ロビイング（Lobbying）、指定席（代表）確保、政党への系列化の3つに区分され、さらに、ロビイングは、トップ会談（ボス交）、ロビイストへの委託、動員の3つに細分化され、指定席（代表）確保は、候補者丸抱え、自前候補の擁立、諮問機関への代表派遣の3つに細分化される。ロビイングとは、利益集団ないし圧力集団が、自己の特殊な利益を擁護・実現するために、議会の議員（立法ロビイング）や閣僚、官僚、裁判所（行政ロビイング）などに働きかけ、影響を及ぼすことであり、ロビイストとは、利益集団ないし圧力団体の代理人として、その団体に有利な法案の可決または不利な法案の修正や否決のために議員などへ働きかける、ロビイング活動のプロフェッショナルである。具体的には、公聴会での証言、事実の報告や情報の提供などを行う。アメリカでは、「連邦ロビイング規制法」（1946年）が制定され、連邦議会に対するロビイストとしての登録と四半期ごとの収支報告の提出が義務づけられている。

　トップ会談とは、たとえば経営者団体や労働組合のリーダーと政府・議会の要人とのあいだで開かれるような会談であり、「非公式で不明瞭であれば

第3節　政治的アクター

あるほどその実質的決定力は大きい」と言われる。動員とは、選挙区民や世論などに影響力を行使することによって政策決定者に圧力をかけることであり、具体的戦術としては「集会、デモ、機関誌発行などのPR活動や政治家への投書作戦、新聞への投稿、関連住民による陳情」などがある。候補者丸抱えとは、「選挙にあたって候補者に票と金を提供し組織の総力をキャンペーンに投入する戦術」であり、自前候補の擁立とは、「既成政党のラベルを借用」して、「候補者を自己調達する」方法であり、諮問機関への代表派遣とは、政府の各種の諮問委員会へ代表を送り出す、代表確保のなかで最もオーソドックスな方法である。政党への系列化とは、「政党の一部となる」ことによって、「権力の中枢に接近し、決定作成者に影響を与えようとする方法」である。

　さて、以上のような欧米の利益集団ないし圧力団体の機能や活動から日本の利益集団ないし圧力団体をみてみると、楠精一郎によれば、①日本の利益集団ないし圧力団体は、「企業別組合」のように「既存集団丸抱え」的傾向をもっていること、②圧力活動の主たる目標は行政部に向けられていること（行政ロビイング）、③政党への系列化、④利益（圧力）集団の幹部と与党と高級官僚とのあいだに緊密な三角同盟（「鉄の三角形」）が成立し、議員が利益集団のロビイストとして機能していること、などの特徴が挙げられる。

　ところで、利益集団ないし圧力団体は、部分的集団（sectional groups）、促進的集団（promotional groups）、潜在的集団（potential groups）に分けられる場合もある。部分的集団は、従来の利益集団、すなわち、経営者団体、労働団体、農業団体、教員組合などのように、部分的・特殊的・私的な経済的利益の増進を主目的とした集団であるが、促進的集団は、死刑廃止や動物愛護など、「ある特殊な社会的正義や主義主張を促進しようとする」集団であり、潜在的集団は、たとえば、自然環境破壊に反対する運動など、「日常的には政治的活動をしないが、状況の変化に応じて政治的機能をはたすため行動をおこす集団」である。部分的集団に対して、促進的集団、潜在的集団は、狭い経済的利益ではなく、より広範な公共的利益、すなわち、政治制度の改革や環境保護などの非経済的利益を表出しようとする。それゆえ、こうした集団は、「公共利益団体（public interest group）」と呼ばれる。1960年

第1章 政治について

代末から 70 年代にかけて、「公共利益団体」が急速に発展し、活発な活動を展開してきている。アメリカにおける「公共利益団体」の代表例として、J・W・ガードナー（Gardner 1912-2002）によって設立され、一貫して政治改革運動に取り組む「コモン・コーズ」（Common Cause ベトナム戦争の終結や軍備予算削減、教育制度改革、選挙改革、環境問題などで活動）や、自然資源の擁護と保存を活動目標とする「シエラ・クラブ」（Sierra Club 1892 年創設の、アメリカ合衆国に本部をもつ自然保護団体）、地球の保護、回復、合理的使用をめざす「FoE（地球の友）」（Friends of the Earth アメリカ合衆国の環境運動家 D・ブラウアーが提唱して 1971 年に設立された国際環境 NGO）、そして、「全米自然保護連盟」（1936 年設立）、「環境保護基金」（1967 年設立）などの団体がある。

また、「公共利益団体」と同じように、1960 年代から発展してきたもう 1 つの利益表出構造として、市民・住民運動がある。市民・住民運動に関しては次章でも触れるが、その代表例の 1 つとして、ドイツの「緑の人々」（Die Grünen：緑の党　ドイツ統一後、東ドイツの市民グループの結集組織である 90 年同盟と合併し、1993 年に名称を Bündnis 90/Die Grünen：90 年同盟・緑の党としている）を挙げることができよう。いずれにしても、こうした「公共利益団体」や市民・住民運動の発展した原因として、重要な社会問題の解決に関する現在の政治や行政の有用性に市民が不信感を強く抱くようになったことや、かつて政党に対抗して利益集団ないし圧力団体が登場したように、旧来の利益集団ないし圧力団体の表出機能では新しい課題に対応できなくなったことなどが考えられる。利益集団ないし圧力団体への参加において生じると指摘される参加のパラドックス、すなわち、「現実生活上、より多くの問題を抱える低所得層の間に参加が少なく、社会的により恵まれた境遇にある人々がより活発な参加によってさらに彼らの社会的条件の改善をはかるという参加のパラドックス」も、この文脈でとらえたい。

ところで、1989 年の東欧革命を契機に「市民社会ルネサンス」現象が生じたが、L・M・サラモン（Salamon 1943- ）は、こうした現象を「地球アソシエーション革命」による「地球市民社会」の誕生として位置づけている。サラモンによれば、この「アソシエーション革命」を支えるものは、

「NPO」（non-profit organization 非営利組織）であり、そのNPOの特徴としては、①正式に組織されていること、②民間であること、③利益配分しないこと、④自己統治、⑤自発的であること、⑥非宗教的であること、⑦非政治的であること、の7つが挙げられる。要するに、NPOとは、広義には、会社などの営利団体とは区別された、「利潤の配分をしない組織・団体一般」を指すが、狭義には、各種のボランティア団体や市民活動団体、「特定非営利活動法人」（NPO法人）を指す。

わが国においては、1995年の阪神・淡路大震災を契機に、市民活動団体、ボランティア団体等の法人格の必要性が高まり、1998年、「特定非営利活動促進法」が制定され、福祉や環境などにかかわる多くのNPOが設立されるようになった。NPOは国内社会のみならず、国際社会において活発に活動しているが、こうした民間の国際組織のことをNGO（non-governmental organization 非政府組織）と言う。こうしたNPO・NGOの健全な成長こそ、今後の日本および国際社会における「市民社会」成立の成否を占うものとなるであろう。

 ＊ 職業別団体から代表者を議会に送る代議制度。ワイマル憲法下のドイツの経済会議や、第二次大戦後のフランスの経済社会評議会などがその典型。
＊＊社会学者デュルケームにより提示された、社会規範の崩壊などによる無規範状態を指す概念。

選 挙

選挙とは、「一定の組織または集団において、定められた手続きに従い、その代表者もしくは特定のポストにつく人を投票や拍手などによって選出すること」「諸種の集団において一定の資格をもった人々が、役員や代表者などの公職者を投票によって選出する手続き」、あるいは、「公職者を選出する集合的意見表出行動」などと定義され、種々の組織・集団で行われるが、政治的に重要なのは、行政府の首長や立法府の議員などの選挙である。ところで、選挙は、政治過程のなかで一定の機能ないし役割を担っている。選挙の機能ないし役割としては、①主として利益集団ないし圧力団体などを通じて、

第1章 政治について

国民のあいだに多様に分化している意見や価値、利益を代表する利益表出機能、②主として政党を通じて、そうした利益を集約し、多様性を統合する機能、③政治指導者を補充する機能の他に、④主権者国民の投票という行為により、政党の政策や政府の行為に、一定期間正当性を与え、社会に安定性をもたらす機能、⑤政府を形成し、政府をコントロールするメカニズムの提供、あるいは、⑥選挙への参加を通じて市民に政治社会への帰属感を抱かせる機能、そして、⑦政権交代を平和的に行わせる機能などが挙げられる。それゆえ、最も伝統的で制度的な政治参加の方式たる選挙は、民主的政治システムにとって重要な制度と言えよう。もちろん、選挙制度（election system, electoral system）の存在が民主主義を保障するわけではないが、選挙制度なしの民主主義を想像することも困難であろう。

ところで、選挙において重要なのは、そのプロセスであり、規制であり、参加範囲である。選挙の方法が異なれば、その結果も異なる。もちろん、各国の社会的条件や政治文化などの相違によって、選挙制度や選挙のあり方も異なるが、近代的な民主的選挙の基本原則として、以下のような点が挙げられる。すなわち、普通選挙制、平等選挙制、直接選挙制、秘密選挙制がそれである。言うまでもなく、これらの原則は、近代デモクラシーのなかで当初より確立していたものではない。産業化の進展による利害対立の激化とともに、広範な普通選挙権の確立を求める普選運動が展開されたことによって、次第に確立されていったものである。しかも、こうした諸原則が先進諸国において完全に定着したのも、1910年代以降であるとすれば、こうした諸原則は「近代デモクラシーというよりも、むしろ現代デモクラシーの産物である」（堀江湛）と言えよう。

まず、普通選挙制であるが、これは、政治に参加する権利を、財産や納税額、信仰、人種などの資格条件によって制限する制限選挙に対し、そうした資格条件によって制限されることなく、原則として、すべての国民（成人）に選挙権を認める制度である。しかし、すべての成人といっても、当初は、成人男子を意味していたのであって、それに婦人をも含むようになったのは、おおよそ、第一次世界大戦後のことである。今日、世界的傾向としては、成人年齢も選挙年齢も18歳以上であり、さらに低下する傾向も見られるが、

当初は、比較的高く設定されていた。たとえば、イギリスにおいては、1918年に男子21歳、女子30歳とする普通選挙制度が、1929年に男女平等の普通選挙制度が実現し、ドイツでは1919年のワイマル憲法（22条「代議士は20歳以上の男女の普通平等直接秘密選挙により、かつ比例代表制の原則に基づいて選出される」）で、アメリカ合衆国においては1920年の連邦憲法修正第19条（「合衆国市民の投票権は、性別を理由として、合衆国またはいかなる州によっても、これを拒否または制限されてはならない」）で確立した。わが国においては、男子の普通選挙制は1925年に実現したが、男女普通選挙制は1945年まで待たなければならなかった。1950年に成立した公職選挙法では、選挙権は衆参両院とも20歳以上とされ、被選挙権は、衆議院では25歳以上、参議院では30歳以上と、選挙権とは異なる年齢制限が設けられている。確かに、2007年の国民投票法で投票権は18歳以上の者に認められることになったけれども、公職選挙法上の選挙権が改正されるまでは、国民投票も20歳以上の者しか投票できないことになっている。

　次に、平等選挙制であるが、これは、等級選挙や複数投票権という差別選挙に対して、すべての有権者が平等に一票を行使するという制度である。等級選挙とは、たとえば、プロイセンの制度をモデルとしたわが国のかつての地方選挙（1921年まで）でみられたように、納税額に応じてグループ分けされ、各グループから同数の代表者を選出する制度、したがって、高額納税者の意向が強く反映する制度であり、複数投票権とは、たとえば、かつてのイギリスでみられたように（1949年の選挙法改正まで）、1人の人間に複数の投票権を認める制度である。

　直接選挙制は、有権者が直接代表者を選出する制度であり、一般有権者は政治的知識や判断能力に欠けるため、扇動に乗りやすく、直接選挙をさせれば安易な投票を行いやすいとする民衆不信に根ざした間接選挙に対し、いかなる候補者の選出においても国民の直接の意思を表明すべきであるという考えにもとづいている。アメリカの大統領選挙は間接選挙の形式をとっているが、中間選挙人があらかじめ、支持する政党の候補者名を明示しているため、直接選挙とほぼ同じ制度になっていると言われる。フランスの大統領選挙は、1958年に間接選挙制を採用したが、1962年に直接選挙制に改正され、今日

第1章 政治について

に至っている。

　秘密選挙制は、挙手、起立、記名投票などの方式による公開選挙（投票）制に対し、第三者からの圧力や買収、供応などで投票が歪められないように、有権者の投票の秘密を守る制度であり、無記名投票、自書投票、記号投票などの方式がある。政治責任の明確化を強調するイギリスにおいて、この制度が実現するのは、1832年の選挙法改正によってではなく、ようやく1918年の選挙法改正によってである。わが国では、1900年以降この制度がとられており、日本国憲法第15条第4項には、「すべて選挙における投票の秘密は、これを侵してはならない。選挙人は、その選択に関し公的にも私的にも責任を問はれない」と明記され、公職選挙法には、無記名投票（46条3項）、投票の秘密侵害罪（227条）、何人も選挙人の投票した被選挙人の氏名を陳述する義務はないこと（52条）などが定められている。

　次に、代表選出方法として、選挙区制と代表制についてみてみよう。選挙区制とは、一定の基準にもとづいて、代表選出の単位を設定し、選挙人全体を区分する制度である。その単位として地域や職種などが考えられるが、今日では、選挙区はほとんど地域で区分される。その場合、選挙区は、全地域を1つの選挙区とする場合もあるが、一般的には、いくつかの選挙区に区分される。1選挙区から1人の代表者を選出する小選挙区制と、1選挙区から2人以上の代表者を選出する大選挙区制とに区分される。この区分からすれば、わが国の中選挙区制（1つの選挙区の定数が2～5人程度の、それほど大きくない選挙区）は大選挙区制に属する。

　しかし、こうした区分はわが国独特のものであって、一般的には、多数代表制、少数代表制、比例代表制がある。多数代表制は、選挙区で多数の支持を得た者を当選させる制度、換言すれば、多数派の意思が尊重され少数派の意思は無視され、少数派への票は死票となる制度である。この典型的な例として、小選挙区単記投票制と大選挙区完全連記制とがある。前者は小選挙区において1名だけ選んで投票し、1票でも多い最高得票者が当選する制度。小選挙区制には、欠点として、死票が増えること、社会のなかの多様な利益が代表されないこと、地方ボスに有利でゲリマンダー（gerrymander 党利党略による選挙区設定のこと）発生の可能性をもつことなどが挙げられるの

に対して、長所としては、候補者と選挙民との人間的接触の強化、小党を抑え二大政党制を維持しやすいこと、絶対多数党が成立しやすく政府与党の安定化をもたらすこと、政権交代の可能性が高くなることなどが挙げられる。後者の大選挙区完全連記制は、選挙区から選出される議員定数と同数の候補者名の連記投票であり、小選挙区制と同様に、一党が議員を独占する可能性をもち、多くの死票をもたらす。

　次に、少数代表制は、少数派も当選できるように工夫された制度であり、大選挙区単記非移譲式投票制と大選挙区制限連記制とに分けられる。前者は、1選挙区から複数の代表者を単記で投票する方法であり、後者は、1選挙区から選出される定数の代表者よりも少なくとも1人以上少ない複数の候補者を連記で投票する方法である。日本の中選挙区制は前者に属し、後者の方法は、1946年の第22回総選挙で用いられたことがある。中選挙区制の長所は、少数派でも代表を選出しうるチャンスを保障する点にあるが、欠点としては、大政党が過大政党に、小政党が過小政党になる傾向をもち、また、政権をめざす政党は、1選挙区に複数の候補者を立てざるをえず、したがって「同士打ち」の激しい選挙戦を行うこととなり、派閥の存続を保障することなどが指摘されている。

　比例代表制は、死票をできるだけ少なくし、投票者の政党支持の分布を忠実に議席数へ反映させようと工夫された制度であり、単記移譲式比例代表制と名簿式比例代表制とに区分される。前者は、投票用紙に記載された候補者名に順位を付け、あらかじめ設定された当選基数にもとづいて、「得票数がこの当選基数をこえた候補者をまず当選とし、つぎにその候補者が基数をこえて得票した余分の票をまだ基数に達していない他の候補者に順に移譲してやることによって、残りの当選者を決める」という方法（堀江湛）であり、後者は、政党の準備した候補者名簿を選択する方法であり、名簿の順位への介入難度によって、絶対拘束名簿式、単純拘束名簿式、自由名簿式に区分される。比例代表制は、死票を抑え、社会の多様性を忠実に議席に結びつけ議会に反映し、また、新党の出現を容易にするが、小党分立になりやすく（ドイツの5％条項はその歯止め）、名簿順位をめぐる水面下の激しい争いと政党幹部への権力集中、候補者と選挙民との関係の稀薄化などの欠点も指摘さ

第1章　政治について

れるところである。現在、わが国では、小選挙区制と比例代表制を併用する、小選挙区比例代表並立制を採用している。

　以上のような選挙制度の下で、政党や候補者は、有権者の支持をもとめてさまざまな活動を行うが、そうした活動を選挙運動（キャンペーン election campaigning, electoral campaign）と言い、「有権者の支持をもとめて争う大衆説得の一形態」と規定される。影響力の態様の1つである説得は、「相手を動かそうとする自分の意図を相手に明示し、しかも相手がそれに従うことがどのような意味をもつかということ、つまり相手が自分に従った場合の利益、従わない場合の損失を合理的に説明し、相手がその説明を納得して自分の意図に従った場合の態様」であり、「相手にやってもらいたい行動を明示することなく、相手を思い通りに行動させてしまう」操作と区別される。しかし、今日の選挙運動においては、説得的側面よりも操作的側面が強く出てきているように思われる。かつての選挙運動は、地縁関係、血縁関係を基礎とした、地方名望家やボスを中心とする影響力の網の目をたどって行われる運動、すなわち、パーソナル・コミュニケーションを中心とする運動であった。しかし、都市化の進行や大衆デモクラシーの発展などによって、運動の形態も変化してきた。個人演説会・立会演説会や選挙宣伝文書、政見放送などを利用して、有権者に政策を提示し理解をもとめていくという方法だけでなく、広告宣伝技術を駆使して候補者のイメージを形成し、有権者の感情にアピールしていく。ポスターやテレビでの「映りのよさ」を競い、タレントや党の領袖による動員やさまざまなパフォーマンスを繰り返し、さらには、世論調査結果を利用したり巧妙な争点操作を行うことによって、候補者の「魅力」を作り上げる。今日の選挙がイメージ選挙と言われるゆえんである。
　また、運動の他の方法としては、企業や、同業者組織、労働組合、宗教団体、各種市民団体、そして候補者の個人後援会などに働きかけ、有権者の組織への一体感や利益感覚にアピールすることで、得票を確保しようとする方法がある。いずれにしても、今日の選挙運動は、争点指向型投票者、習慣的伝統的投票者、追随的投票者、情緒的投票者といった有権者の投票パターンを見極めながら、標的とする有権者にみあった方法を駆使する、いわば選挙産業家による運動の傾向を強く示している。

第 3 節　政治的アクター

　ところで、本来あってはならないことであるが、選挙において腐敗（political corruption）はなかなかなくならない。議会政治の先進国イギリスでさえ、腐敗選挙は、1832 年の選挙法改正によっても浄化されず、かえって増加する傾向を示し、その後約 50 年間さまざまな腐敗防止の試みがなされたにもかかわらず、その効果が現れなかった。しかし、ようやく 1883 年の「腐敗および違法行為防止法」の成立によって浄化が行われるようになった。この法律は、選挙違反で有罪になった候補者に対する厳しい罰則を科しているだけでなく、厳しい連座規定をも設けている。たとえば、買収、供応、脅迫、詐称など腐敗行為によって有罪となった候補者は、懲役・禁固、罰金の他に、7 年間の被選挙権の剥奪、当該選挙区からの被選挙権の剥奪、7 年間の選挙権剥奪および一切の公職からの追放、エージェントの行為によって有罪になった場合、当該選挙区からの被選挙権の 7 年間の剥奪を受け、腐敗行為を行った有権者も 7 年間の選挙権の剥奪および公職からの追放を受ける。また、法定選挙費用の超過、欠格者による投票、虚偽文書の発行など違法行為によって有罪となった候補者は、当該選挙区からの 7 年間の被選挙権剥奪、エージェントによる場合は、当該議会期間の議席の喪失、違法行為の有権者は選挙権の 5 年間の剥奪および公職からの追放を受ける。わが国においても、1950 年の公職選挙法の制定によって腐敗選挙浄化の原型が形成され、その後、その法律は、改正を繰り返し、選挙運動の制限強化、連座制など罰則の強化、選挙運動期間の短縮、選挙公営の拡大など盛り込んできているが、尻抜けも多く、選挙腐敗の根は絶たれていない。

　腐敗防止の方法として何よりも必要なことは、国民 1 人ひとりが政治の動きに関心をもち、行政に対する監視を怠らないことである。そのためにも、情報公開法（行政機関の保有する情報の公開に関する法律）第 1 条「この法律は、国民主権の理念にのっとり、行政文書の開示を請求する権利について定めること等により、行政機関の保有する情報の一層の公開を図り、もって政府の有するその諸活動を国民に説明する責務が全うされるようにするとともに、国民の的確な理解と批判の下にある公正で民主的な行政の推進に資することを目的とする」にあるように、主権者としての自覚をもつだけでなく、情報公開条例（地方公共団体の行政機関が保有する情報の開示を請求する手

第1章 政治について

続きを定めた条例）や政治倫理条例（地方自治体の政治家の倫理について規定したもので、主として、地方議員および首長の資産公開や、職務関連犯罪での逮捕・起訴による説明責任および有罪判決を受けた場合の問責制度について規定した条例）などを制定強化し、政治・行政および政治家に対する監視を日常的に住民が行うことである。

政治的リーダーシップ

　資本主義の高度な発達と社会構造の変化・複雑化にともない、「人間的なものの噴出」と同時に「集団の噴出」がみられるようになってきた。利害の分化と対立は人間を集団へと駆り立てる。なぜなら、政治や社会での個人の発言力は弱く、利益を実現するためには、集団を形成するか、あるいは集団に入ることの方がより有効だからである。その意味で、現代はまさに「集団の時代」「組織の時代」と言えよう。しかも、デモクラシーの発展が政治主体としての各人の意識を高めることによって、支配・服従関係の強調は、人々の反感を呼び起こすのみならず、各人の主体的努力をもそぐことになる。それゆえ、共通の目的・利益の実現を求めて形成された集団においては、同等の者のなかのリーダーないしリーダーシップが強調されるようになる。集団内のさまざまな決定も、リーダーシップを介在させることによって初めて自分たちのものと納得して受容されるようになる。メンバー間の合意は、自然に成立するものではなく、メンバー相互の努力によって形成されるものなのである。それでは、リーダーシップとは何か。リーダーシップという言葉は、指導権、指導能力、指導関係など指導のそれぞれの局面を指して用いられたり、あるいは、そうした指導のあらゆる局面を指す包括的な概念として用いられたりするが、要するに、それは、集団がその掲げる目標達成のために、メンバーの協働を有効ならしめるべく行うメンバーへの働きかけのことである。それゆえ、リーダーシップの定義としては、「指導者（リーダー leader）と追従者（フォロワー followers）との間における事実上の影響力関係をあらわすものであって、追従者が指導者の指導にしたがい、指導者とともに、グループがもつ一定の目的を達成するように協力するその作用」や、

第3節 政治的アクター

「あるグループが共有する目標を達成するために、組織的・集団的・自発的努力を動員する作用」などが挙げられよう。こうしたリーダーシップの特性をより明確にするために、「地位や権限にもとづいて行われる官僚統制や行政的管理」を意味するヘッドシップや、「支配者と被支配者との利害の背反性」を前提とする支配と区別して、リーダーシップは、指導者と追従者との目的および利益の同一性を前提とするものであり、したがって、ひとたび双方の利害が対立するならば、リーダーシップは支配へと転化する、いわば「状況の関数」であると説明される。しかし、こうした区別は、理念型的には可能であっても、それを「現実に適用すれば、両者ともイデオロギーとして機能する」ことも否定できない。それゆえ、リーダーシップと支配は、「それぞれ別の事象を指すのではなく、むしろ、同一の事象をそれぞれ別の視角から、つまり、リーダーシップとは、社会の一般構成員の支持という側面から、支配とは、一般構成員に対する地位の保持という側面から、分析したもの」（以上、高畠通敏）ととらえた方が権力関係をより動態的に考えられうると言えよう。

ところで、リーダーシップ研究には、リーダーシップをリーダーとしての資質やパーソナリティーの点から分析する「特性理論」や、社会状況や集団内部の状況との関連でリーダーシップの機能を分析する「状況理論」などがある。リーダーの資質の問題に関しては、古来より多く論じられてきた。たとえば、プラトンの「高貴な嘘」やN・マキャヴェリの「狐と獅子の方法」、あるいは、現代政治家の資質として、M・ウェーバーの、指導者たることへの深い情熱、予測能力、責任感という3条件など数多く挙げられるし、また、資質そのものとしては、決断能力、雄弁能力、ハラやカン、さらには、専門的知識の習得なども挙げられる。しかし、こうしたリーダーの資質は、多くの場合、それぞれの社会・時代の歴史性や文化の特性などによって条件づけられるものであって、必ずしも普遍的に妥当するリーダーの資質とは限らないし、また、そうした資質は、リーダーとしての信頼を得る基礎とはなりえても、それだけでは不十分である。したがって、リーダーシップの問題は、機能の問題としてもとらえる必要がある。リーダーシップの機能としては、まず、グループ内の混沌とした不満・要求ないし利益を察知し具体化する課

第1章 政治について

題提示の機能が挙げられる。それは、メンバーに身近で分かりやすい、現今の具体的な課題でなければならない。次に、そうした課題を解決するために必要な状況判断の機能が挙げられる。リーダーはグループ内外の状況を正確に把握し、メンバーに状況への視点を与えなければならない。さらに、提示した課題ないしグループの掲げる目標を効果的に達成する、目標達成機能がある。そこには、実行可能な具体的解決策の提示とその解決策の効果に関する有効な説明も含まれる。なぜなら、過大な期待は深い幻滅をもたらし、かえってリーダーとしての信頼を失うことになるからである。また、リーダーシップには、リーダーとフォロワーとの一体感を醸成し、グループとしての統一性を維持・強化する機能も存在する。

さて、以上のような機能をもつリーダーシップは、いくつかのタイプに区分される。たとえば、権威主義的リーダーシップ、民主的リーダーシップ、自由放任的リーダーシップ、あるいは、カリスマ的リーダーシップ、扇動家型リーダーシップ、管理者型リーダーシップなどの区分もあるが、ここでは、代表的リーダーシップ、創造的リーダーシップ、投機的リーダーシップ、伝統的リーダーシップの区分を取り上げてみよう。

代表的リーダーシップは、安定した社会において典型的にみられるタイプのリーダーシップであり、生活様式や価値体系の全面的変革を求めるのではなく、既存の制度を通じてグループの利益を代表し調整することを主たる任務とする。したがって、保守的な性格を有している。創造的リーダーシップは、新しい価値体系や生活様式の創造をめざし体制の全面的変革を求めて運動するグループにみられるタイプのリーダーシップであり、通常、強力な理論体系・イデオロギーによって武装されている。投機的リーダーシップは、創造的リーダーシップと同様に、変革期社会にみられるタイプのリーダーシップであるが、これは、社会内にある多くの激しい欲求不満と一攫千金的な欲求充足の期待を背景に、価値体系そのものの変革をめざすのではなく、その場限りの公約を乱発し、不満を外部の「敵」やスケープ・ゴートに向けさせる。しかし、投機的リーダーシップと創造的リーダーシップとを見分けることは必ずしも容易ではない。伝統的リーダーシップは、伝統的社会にみられるタイプのリーダーシップであるが、ここでの指導者は、民衆の支持を得

て指導者になるのではなく、身分的資格にもとづいて指導者となり、伝統や慣習に沿って支配する。したがって、彼らがリーダーシップを発揮しようとすれば、自らを「聖人・君子」としてアピールするか、「俺についてこい」という「率先垂範」する方法などが用いられる。いずれにしても、リーダーシップにおいて、リーダーは、メンバーとの同一性を強調することによってメンバーの自発的協力を引き出すと同時に、グループの抱える課題の提示とその実現によってリーダーとしての資質を示し信頼を確保しなければならない。そこに操作や宣伝などが介入する素地があり、リーダーシップが容易に虚偽化し、リーダーが権力者にすりかわる可能性をもっている。したがって、問題は、そうしたリーダーシップをいかにして民主的なものにしていくかということでなければならない。

大衆社会

19世紀末から20世紀にかけて、工業化・機械化が進行し、資本主義が高度に発達することによって、近代デモクラシーの前提としていた自律した市民に代わって、新たな人間が登場してきた。工業化や機械化の進行は、不自由ではあったけれども人々に安定感をもたらしていた共同体秩序を解体し、そこから大量の人間を引き離して、都市へと流入させることになった。そうした「根なし草」的存在の人間群にとって、都市は、確かに自由ではあるが、また同時に、孤立感と疎外感にさいなまれるよそよそしいものでしかなかった。その意味で、彼らはまさに『孤独な群衆』（D・リースマン　Riesman 1909-2002）であった。

　こうした新しい人間群、群衆の存在にいち早く気づいたのは、G・ル・ボン（Le Bon 1841-1931）であり、J・G・タルド（Tarde 1843-1904）であった。群衆は、同一の場所で直接接触する状態にある人間集合をさすが、ル・ボンは、『群衆心理』（1895年）において、群衆の暗示にかかりやすく伝染しやすい点に注目し、群衆を「非常に劣性な心性」をもつ存在ととらえ、その衝動的、激昂的、軽信的、妄動的性格を強調し、「人間は、群衆の一員となるという事実だけで、文明の段階をいくつもくだってしまう」と、その危

第1章　政治について

険性について警告した。タルドは、『世論と群集』（1901年）において、群衆の時代の到来を予見しながら、群衆の非理性的・非合理的・反社会的行動に警告を発し、民主主義の基礎を公衆、すなわち、「財産と教養」を有する理性的で合理的で自律した市民の集合体に求めた。しかし、マス・メディアの発達は、同一の場所で生じるこうした群衆現象をさらに拡大させることになった。すなわち、各地に散在する相互に匿名で異質な背景をもつ人々は、同一のメディアの媒介によって、1つの集合体、大衆を形成するようになったのである。したがって、大衆社会とは、このように、工業化や都市化、マス・メディアの発達などを背景にして発展してきた、異質性や匿名性、マス・コミュニケーションによる政治システムへの統合などによって特徴づけられる大衆を主導力とする社会と規定できよう。ところで、こうした大衆社会における政治は、選挙権の拡大によって政治の表舞台に登場してきた圧倒的多数の大衆の獲得をめぐって展開されることになる。こうした大衆を基盤とするデモクラシーを大衆デモクラシーと呼ぶ。もちろん、現代社会の広範な民衆を大衆とし、それに、生産を担い歴史を推進する主体としての意義を積極的に認める立場からすれば、あるいは、政治参加の拡大という点からのみ見るならば、大衆デモクラシーは民主主義の発展であり、根本的民主化（H・ヘラー）とも言えよう。しかし、ここでは、ル・ボンやタルドの伝統を引き継ぐネガティヴな大衆観および大衆社会観――すなわち、大衆は、その画一的行動様式から、政治エリートによって操作されやすく、したがって、確かに制度上は大衆の政治参加にもとづきながらも、実際には組織化や官僚制化の進行によって大衆は政治決定から遠ざけられるとする大衆観および大衆社会論の系譜をみてみよう。

　大衆社会論の時期区分としては、1880年代から第一次世界大戦までの第一期（ル・ボンやタルドなど）、第一次世界大戦から第二次世界大戦のあいだ、とりわけ1930年代を中心とする第二期（E・レーデラー Lederer 1882-1939、S・ノイマン、E・フロム Fromm 1900-1980など）、そして、第二次世界大戦後の、1950年代を中心とした第三期（D・リースマン、C・W・ミルズ、W・コーンハウザー Kornhauser 1925- など）という区分がある。また、大衆および大衆社会批判の立場としては、大衆の登場を前にして、それ

第3節　政治的アクター

に反対し、エリート的価値を防衛しようとする貴族主義的批判と、全体的支配に加担するエリートの登場に反対し、民主的価値を守ろうとする民主主義的批判がある。貴族主義的立場からの大衆社会論の代表者としては、オルテガ・イ・ガセット（Ortega y Gasset 1883-1955）が挙げられよう。オルテガは、『大衆の反逆』（1929年）の冒頭で、「今日のヨーロッパ社会において最も重要な一つの事実がある。それは、大衆が完全な社会的権力の座に登ったという事実である」と述べ、大衆を、「その本質上、自分自身の存在を指導することもできなければ、また指導すべきでもなく、ましてや社会を支配統合することなど及びもつかない」者、「自分自身に特殊な価値を認めようとはせず、自分は"すべての人"と同じであると感じ、そのことに苦痛を覚えるどころか、他の人々と同一であると感ずることに喜びを見出しているすべての人」、したがって、「特殊な資質をもっていない人々の総体」であり「平均人」と規定し、そうした大衆の登場による社会的危機を「大衆の反逆」と呼んだのである。これに対し、民主主義的批判を代表するフロムは、『自由からの逃走』（1941年）において、「ドイツにおける数百万の人々が、かれらの父祖たちが自由のために闘ったのと同じような熱心さで、自由を捨ててしまったこと、自由を求めるかわりに、自由から逃れる道を探したこと、他の数百万は無関心な人々であり、自由を、そのために闘い、そのために死ぬほどの価値あるものとは信じていなかった」ことを指摘し、ナチズムを支持した大衆の心理的メカニズムを明らかにした。

　1950年代の大衆社会論の代表者の1人リースマンは、『孤独な群衆』（1950年）において、行動準則の差異にもとづいて、社会的性格を、伝統指向型、内部指向型、外部（他者）指向型に区分し、15、16世紀以降の近代社会においては、個人の内面に植え込まれた基準にしたがって行動する内部指向型人間が支配的であったのに対し、現代の大衆社会においては、絶えず他者からの信号に注意し、外部の行動に同調することによって内的不安を解消するしかない外部（他者）指向型人間が支配的となっていると指摘する。「群衆のなかの孤独」に苦しむこうした外部（他者）指向型人間たちこそ、ミルズの「パワー・エリート」によって操作される大衆の姿であった。また、コーンハウザーは、『大衆社会の政治』（1959年）において、エリートへの近づ

第1章 政治について

きやすさと、非エリートの操縦されやすさという2つの変数の組み合わせによって、共同体的社会、多元的社会、全体主義社会、大衆社会の特徴を考察し、大衆社会を次のように規定している。すなわち、大衆社会は、「接近しやすいエリートと操縦されやすい非エリートとを配備することによって、大衆行動が頻発するような性質をそなえ」、中間組織が脆弱で、「個人的な第一次的集団が直接国家や全国的な組織に関係する」社会であると。換言すれば、大衆社会とは、全国的組織の中央集権化と中間的関係の弱体化、個人の孤立化と無定形な大衆の発生とが同時に進行することによって、エリートへの無媒介な接近と大衆への直接的な操縦とが可能になる社会と言えよう。

　以上のようないくつかの大衆社会論を前提にしてその構成要素を整理してみると、組織の大規模化、官僚制化、個人の原子化と無定形な集団、中間的諸関係の弱体化、不安定感や無力感、受動的・同調的・没個性的行動、政治的無関心、被操作性、生の合理化・分断化、失った共同体的秩序を求めての過激な大衆運動への没入などが挙げられよう。

　ところで、大衆社会論は、先述した時期区分からも分かるように、「ファシズムの興隆を基本的なモデルとしてつくられた理論」であり、したがって、現代社会に対する深いペシミズムに裏打ちされており、現代社会を批判的にとらえる上では今なお重要な理論であると言えよう。しかし、現代社会を、大衆社会論の視点からのみとらえることは、一面的に過ぎよう。それは、大衆社会論が全体主義批判へと視点を移動させ、現実批判を後退させたという点からだけでもないし、また、大衆社会論が「現実社会の複雑にして、豊かに成層化された社会関係をほとんど反映していない」（D・ベル）と批判されたからだけでもない。1960代以降の市民運動・住民運動や公民権運動などの経験から、「大衆社会論が提起したさまざまな傾向が今日の社会に存在するということを認めつつも、しかし、そうした傾向への対抗勢力として、民衆が主体的に状況を切り拓く力、そして、それが歴史を前進させる可能性もまた認めようとする」（高畠通敏）新しい理論の構築が常に要請されているからである。

　わが国の大衆社会論について付言しておくならば、「欧米大衆社会論批判」を意図したとされる松下圭一「大衆国家の成立とその問題性」（『思想』389、

1956年)、加藤秀俊『中間文化論』(1957年)など1950年代の大衆社会論と、オルテガに依拠しつつ、現代日本社会を、「産業主義と民主主義という二様の価値について懐疑することをしない」大衆が社会の全域を掌握した「高度大衆社会」と規定する西部邁『大衆への反逆』(1983年)や、保守回帰現象を、脱イデオロギー性と保守的実利主義を特徴とする「新中間大衆」の登場によって示した村上泰亮『新中間大衆の時代』(1984年)、脱産業化社会を「顔のみえない大衆社会」から「顔のみえる大衆社会」への予兆としてとらえる山崎正和『柔らかい個人主義の誕生』(1984年)など1980年代の大衆社会論がある。

補論 **全体主義と大衆社会論**

　全体主義という概念は、当初、イタリア・ファシズムが自らの国家を、全体（主義）国家と称したことから発生し、後、それが恐慌期ドイツの保守思想家たちへ広まり、ドイツ・ナチズム国家をも意味するようになったことから、全体主義は、ドイツ、イタリアなどのファシズム国家の思想原理ないし運動を指すということができる。しかし、ファシズムが、両大戦間期のドイツ、イタリアにのみ限定されうる現象であるか否かという、今なお論議されている問題と関連して、ファシズムを構成する要素の類似性から、共産主義、特にスターリン主義や、マッカーシズムなどの非民主的傾向に対して、全体主義という概念が適用されていることも確かである。それゆえ、ここでは全体主義を、まず、その成立経緯からして、ファシズムのイデオロギーとして、そして、それによって形成された全体国家を考察し、次いで、今日に至るまでの「全体主義論」の系譜をたどることで、その内実を明らかにしてみよう。

　主義が1つの主義である以上、それはその対抗する主義を前提として初めて成立するものであるとすれば、第一次世界大戦の荒廃のなかから、革命に対する反革命として登場したファシズムは、2つの主義を前提していたことになる。すなわち、いわゆるブルジョア・デモクラシーと、資本主義体制そのものを否定する社会主義がそれである。しかし、ファシズムは、ブルジョア・デモクラシーと社会主義とを区別せず、双方を、近代自然法思想や、17、

第 1 章　政治について

18 世紀の啓蒙合理主義思想に典型的に示されている「個人主義の原理」にひとしく基盤をもつものとして同一視し、「個人主義の原理」を「超克」することで、ブルジョア・デモクラシーと社会主義とを、まとめて一気に「超克」しようとした。

　この「個人主義の原理」は、人間諸個人を、封建的な共同体の紐帯から解放し、自由かつ平等な自律的存在として蘇生させ、新たな共同体形成の主体に高めさせることで、近代デモクラシーの中核を担った原理である。そして、この原理の法的・政治的制度化として、人による人の支配を止め、個人の自由な活動領域を確保し、その領域を侵す国家の権限を極小化するため、「法の支配」「権力分立」「議会主義」などの諸原理が成立したのであり、「夜警国家」「多元主義的国家」が構成されたのである。

　これに対して、ファシズムのイデオローグ*たちは、一様に、「個人主義の原理」にもとづく社会・国家観を「機械論的・原子論的」として、アリストテレス、トマス・アクィナス（Thomas Aquinas 1225-1274）的な「国家社会が諸個人に先立つ」という命題を援用し、「有機的・歴史的な国家社会概念」を対置する。たとえば、ムッソリーニ（Mussolini 1883-1945）が師と仰いだ A・ロッコ（Rocco 1875-1935）は、次のように述べている。ファシズムが登場するまでの、K・マルクス、レーニンをも含んだあらゆる社会・政治理論は、「社会ならびに国家を機械論的ないし原子論的なものとみる共通の基盤に立脚している。この見方に従えば、社会なるものは諸個人の総和たるに過ぎないとされる。それゆえ、社会の目的は社会を構成する諸個人の目的に過ぎず、個々人のために社会が存在する」ことになるのに対して、「人間種族の目的は、ある時点に生存している個々人の目的ではない。それは時として個々人の目的とは相反することすらある。社会団体の目的は、その団体に属する個々人の目的ではなくして、個々人の目的と衝突することすらありうる。これは種族の保存・発展が、個人の犠牲を要求する場合、常に明らかなことである」から、ファシズムが有機体的・歴史的国家概念を採用することで、「ファシズムの理論のみが初めて自由主義・民主主義・社会主義の国家概念のあれこれの表現に対してではなく、当の概念そのものに対してアンチ・テーゼを打ちだした」。また、O・シュパン（Spann 1878-1950）

も同様に、「真正国家」で、カトリック的「普遍主義」にもとづき、内実の生命と精神の高揚、原子化から構成へ、個別化から職分共同体秩序へ、機械化から生命への環帰を説き、社会を、原子論的諸個人の機械論的総和としてではなく、真の実存たる全体としてとらえ、社会が個人を基礎づけ、個人は有機的社会全体の派生体であるとし、個に対する全体を強調することで、自由主義・民主主義・社会主義を批判している。

　このような、個に対する全体の優位の考えは、ロッコやシュパンに限られるものではなく、それ以前から存在し、多くの同調者を得てはいた。しかし、それが、人々に実感として受けとめられるようになったのは、第一次世界大戦を契機としてである。周知のように、第一次世界大戦は、強大な資本主義国間の帝国主義戦争であった。このことはまた、国家内部のあらゆる人的・物的資源を総動員して行われる総力戦であったことをも意味している。この総力戦において、「体制に内在的な意識水準にとどまる限り、民族国家の存亡の危機意識を媒介にして、外に向かうナショナリズム、内に向かう民族共同体意識が醸成され、民族国家という形で具体的に形象化されるところの"全体"が個々人に先立つという即自的な意識の形成が促される」。

　C・シュミットは、この総力戦から、新しい敵概念、戦闘員・非戦闘員という区別のない無差別な「全面の敵」概念を抽出し、その全体性を国家に適用することで、あらゆる社会的なもの、すなわち、人間の共同生活に関するあらゆるものを掌握する「全体国家」の成立を指摘している。そしてシュミットは、現代におけるこの全体国家の出現の必然性を、17、18世紀の絶対主義国家から、19世紀の自由主義的な中性国家へという、近代以降の国家の機能の変遷をみることで論証している。17、18世紀においては、国家と社会が区別され、その国家が絶対主義国家であることによって、他の社会的諸勢力に独力で対抗できる軍事力を保持していた。しかし19世紀においては、市民社会が出現し、法と政治、道徳と権力、個人と共同体、社会と国家という、二者択一的な二元主義が生まれ、法や個人が政治や権力を極小化する傾向とともに、国家は正・不正、友・敵の区別を放棄し、形式化中立化した。すなわち、国家の中性化である。この国家においては、政党が中心的役割を担い、その自由な討論によって世論を形成し、国家意思を方向づけ、ま

第1章 政治について

た、自由な経済活動による繁栄が約束されていた。しかし、第一次世界大戦を経た現代においては、国家と社会の区別は消失し、社会が国家へ組み込まれ、あらゆる社会・経済問題が直接に国家問題となった。新しい戦争概念が、単なる軍事技術だけでなく、工業的経済的な戦争準備を要し、さらに国民の信条全般をも調達するとき、国家は、国民生活の全領域を掌握することになる。このような全体国家の必然性が明らかなとき、中性国家たるワイマル共和国の諸制度は、全体性の要求に対応しえず、機能不全に陥り、時代おくれの観を免れなくなる。中性国家の支柱たる議会主義は、多数決原理を至上とすることで、諸党派と経済的利害関係者の支配の隠れみのとなり、国民全体の意思形成やそのためのエリート選出を遂行しえず、特に緊急時の対応において敏速性を欠く。それゆえ、シュミットは、自由主義的ではないが民主主義的な独裁を、議会主義に対置し、民衆の喝采という可視的方法で、唯一者に体現された全体意思の正当性を主張する。すなわち、量的に弱い全体国家から質的に強い全体国家への転換である。このような全体国家像は、ナチ政権樹立後の国家を正当化するために書かれた『国家・運動・民族』のなかで、具体的形態を得ている。それは、官庁、官僚組織で「政治的静態的」な側面をあらわす「国家」と、党ないしエリートによって「政治的動態的」な側面をあらわす「運動」と「政治的決断の庇護のなかで成育する非政治的」な側面をあらわす「民族」との、それぞれ独自性を保ちながら、「運動」に指導される三位一体の「全体国家」である。シュミットは、この「全体国家」が普遍性をもち、ロッコやシュパン同様、かつてのあらゆる国家形態を凌駕するものであることを強調している。「ドイツ国民社会主義運動の国家においては、イタリアのファシスト国家と同じように——たとえ方法については非常な相違があるにしても——この政治的単位体の新たな三重の全体観念が認められる。これは二〇世紀の国家における一般的特徴であり、ソヴィエト共産主義国家においてさえ、国家・党・労働組合の三要素の構成が、政治的現実および社会的現実の総括的把握として試みられている。ところで、この三重的構成は、自由主義、民主主義制度の行きづまりを克服し、二〇世紀の社会的政治的現実に即する新しい国家を建設せんとするところにおいてのみ見られるものではない。それは、まさに、ヘーゲルによって樹立されたドイツ

第3節　政治的アクター

国家観念の偉大なる伝統にも合致するものである」。しかし、シュミットは、ナチ国家の独自性は、この「全体国家」の共通性に加えて、「同種性」にもとづく「指導者原理」をもっていることに、すなわち、「指導者原理」を、原子化した個人へ徹底的に浸透させることで、「指導者と被指導者との無条件の同種性」を作りだし、揺ぎない政治的統一を得ようとするところにあるとし、特に、「全体的指導者国家」と呼んでいる。だが、このナチ迎合的なシュミットの「全体国家」も、「民族」を「非政治的側面」とし、国家全体主義を強調したということで、ナチから攻撃された。なぜなら、ヒトラーが「すべての国家権力は民族から発する」として、民族の優位性と国家の手段性を強調し、A・ローゼンベルクが、国家を「ナチ世界観の道具」に過ぎないとして、「われわれは全体国家を欲しているのではなく、ナチ運動の全体性を欲する」と言っているように、ナチの理念は、国家全体主義ではなく、あくまでも民族全体主義であったからである。しかし、民族全体主義が理念であったことによって、ナチの政権奪取後の国家は、シュミットの指摘する「全体的指導者国家」であったとも言えるのである。

　いずれにしろ、ファシズムは、個に対する全体の優位をもって近代を「超克」しようとしたのであり、ファシズムの全体的であろうとする必然的結果として、当初、民族主義と社会主義の結合が真剣に考えられ、理念として掲げられたのであり、下からの「革命」という形をとって登場したのである。つまり、ファシズムが、全体主義を志向するとき、階級対立は当然否定されざるをえず、またそのことによって、没落の一途にあった中産階級以下の無形の大衆の積極的ないし沈黙の支持を獲得しえたのである。しかし、ファシズムの全体主義のまさに陥穽は、全体を「諸個人の現実的なかかわり合いの機能連関の総体」としてとらえるのではなく、全体を自存的な実体として物神化し、個の全体への帰依を要求することにある。そのとき、「既存体制はそのまま温存されるか、あるいはより抑圧的構造へ改編され、社会主義の要求がついには独占資本との癒着と反共産主義に終わった」ように、理念は、別の自立的原理にからめとられて、当初とは正反対の結果を呈するようになる。そして、個人のあらゆる自由の抑圧が、全体の名の下に正当化されるとき、「消極的には支配体制に対する抵抗の拠点となりうるような民衆の大小

第1章 政治について

あらゆる自主的集団の形成を威嚇と暴力によって妨害すると同時に、積極的にはマス・メディアを大規模に駆使してファシズムの"正統"とするイデオロギーや生活様式にまで大衆を画一化する」という、「異質的なものの排除を通じての強制的セメント化」によって、抑圧を抑圧と感じなくなる。ここに、「下から」の「革命」の形をとって登場したファシズムが、実質的には、まさに「上から」立ちあらわれることのからくりがある。「全体主義の思想にとって中枢的な論点は、決して独裁的な指導者の存在や彼と被指導者との一体性といったところに存するのではなく、また、領土拡大後のナチが弁じた通り、必ずしも民族排外主義に存するものでもない。ヒトラー一派はユダヤ民族をスケープ・ゴートに仕立てたが、これとて全体主義思想の論理必然的な契機ではなく、そもそも人種主義的な民族・有機体論ですら本質必然的な論点をなしていない。事は一に懸って、"国家共同体"なるものを物神的に形象化し、全国民のそれへの帰依と帰入を求める点にある」。

以上、ファシズムのイデオロギーとしての全体主義を、ファシズムのイデオローグの論点から考察したが、次に、ファシズムの全体主義的解釈について考察してみよう。

ファシズム研究・ナチズム研究には、種々な視点があり、ファシズムに対する解釈の時代的推移に伴って、方法も変化しうるし、また、現に変化してきた。たとえば、ファシズム発生時から第二次世界大戦後の冷戦期までに主張された「古典的」解釈として、B・クローチェやF・マイネッケによる「ヨーロッパのモラルの病いとしてのファシズム」解釈、P・ヴィーレックやW・シャイラーなどの「いくつかの国の歴史展開の必然不可避の帰結としてのファシズム」解釈、F・ノイマンやG・W・F・ハルガルテンなどの「資本主義社会の産物・反プロレタリア的反動としてのファシズム」解釈があり、冷戦期以降には、S・M・リプセットの「中産階級の過激主義」としての解釈、オーガンスキー、J・H・カウツキーなどの「近代化論」のファシズム解釈がある。そして、この2群の解釈の中間期たる冷戦期のファシズム解釈に、ファシズムの全体主義的解釈が属する。

ところで、全体主義という概念は、ファシズムのなかから生まれ、ファシズムの特性を示すものとして一般化した、ということを先述した。しかし、

第3節　政治的アクター

この全体主義概念が、独ソ不可侵条約の締結を契機として、単にファシズムのみならず共産主義国家の特性を示すものと考えられるようになり、「共産主義とファシズムの共通性、あるいは同一性を証明し、これと民主主義との対抗関係を強調しようとする、いわゆる全体主義論が発生することになった」。確かにこの全体主義論は、その後独ソ戦の開始、英・米・ソ間の協力関係の成立によって、一時後退はしたが、終戦後の冷戦期に再び登場することになった。かつての全体主義論がナチ批判にアクセントを置いていたのに対して、復活した全体主義論は、ソ連批判にアクセントを移動させており、明白にアメリカの冷戦政策と一定の関係をもち、「学問的な意図よりもむしろ論争的——政治的意図によって主張されたことは否めない」。だから、50年代を通じてほとんどのファシズム研究に多大な影響を与えた全体主義論も、60年代に入り、米ソ平和共存路線の確立と高度経済成長を背景に生まれた、社会主義社会と資本主義社会を近代化の2つの型とみる、共存イデオロギーとしての「近代化論」にとって代わられる。このことから、全体主義論には、冷戦期という一定の歴史状況に規定されたファシズム解釈という側面も認められる。

こうした全体主義論の中心人物であるJ・フリードリヒ（Friedrich 1901-1984）が、「ファシズム的全体主義独裁と共産主義的全体主義独裁はその本質的特徴において同一である」として、以下の6要素に総括している。

①首尾一貫した、完成したイデオロギー。それは公認の学説の総体であって、人間存在の生きた側面をすべて包含し、この社会に生きるすべての個人が、少なくとも受動的には、かかわりをもつものと想定されている。このイデオロギーの特徴は、人類の最終の完成された段階に集中され、投射されていることである。すなわち、新しい社会をきずくための世界の征服と、既存の社会の根本的拒否とにもとづく、千年王国論を含んでいる。

②単一の大衆政党。典型的な場合には唯一の人物、「独裁者」によって指導される。党は全人口の比較的少ない割合（10％）から成り立っている。少なくともこの党員のなかの積極的な少数者は、そのイデオロギーに情

第 1 章　政治について

　　熱的、盲目的に献身し、それを一般に受け容れさせるためにあらゆる方法を用いる。この種の党は、位階制的、寡頭制的に組織され、典型的な場合には、支配官僚制と相互補完の立場に立つ。
　③物理的ないし心理的なテロの体系。党と秘密警察の統制の下に実現され、党指導者に率いられて党を支え、あるいはまた監視の役割を果たし、明白な体制の「敵」だけでなく、多かれ少なかれ恣意的に選ばれた階級に対してもテロが向けられる。このテロは、体系的に現代科学を利用し、特に心理学の成果を利用する。
　④党と政府によるマス・コミュニケーションの手段の独占。
　⑤武力闘争のために有効なすべての武器の独占。
　⑥同業組合的公社の官僚統制を通じての全経済の集中管理と指導。

　この6つの特徴から明らかなように、ここでは、共産主義とファシズムの共通性が、形態・制度のレベルで追求されており、「関心は専一に共産主義にファシズムのマイナス・イメージを重ね合わすことに向けられており、その意味では全体主義論はフリードリヒにおいて反共イデオロギーとしての一つの純粋型に到達した」と述べられている。
　しかし、R・デ・フェリーチェの言うように、全体主義論は、「現象としてのファシズムの歴史的研究と解釈に対して、いくつかの主要な要素を提供している説であって、過小評価すべきものではない」ことも確かである。それゆえ、以下、全体主義論を特徴づける要素を取り上げ、その内実を概観してみよう。
　その1つとして、大衆社会論がある。大衆社会化現象はまさに現代の現象であり、それがファシズムの温床になったことは、多くの研究者の認めるところであるが、「全体主義国家は大衆の国家である」とするE・レーデラーが、「近代の独裁者は、国家の永久化のみならず、その支配および併合をめざす運動の基盤として大衆を利用してきた。これらリーダーたちは、大衆を制度化し、それを政治的および社会的な蒸気ローラーとして種々な集団を押しつぶした。そしてこの時期に、大衆が政治体制の永久的な基盤となり、この事実によって逆に政治体制の本質も規定されるようになった」と言うとき、

大衆社会を無階級社会に結びつけ、ファシズムとコミュニズムを同一視している。

次に、大衆社会での「同意獲得のための極めて現代的な技術手段」という要点が挙げられよう。S・ノイマンは、『大衆国家と独裁——恒久の革命』(1965年) のなかで、「現代の独裁は恒久的に革命の火を燃やし続けるため、人々の心に不安を与えるあらゆる要素を利用し、かつ不用となった暁にはそれを捨て去るのに手段を選ばない。今日の全体主義国家は、何よりもまず、その体制を維持するため不断の動態の維持が不可欠なのである。つまり全体主義の第一目標は"革命を制度化"し恒久化することである」と述べ、指導者による大衆支配の方法という視点からファシズムを考察している。その際、ノイマンは、指導者、運動幹部、無形の大衆、一党国家、大衆の統制＝制度的手段、大衆の統制＝世論と宣伝などに関して、ファシズムとコミュニズムとを比較し、その共通性を論証している。

また、H・アレントは、『全体主義の起源』(1951年) のなかで、全体主義の生成に不可欠な前提として、民族国家の凋落と帝国主義の伸長、階級体制とその価値の崩壊、現代大衆社会の原子化・個別化の3つを挙げ、E・レーデラー、S・ノイマンの主張を取り入れながら、さらに「テロこそは全体主義的支配の本質である」とし、また、「すべてのイデオロギーの真の本質は全体主義的支配機構のなかでイデオロギーが演ずる役割のうちにあらわれる」として、テロとイデオロギーを全体主義の指標に付け加えている。

　　全体主義運動の指導者がイデオロギーを道具に使って、その部下の一人一人を負けじとテロ運動にかりたてるからくりは、信じられないほど単純で目立たない。全体主義運動の指導者たちはイデオロギーをおそろしくまともに受け取り、ヒトラーは彼の「氷のように冷たい論証」の至高の能力を、またスターリンは「彼の弁証法の無慈悲さ」を誇りとし、イデオロギー上の含みを論理的に極限の徹底性にまで押し進め、傍観者からすると、途方もなく「原始的」で荒唐無稽なものにまでしたのである。こうして死を宣告された人々からなる「死滅する階級」や「生存不適」な人種は、皆殺しにされるべきであるとなった。……行動の指針と

第1章 政治について

してのこの厳密な論理性が全体主義運動と全体主義政府の全構造に浸透している（アレント『全体主義の起源』1951年）。

しかし、川崎修によれば、「イデオロギー的教化やテロを使った支配の存在だけでは、全体主義の特色とは言い難い。全体主義を特色づけるのは、テロやイデオロギーが用いられる独特の方法であり、それが果たす独特の機能」であり、アレントの全体主義論の特徴は、全体主義を運動として、すなわち、「常に安定することのない過程としての性格をもつもの」として理解している点にあると言う。したがって、アレントにとって全体主義とは、「西洋近代の産物」であると同時に、「西洋文明の崩壊の徴候でありその帰結」なのである（川崎「帝国主義・全体主義」『思想』2003年1月号）。

* あるイデオロギーの創始者・代表者。また、歴史的、階級的立場を代表する理論的指導者。

官僚制

20世紀に入り、資本主義が高度に発達するにつれて、労使問題、福祉問題など多くの社会問題が発生するようになった。従来、意識的にも現実的にも国家と社会は区分され、社会の自律性を前提にして、国家による社会への介入が否定されていたが、こうした社会問題の頻発を契機に、国家による社会への積極介入が行われるようになった。それは、国家機能の量的拡大と複雑化をもたらし、それゆえ、国家機能の円滑化をはかるために、機能的合理性を追求させることになった。すなわち、委任立法の増加や、官僚機構による法律の原案作りと議会の翼賛機能などが顕著となり、行政権の拡大強化がみられるようになった。こうした動きを行政国家化というが、それを支える巨大な組織が官僚機構である以上、現代国家は官僚国家とも呼びうる。まさに、官僚制は、「現代国家の生命線」となっているのである。しかも今日の高級官僚は、単なる専門行政職員ではなく、むしろ、「政府の政治路線を検討し、彼らなりにそれを修正して、現実の動向に即応する新しい政策を企

第3節　政治的アクター

画・立案する」、いわば政治的実力者なのである。

　ところで、官僚制概念は、必ずしも一義的ではない。官僚制は、一般的に、「官庁による依法的な行政機構」や、「現代の大規模組織に多少とも共通にみられる合理的な管理機構」を示すが、さらに、その機構の「生理的」側面を強調する概念と、「病理的」側面を強調する概念とに区分される。前者は、たとえば客観性や精確性、迅速性などその技術的長所、機能促進的側面に着目し、近代社会に不可欠な合理的管理機構、「特定の構造的機能的特性をそなえた一定規模以上の組織形態」としてとらえられる場合であり、後者は、非能率、保守主義、小心、法規万能主義、責任転嫁、保身、秘密主義など、その機能障害的側面に着目し、「官僚政治」「官僚主義」(H・D・ラスキ) という言葉で表現されるように、その悪循環によって、「政府の統制力が官僚の手中に完全に掌握され、その権力行使によって一般市民の自由が危うくされているような統治形態」としてとらえられる場合である。また、官僚制概念は、民主性と合理性という2つの基準によって、民主的・合理的官僚制概念、民主的・非合理的官僚制概念、非民主的・合理的官僚制概念、非民主的・非合理的官僚制概念の4つに区分される。しかし、こうした区分は、単にとらえかたの差異を意味するだけでなく、「現実の機能場面で表裏一体的に結合している官僚制のアンビヴァレントな特殊性の表現」でもあり、したがって、官僚制は、そうした特殊性の関連のなかで統一的にとらえられなければならない。ここでは、官僚制が、目的の能率的達成という機能的合理性への要請から発生したという点を前提にしながら、官僚制の機能障害的側面やその現実的諸結果をも考察対象としたM・ウェーバーの官僚制論をみてみよう。

　ウェーバーは、支配の三類型の1つである合法的支配、すなわち、「その正当性が法規化された秩序や命令権の合法性への信念に基づく支配」の最も純粋な型を官僚制ととらえ、官僚制の特徴を以下のようにまとめている。すなわち、(1) 合法的に制定された規則によって明確に分配される権限の原則、(2) 官職階層制と審級制の原則、(3) 文書主義の原則および公私の区別、(4) 職務活動の前提としての専門的訓練、(5) 職務の専業性、(6) 職務活動に必要な規則の習得、がそれである。

第1章　政治について

　次に、こうした制度的特徴をもつ官僚制を内部で支える官僚の地位に関しては、次のような性質を指摘している。すなわち、①職務は、ある人間に対するものではなく、非人間的・即対象的目的のための奉仕、すなわち、職業（beruf）であるということ、②高い社会的地位と尊敬の享受、③上級官庁による任命、④地位の終身性（老後の物質的保障と恣意的な解職に対する保障によって）、⑤俸給としての貨幣報酬と年金による老後の保障、⑥下級の地位から上級の地位への「昇進」をめざす、である。さらに、こうした官僚制を成立させる前提条件としては、(a) 恒常的な租税制度を可能にする程度の貨幣経済の発展、(b) 行政事務の量的発達、(c) 行政事務の質的変化、(d) 官僚制的組織の技術的優秀性、(e) 行政手段の集中化、(f) 社会的差別の平均化、を挙げている。こうした前提条件においては、とりわけ、(d) の技術的優秀性として、「精確性、迅速性、明確性、文書に対する精通、継続性、慎重性、統一性、厳格な服従関係、摩擦の防止、物的および人的費用の節約」、そして、何よりも、「計算可能性」が強調され、官僚制は、「計算可能な規則」に従い、「人のいかんを問うことなく」「怒りも興奮もなく」行われる事務処理であると規定されるが、それは、同時に、官僚を精密機械の歯車に変えることでもあると指摘される。「官僚制が"非人間化"されればされるほど、また、公務の処理にあたって愛情や、あらゆる純個人的な、一般に計算できない、一切の非合理的な感情的要素を排除すること——これは官僚制固有の特性で、官僚制の特性として称賛されているものであるが——が完全にできればできるほど、それだけ官僚制は資本主義に好都合な特有の性格をいっそう完全に発達させることになる。近代文化は、それが複雑化され、また、特殊化されればされるほど、それを支える外的機構のために、個人的な同情や好意や恩恵や感謝によって動くかつての旧秩序の首長に代わって、いっさいの私情を交えず、したがって厳密に"即物的な"専門家をますます必要とする」。また、(f) においては、官僚制は、権利の平等の要求と見合って支配権を獲得したことから、「近代大衆民主主義の不可避的な随伴現象」でもあるが、しかし、官僚制の完成は、閉鎖性を梃子に官僚制の支配権を増大させるため、権力を極小化しようとする民主主義と対立するようになる。

　ところで、こうした前提条件にもとづいて成立した官僚制は、どのような

結果をもたらすか。ウェーバーは、ここから、官僚制の最も重要な性質の1つ、すなわち、官僚制の永続性という性質を引き出す。

> 官僚制はひとたび完全に実現されると、破壊されることのもっとも困難な社会組織の一つとなる。個々の官吏は、彼が緊縛されている機構から脱出できなくなる。……彼の進路は機構によって本質的に枠づけられ、その機構を動かすのも止めるのも彼ではなく、最高幹部だけである。しかも彼は、その結果として、この機構が引き続き作用し利益社会化的に営まれる支配が持続するようにという、この機構のうちに統合されたあらゆる職員がもつ共同の利害にかたく結びつけられている。さらに被支配者自身もまた、ひとたび官僚制的支配機構が存続する以上、これなしに済ますこともできないし、かといってそれをとりかえることもできない（ウェーバー『官僚制』）。

　万一、行政秩序が破壊された場合、旧「秩序への従順な服従という、一方では官吏の間に、他方では被支配者の間に培われた態度に訴えることによって」回復される。しかも、官僚制は、「それを支配できる誰のためにも働く」ことになる。したがって、官僚制の視点に立てば、革命もクーデターとなる。官僚制のもたらすその他の結果としては、その社会的水準化作用によって資本主義の発展を促し、「偽装金権政治的な勢力分配」を生み出したこと、また、その社会的水準化は民主化をもたらしたが、同時に、官僚制化を阻止する権力をも水準化してしまうこと、さらに、官僚制は、「生活様式の合理主義」をもたらすとともに、「職業人」や「専門家」を生みだし、専門試験制度を確立させ、新たな特権的「カースト」制度をも生み出したことなどが挙げられる。
　ウェーバーは、官僚制を、資本主義社会固有の現象としてとらえたのではなく、社会主義社会においても、否、むしろ、社会主義社会においてこそ、官僚制はその力を最もよく発揮するとみた。なぜなら、社会主義が生産手段の社会化を意味するのであれば、「私的な企業者の危険負担や利潤にもとづかない国家経営、自治体経営、目的団体による経営が設立される」ことにな

第1章 政治について

り、そうした「公経営および目的団体による経営において優位を占めるのは労働者ではなく、いよいよもって、またもっぱら全く官僚にほかなら」ず、したがって、「"社会化"の進行ということの現代的意味は、官僚制化の同時進行ということにほかならない」からである。それゆえ、ウェーバーは、K・マルクスの予言とは反対に、「私的資本主義が除去されたあかつきには、国家的官僚制が、独裁的に威力をふるう」のであって、現実の社会主義で進行しているのは「労働者の独裁ではなく、官僚の独裁である」と批判し、官僚制の永続性という特質からして、「未来は官僚制の下にある」と予言する。

この点からも分かるように、ウェーバーは、要するに、資本主義や社会主義という政治・経済・社会体制の相違を超えて進行する官僚制化を指摘したのであり、官僚制化の背後にある合理化という普遍的傾向とその諸結果を問題にしたのである。すなわち、官僚制は、「その技術的卓越性によって近代国家の存続を可能にする不可欠なものでありながら、同時にまた、それゆえにこそ、恐るべき"鋼鉄の外枠"として、われわれにとっては不可避的な運命としての意味を増大させつつある」という点をである。だからこそ、彼は、官僚制の問題に対する自己の立場を次のように規定する。「したがって、中心的な問題は、今日僅かに残っている人間らしさを、こうした官僚主義的生活理想の独裁、魂の細分化から守り抜くために、われわれがこうした機構に対して何をもって対処すべきかということである」と。

こうした「とどまるところを知らぬ官僚制化の前進という根本自体」に直面して、「将来の政治的な組織形態一般を論ずる」際のウェーバーの問題の立て方は、まず、「官僚制的な支配の下における国民の自由」をいかにして確保するかということ、次に、そのためには、いかにして「官僚制の統制」を行うかということ、そして、「官僚制を動かす政治指導者」をいかにして創出するかということ、これである。ウェーバーは、官僚制化に対抗しうるものとして、偉大な指導者のカリスマに期待し、「指導者民主主義」を主張するのであるが、彼の死後、それは、彼の意図したものとは全く異なった、悲劇的な形で実現することになる。

ところで、高畠通敏は、社会の大規模化に伴う官僚制化のなかで人間は使命感をもって組織の歯車になりきることが必要であると説いたウェーバーの

主張は組織の視点からのものであって、官僚制を人間の視点、人間の主体性という視点から見るならば、規則主義、融通のきかなさ、セクショナリズム、慇懃無礼といったその「病理的」側面は、きわめて人間的な反応、すなわち、「理不尽に自分を歯車として使いまくろうとするものに対して〈主体〉を維持しようとする人間的抵抗の形態」であると述べる。また、媒介手段としての官僚制の価値をともに認めながら、一方で、官僚こそ真に現実を支配するものという評価からテクノクラシー（technocracy）が、他方で、官僚は組織の道具・歯車であるという蔑視からスターリニズム（Stalinism）が生まれることを指摘する。そして、官僚制の問題を克服するには、「偉大なる指導者」（ウェーバー）に頼らずに、しかも、「官僚支配を否定する新しいシステム」（レーニン）を、もう1つの官僚制を導入することなしに創出することが必要であると主張する。官僚制問題を克服する他の方法としては、まず、慣例の支配を変更すること、官僚群相互の監察制度の確立、オンブズマン制度（ombudsman system）の採用や巧妙な官僚支配をはね返す心情の形成といった、官僚制に対する平衡力（counter-balance）を生み出すことなども挙げられる。

現代国家

　20世紀に入って、資本主義の高度な発達により、経済・社会構造の複雑化、多様化、そして社会内対立の激化などが生じ、国家機能は大きく変化した。19世紀においては、国家と社会が区分され、自由放任主義が支配原理であった国家機能は、最小にとどめられるべきであり、したがって、社会における自由な経済活動に介入するべきではなく、昼間の経済活動に疲れた市民の安眠を確保する夜警機能程度でよいと考えられていた（夜警国家観）。しかし、20世紀に入って、とりわけ、世界恐慌以降、そうした国家観は完全に崩壊した。なぜなら、雇用と生活保障を求め高まる民主的圧力に対応して、大規模かつ構造的な失業、貧困などを解消し、それらの発生を防止するためには、社会内の自動調整機能に依存した、不介入を原則とする国家観では、問題を解決できないからである。それゆえ、国家は、社会政策、なかで

第1章 政治について

も、社会保障制度を通じて、国民に最低限度の生活を保障するなど、従来、各個人が負っていた責任を負うことによって、積極的に社会に介入し、生起する膨大な問題を解決しなければならなくなった。すなわち、夜警国家から福祉国家への変化である。

　こうした福祉国家政策は、一方において、確かに物質的富の公平な分配や社会内対立の緩和をもたらしはしたが、他方において、新たな問題をも発生させたのである。まず、何よりも、社会問題の多様化・複雑化に対応した国家機能の大規模化・複雑化が、議会における代表原理の虚偽性をあらわにし、議会の社会統合機能を低下させるとともに、行政部の比重を決定的に高めたことである。すなわち、行政部による政府立法、委任命令、自由裁量の範囲が拡大され、したがって、行政部は、積極的に社会に介入し、利害対立を調整して、社会を統合するという機能を果たすことにより、権力の正当性を左右する地位を占めるようになった。行政部への権力の統合と集中の傾向が顕著となっているのである。ここに至っては、行政部は、もはや「政策の侍女」どころではない。19世紀の国家が政策を作る立法部中心の立法国家であったとすれば、現代の国家はまさに行政部中心の行政国家なのである。このように、福祉国家への道は、確かに民主化への道ではあるけれども、同時に、それは、国民の受益者化と行政国家化をもたらし、そのことによってかえって、国民の自由を侵害し、国民の権力への隷属化をも生み出す危険性を帯びてきたのである。

　さらに、第二次世界大戦後から1960年代、70年代にかけての先進資本主義国の現実を理論化したものとして、産業社会論や脱産業社会論、情報社会論、産業国家論、福祉国家論などがある。たとえば、J・K・ガルブレイス（Galbraith 1908-2006）は、『新しい産業国家』（1967年）のなかで、高度産業社会において計画化は不可避であり、その計画化の主体となるのは巨大企業であるということ、その巨大企業のなかでその意思決定を行うのは個人ではなく、テクノストラクチュア（techno structure）という専門家集団——高度な専門・技術的知識をもって計画・決定・管理の主体として行動する科学者・専門家集団——であるということ、そして、そこでは、その専門家集団が消費者の要求や好みを作り出していくという生産者主権が確立しており、

しかも、そうした巨大企業の活動を国家が補完しているという構造を描いてみせた。しかし、そうした現代社会・国家論も、高度経済成長を背景に、未来学的指向を強めるようになる。そうしたなかにあって登場してきた現代社会論の１つが管理社会論である。もちろん、管理社会論には、２種類あると言えよう。すなわち、一方で、高度産業社会は、豊かな社会を実現させ、人々の自由や多様性の要求を強化したが、他方で、組織の巨大化と官僚制化をももたらし、また、通信技術とコンピューターの発達によって、情報の集中と管理を必要かつ可能なものにすると同時に、あらゆる社会領域の画一化をもたらした。こうした前提の下に、「自由と多様性を尊重しつつ、いかにして豊かな社会と社会統合を維持していくか」という視点に立った管理社会論（ユートピア的管理社会論）と、「社会は一握りのエリートに管理されており、自由と多様性の保障すら反体制的エネルギーを拡散・吸収し、管理社会を持続する機能を果たす」という管理社会論（逆ユートピア的管理社会論）とが成立する。前者は、D・ベルらの脱産業社会論や情報社会論にみられるし、後者は、H・マルクーゼの『一次元的人間』（1980年）や、「管理社会」という言葉は日本独特の用語であるとするわが国の管理社会論者たちなどに認められる。したがって、一般的には、後者の管理社会論を指すといってよかろう。

　ところで、「一次元的人間」とは、いかなる人間か。マルクーゼによれば、それは、「"同調すること"を知的・情緒的に拒否することは神経症的で、無能力である」とみなされる、批判的精神を喪失し、現状に埋没した、現代社会の人々のことである。マルクーゼは言う。

　　大量輸送と大量伝達の手段、衣食住の商品、娯楽産業および情報産業の不可抗力的な産出物には、決められた態度と習慣、一定の知的・情緒的な反応が伴う。そしてこれらの態度・習慣や反応を通じて、消費者は多少とも快適に、生産者、およびそれを通じて全体に結びつけられる。生産物は教化し、操作する。それは、その虚偽性に対して免疫の虚偽意識を肥大させる。そしてこうした有益な生産物が、より多くの社会階級にわたるより多くの個人に入手できるようになるにつれて、それが押し進

第1章 政治について

める教化は、宣伝であることをやめる。教化は生活様式になる。それは良い——以前よりはるかに良い——生活様式である。そして良い生活様式として、それは質的変革に逆らう。こうして一次元的な思考と行動のパターンが現れる。そこでは、その内実において既成の言説と行動の世界を超越する観念、願望および目標は、退けられるか、さもなければこの世界で通用する意味内容に変えられる。それらは所与の体制とその量的拡張のもつ合理性によって定義し直されることになる。

また、J・ハーバーマス（Habermas 1929- ）は、『晩期資本主義における正統性の諸問題』（1973年）のなかで、現代社会を、自由主義的資本主義から組織された資本主義へと変化した後期資本主義社会ととらえ、資本主義の合理化作用が日常生活の隅々まで浸透し、「市民の私生活主義、家族的、職業的私生活主義、中産階級の、宗教に基盤をもつ業績倫理、下層階級の宿命観、プロテスタンティズムの倫理と直接的愉悦の断念」といった、資本主義社会を支えていた伝統的価値観そのものを破壊し、人々のアイデンティティー（identity）を喪失させ、さらに、参加民主主義を空洞化させる危険性をもつ社会として描き出している。そして、山口定は、こうした現代社会・国家の分析を前提に、後者の管理社会論を規定する要素として、以下の6要素を挙げる。すなわち、「豊かな社会」における労働者階級の体制内化、組織化の進展と巨大組織の群生、テクノロジーによる全般的支配、「技術的合理性」や「効率」を優先するテクノクラシーの台頭、民衆意識の受動化と管理・操作可能性の増大、「一次元的人間」と「管理国家」の危険性の増大がそれである。いずれにしても、管理社会論は、よりソフトな管理技術を開発することによって人々の要求や不満をたくみに誘導・処理し、自らの運命を自ら決定したいという自決の権利の要求を空洞化させてしまう現代社会の危険な傾向を指摘したものと言えよう。

さて、以上のように、管理社会論によって明らかにされた現代社会および現代国家の危機的状況に対して、たとえば、G・オッフェは、「福祉国家」以後の政治体制として、大資本と旧中産階級との同盟にもとづく「新自由主義連合」、国家機関の監督下で集権化された経済団体と労働組合の代表によ

第3節 政治的アクター

って利益調整をはかる「ネオ・コーポラティズム」、労働者と新中産階級との合意にもとづく「自律的福祉社会」を挙げているし、また、山口は、管理社会の行き詰まりに対する対応策として、F・ハイエク（Hayek 1899-1992）、M・フリードマン流の「小さな政府」論、「コーポラティズム」論、新しい「権威主義国家」「強力国家」論、そして、N・ルーマンのような「システム合理性」の回復による危機回避の方法の4つが考えられるとしている。おそらく、以上のような対応策のなかで、現代社会および現代国家の現実に最も近いものとして、コーポラティズム論を挙げることができよう。コーポラティズム論には、コーポラティズムを「社会集団をヒエラルヒー的に秩序づけた利益媒介のシステム」と規定し、国家主導による「国家コーポラティズム」と、社会集団の同意にもとづく「社会コーポラティズム」とに区分される場合（P・C・シュミッター）や、「国家介入主義の拡張傾向を維持しながら、国家の介入と関係する諸団体のトップを政策決定過程の中枢部に直接参加させることによって」政策形成を行うシステムととらえる場合（山口定、G・レームブルッフ）がある。しかし、いずれにしても、それが、社会の巨大組織のトップと政府とによる政策決定を意味するものである以上、議会の形骸化はより一層強まり、民衆による下からのコントロールはこれまで以上に困難となることも確かであろう。

　それゆえ、こうした危機状況を打開するためにも、今一度、「国家にとっては各瞬間に、行動の理想的な一本の糸、つまり、一つの理想的な国家理性が存在する」（F・マイネッケ）という国家論の系譜に反省を加えてみると、国家を実体としてとらえる傾向に対して、たとえば、C・ギアツ（Geertz 1926-2006）の「劇場国家」論のように、政治を人間の共同作業、人間の主観の相互作用としてとらえてみること、したがって、国家を巨大なフィクション、共同幻想としてとらえてみることによって、新たな国家論を構築する必要があろう。

第4節

政治参加・政治意識・政治変動

　現代国家が大規模化し複雑化するにつれて、組織化や官僚制化が進行し、政治運営の実権が立法部から行政部へと移動し、現代国家は行政国家となっていることについては、すでに述べた。さて、その行政国家においては、確かに、議会制デモクラシーの名の下、多くの国民が選挙という儀式に参加し代表者を議会へ送り出してはいるが、実質的な政策決定は、ほとんどテクノクラートによって行われ、国民は政治主体としての立場を奪われ、政治客体へとおとしめられている。したがって、こうした行政国家化、あるいは管理社会化が進行すればするほど、重要となってくるものこそ、政治参加の問題であろう。

政治参加

　それでは、政治参加とは何か。政治参加とは、「人間が政治体制のいろいろなレベルの政治的選択に対して、直接あるいは間接的に影響を与えたいと思う時にとる、全ての自発的行動」（M・カーセ、A・マーシュ）とか、「政府関係の人員の選定ないし彼らの行為に影響を及ぼすべく多少とも直接的に意図された、私人としての市民の合法的な諸行為」（S・ヴァーバ、N・H・ナイ）といった定義が示しているように、一般的に、政策を含む「公共問題の検討・決定および執行過程に主体的にかかわる行為」を言う。政治参加は、直接参加と間接参加、全面参加と部分参加とに区別されることもある。この区分にしたがえば、民主主義の前提からして、直接参加と全面参加が望ましいけれども、実際には、必ずしもそうなっていない。また、政治参加には、

第4節　政治参加・政治意識・政治変動

制度的方法によるものと非制度的方法によるものとがある。前者には、選挙権の行使をはじめとして、レファレンダム（Referendum 憲法改正や法律の成立について国民自身の直接表決を最終条件とするもの）、イニシアティヴ（Initiative 選挙民の一定数の要求にもとづいて提出された法案を選挙民全体の投票によって決定する）、リコール（Recall 選挙民の一定数の要求にもとづき、公職者の解任を選挙民の投票にかけるもの）といった直接参加の制度（その他に、レファレンダムの一種で議会審議を経ないで、特定の政治的重要事件の帰結を直接人民投票によって決定するプレビシット制があるが、これは所与の権力の正当化に利用されやすい）や、わが国の地方自治体における直接請求権、すなわち、条例制定改廃請求権や事務監査請求権（ともに有権者の50分の1以上の支持必要）、議会の解散請求権や解職請求権（ともに有権者の3分の1以上の支持必要）がある。後者には、政党ないしその他の集団への参加、市民運動や住民運動への参加、あるいは、パレード、デモ、集会への参加などがある。

　ところで、1960年代から70年代にかけて、「集団の噴出」という共時的現象があった。従来、「全体の利益」に包摂されていた青年、黒人、女性、地域住民といった下位集団が、ベトナム戦争や公害などを契機に政治の表舞台へ登場したのであるが、それは、議会制デモクラシーの政治過程に直接参加することを要求するものであった。したがって、「集団の噴出」とは、まさに「参加の噴出」であり、従来の制度的な政治参加の枠を越えた直接参加、すなわち、市民参加であった。そして、そうした市民参加を基盤としたデモクラシーを参加民主主義と呼んだ。篠原一によれば、市民参加と参加民主主義は、「管理社会と集権化と生活破壊に対するアンチテーゼ」から生じたものである以上、その逆の、「①人間の復権と解放、②分権化と分権化された単位へのアマチュアの参加、③生活防衛という三つの要素」を骨子としている。また、篠原は、市民参加を「具体的紛争解決のための用具」とみる「用具理論」と、市民参加を「人間の能力を発展させるもの」とみる「発達理論」とに分けるが、以下のL・デーヴィスの主張は、市民参加の機能を教育機能とみる、後者に属するものであろう。

第1章 政治について

　古典的デモクラシーの直接目的は、常に、公的問題の処理に平等で有効な役割を担う個人の機会を拡大することであった。この機会を通じて、参加市民の地平が拡大され、知識が拡大され、その関心が偏りを減じ、実践的知性が発達すると信じられていた。公的問題の処理に参加することは、知的・情動的そして道徳的教育の最も重大な手段として機能し、個人の能力の完全な開発へと導く。政治参加は、人間に、重大な決定作成に参加し、彼らの私的な問題の狭い限界をこえる機会を提供する。それは、政府を支える強固な基礎として作用する真の意味のコミュニティー意識を構築し強化する。それは、私生活のごく小さな分野をこえて、従来までは公衆のコントロールないしコントロールの希望をこえていた公的領域にまで、自由活動と自治の機会を拡大することによって、不屈の、それに値する努力の分野を提供する（Lane Davis, *"The Cost of Realism: Contemporary Restatements of Democracy"*, 1964. 内山秀夫『政治文化と政治変動』早稲田大学出版部、1977 年）。

　さらに、R・A・ダールは、市民参加の歴史的位相を明らかにするために、ポリアーキーという概念を提示する。ポリアーキーとは、現実の民主主義体制を分析する用具であり、「市民に対する政府の責任が保障される体制」である。ダールは、参加あるいは包絡と、公的異議申立てあるいは自由化という2つの軸の組み合わせによって、前近代的社会を示す「閉鎖的ヘゲモニー体制」、自由化が早く発達した「競争的寡頭制」、参加度の高い「包絡的ヘゲモニー体制」、そして、市民の政治参加度が高く、しかも反対や競争の自由が保障されているポリアーキーの4つの政治体制に類型化すると同時に、ポリアーキーへの発展過程をも類型化した。また、R・J・プランジャーは、政治の要素を権力と参加に区分し、権力指向型政治モデルと、参加指向型政治モデルとを設定し、権力指向型政治への傾斜を強めつつある現実政治を、参加指向型政治へ引き戻す必要性を強調している。

　確かに、1960〜70年代の「参加の噴出」時と比較するならば、市民参加や参加民主主義は、相対的に下火になっている。しかし、その運動の経験と精神は、人々のエスプリの底流に流れ続けている。エコロジーやアメニテ

第4節　政治参加・政治意識・政治変動

ィーの運動なども、そうした流れの一環としてとらえられるし、また、そうした参加を保障するために、情報や教育などが不可欠の条件であるとすれば、情報公開や生涯学習などの問題も、政治参加の緊急課題の1つと言えよう。

政治意識

　政治参加の問題は、参加を保障する条件の問題であると同時に、参加者主体の意識の問題でもある。人間は、政治を構成している当事者であり、政治にかかわる権利を有しており、したがって、政治の主体者であるのだけれども、必ずしもすべての人間が実際にそうした意識をもっているわけでもないし、また、もちろん、そうした行動を取っているわけでもない。なぜなら、各人において、また、各社会において、そうした意識を含んだ、政治にかかわる意識・行動・態度が異なるからである。

　政治意識は、欧米において、政治的態度や政治的意見として説明されるが、わが国においては、そうした政治的意見や政治的態度、政治思想、政策など自覚的、組織的、客観的なものだけでなく、無意識的なもの、未組織な心理や感情、そして主観的なものをも含んだより広い意味で用いられる。すなわち、政治意識とは、政治に対する態度、感じ方、考え方、そして行動をも含めた、「政治にかかわる意識の総称」であり、わが国独特の表現である。したがって、政治意識の構造としては、政治的気質や感情から、政治的性格・パーソナリティー、イデオロギーへと組織化される深層部分と、それを取り巻く、政治的意見から政治的態度、政策・計画へと組織される表層部分とから成り立ち、しかも相互に連関した構造が考えられる。そして、そうした構造をもつ政治意識は、個人の政治意識、集合的な政治意識、社会全体の政治意識というように、3つのレベルでとらえられる。

　栗原彬によれば、政治意識は「共同社会に根をもつ人間の欲求、関心、生活意識が、政治意識の形成により直接的な関わりをもつ社会関係、役割、集団の網の目をくぐり抜けて、対象、状況、政治文化と相互的に規定し規定されつつ」形成されるとされ、その規定要因として、歴史社会の型（伝統的社会における権威主義的政治意識、近代社会における利益心理にもとづく個人

第1章 政治について

主義的政治意識、現代社会における同調傾向を示す大衆社会的政治意識など)、社会人口学的条件(階級、社会階層、職業、帰属集団などによるK・マンハイムの「存在被拘束性」)、文化・精神構造・エートス(M・ウェーバーのエートス論)、パーソナリティー・性格・感情構造(ナチズムを支えたサド・マゾ的性向と権威主義的パーソナリティー)、深層・無意識(フロイトのリビドーなど)、政治についてのイメージ・態度、生活意識・生活スタイル(中流意識など)などが挙げられる。ここでは、政治意識の形成を個人のレベルから、すなわち、政治的社会化という角度からみてみよう。

一般的に、意識は、同じ社会の人々の共有している意識を吸収し、それに同調することによって形成されるのであり、社会化とは、その社会の価値観や生活様式を成長とともにパーソナリティーへ内面化していくことを意味している。したがって、政治的社会化とは、その社会に流通している支配的な、政治のありかたに関する基本的信条や政治問題に対する一定の態度などを学習し、自己の政治的信条や政治的態度などを形成していく過程と言えよう。あるいはまた、ある社会に固有の価値観や行動様式、生活様式の複合的システムを文化と呼び、その政治的側面を政治文化と呼ぶならば、政治的社会化とは、政治文化の受容・伝達・継承でもあろう。

F・I・グリーンスタイン(Greenstein 1930-)は、政治的社会化を、「政治的な態度の形成のみならず、政治に関連した社会的態度やパーソナリティーの獲得といった一見非政治的な学習を含む、公式・非公式、計画的・非計画的を問わず、ライフサイクルのすべての段階における、政治的学習」と、学習過程にアクセントを置いて定義し、アメリカの政治的社会化において、子供たちが大統領などの政治指導者たちを感情的に、理想化して学習しつつ、指導者や政治制度に対する基本的イメージ、政治的態度などを形成していく過程を分析した。しかし、学習過程が、親や学校などで基本的な政治のイメージを形成する第一次過程と、そうしたイメージにもとづきながらも、政治的役割を得て自発的に自らを社会化させていく第二次過程とに分けられるならば、政治的社会化は受動的側面のみならず能動的側面をももっていると言えよう。

また、H・J・アイゼンク(Eysenck 1916-1997)は、政治的社会化によっ

第4節　政治参加・政治意識・政治変動

　て形成された政治的パーソナリティーと政治的意見・政治的態度との関係について、硬い心性―柔らかい心性、急進的―保守的という2つの座標軸を設定して分析し、急進的―保守的の移動は比較的容易になされうるが、硬い心性―柔らかい心性の移動は困難であること、したがって、長い社会化過程を通じて形成されるパーソナリティーは変化し難いことを明らかにした。

　さらに、E・フロムは、ナチズムの支持基盤であった中産階級の人々のパーソナリティーに、強者への愛着と弱者に対する嫌悪・敵意という権威主義的性格を認め、その権威主義的性格を、「他者を自分に依存させ絶対的に支配することによって、自分自身に欠けている力の感覚を獲得しようとする」サディズム的傾向と、「この力の感覚を、自らの独立と自由を放棄し、強力な他者に自分を依存させ、絶対的に服従することでえようとする」マゾヒズム的傾向との同時存在として分析し、あの指導者への熱狂とホロコーストの問題を明らかにしようとしたのであり、その分析は、T・W・アドルノ（Adorno 1903-1969）の「権威主義的パーソナリティー」研究にも影響を与えた。そして、政治的社会化の前提たる政治文化、すなわち、「政治過程に秩序と意味をもたらし、政治体系内の諸行動を規定する基礎的諸前提やルールの源泉となる態度、信念、感情のセット」（L・W・パイ）に関して、G・アーモンドは、パロキャル（未分化）型、従属（臣民）型、参加型という3つの純粋型を設定し、これら3つの純粋型の組み合わせから、パロキャル＝従属型、従属＝参加型、参加＝パロキャル型、パロキャル＝従属＝参加型とに4区分し、パロキャル＝従属＝参加型の政治文化を市民文化と規定した。確かに、こうした政治文化の類型化は、それが支える政治体系の差異性と共通性を明らかにする上で有効ではあるが、市民文化モデルが欧米文化であるとき、類型化の偏りは批判されてよい。

　ところで、以上のようなさまざまな政治文化のなかで政治的社会化が行われることによって、人々は、高い政治的関心をもち、積極的に政治参加をするようになるかと言えば、必ずしもそうとは限らない。むしろ、私生活に埋没し、政治への関心を失って、政治へ参加しなくなる人々も多く存在する。こうした人々のありさまを政治的無関心という。政治的無関心の型としては、初めから政治参加の可能性をないものと信じ、政治はお上の仕事とみなす、

第1章 政治について

したがって、政治的に無知な伝統的無関心と、政治参加の機会が保障され、しかも、十分な政治情報が流され、高い知識をもっているにもかかわらず、政治に関心を示さない現代的無関心とに分ける場合と、伝統的社会、近代的社会、現代社会それぞれに見合った無関心（伝統的社会—没政治的無関心、近代的社会—非政治的、反政治的、過政治的無関心、現代社会—逆政治的、脱政治的、抗政治的、過剰同調的、激政治的無関心）に区分される場合などがある。もっとも、こうした政治的無関心に対して評価する立場もある。すなわち、政治的無関心の自然淘汰説から、無用説、効用説、賛美説まで存在する。しかし、現代的無関心の原因が、政治の規模の拡大、政治過程の複雑化、それに伴う権力の統合と集中の傾向、生の分断化などによる個人の無力感の増大、高度情報社会における情報過多とテクノクラートの台頭による個人の無能感の増大、さらには、脱イデオロギー傾向と経済価値重視の傾向の深化などであるとき、そうした楽観は、問題の本質と事態の深刻さを隠蔽するだけであろう。

政治変動

　政治が、自己の存在を規制するものから解き放とうとする人間のいとなみと、良き未来を希求する諸個人が結合することによって共通の運命を切り拓こうとするいとなみ、いわば自己解放と社会的統合の二律背反から成り立つものであれば、政治は、安定ではなく、常に変動を前提としている。換言すれば、そうした思いを抱いた人間行為の相互作用から成り立つものを、政治システムとしてとらえるならば、政治システムは常に変動の契機を内包していると言えよう。したがって、政治変動とは、一般に、こうした政治システムの変動を意味する。しかし、政治変動は、決して孤立した現象ではない。経済変動や文化・社会変動などと連動した現象であり、いわば「全般的な社会変動の一環」でもあるし、「その集約的表現」でもある。したがって、政治変動の発生契機としては、政治的原因のみならず、経済的原因、文化・社会的原因などさまざまな原因が考えられる。

　ところで、政治変動のとらえ方としては、支配関係自体の変革、権力の最

第4節　政治参加・政治意識・政治変動

高担当者の変革、統治組織内部の変革という3つのレベルに区分し、さらに、そのそれぞれのレベルで合法型と非合法型とに分けてとらえる方法（丸山眞男）や、変動のレベル（政府変動、体制変動）、変動の手段（直接行動—クーデター、大衆闘争—大衆蜂起・内戦、大衆同意—選挙・人民投票）、変動の政治指向（既存権力核の維持＝保守的、既存権力核の転換＝革新的）の3レベルに区分し、「政策選択と体制選択」という視点からとらえる方法（松下圭一）、あるいは、政治変動を政治システムの構成要素およびその要因の変動として、すなわち、制度・構造の変動（革命などの全面的・根本的変動とクーデターなどの部分的変動）、リーダーシップの変動（与党内部の変動や与野党間の変動による政権交代）、政策の変化（福祉政策から軍備拡充政策へ、など）、政治文化の変動（政治的無関心の増大や支持政党の変更といった政治意識・行動の変化など）などの変動の相互連関の総体としてとらえる方法がある。また、政治変動の範囲、期間、強度などに着目してとらえることができるし、さらに、政治変動の規模を、実効性、正統性、物理的強制力、加速性、挑戦者という5つの指標でとらえたり、そのプロセスを安定、流動、権力喪失、権力真空という段階でとらえる（篠原一）ことも可能である。

　いずれにしても、政治変動は、政治システムのみならず社会全体にかかわる変動であり、したがって、政治変動を社会全体の変動のなかに位置づけ、それとの関連において理解しなければならない。この文脈において、以下の政治変動に関する規定は重要である。なぜなら、政治変動に関する古くて新しい問題こそ、「自己実現」という言葉に込められた、政治変動の主体性の問題とその方向性の問題だからであり、また、そこには、まず古い政治システムから新しい政治システムへの変動を、次に、それを政治文化の変動へと連動させるという従来の政治変動への視座だけでなく、逆に、古い政治文化から新しい政治文化への変動を政治システムへの変動へと連動させるという政治変動への視座が強く含意されているからである。「政治変動とは、人間がみずからの運命のあり方を改革すべく、ほぼ合法的な手段を用い、他の人間を暫定的に遮断するか、その合意・支持・参加・共同を求めることによって、短期的あるいは長期的に、よりさらなる自己実現をはたそうとする歴史

第 1 章　政治について

創造的な意志のいとなみである」（内山秀夫）。

|補論|　人間の意志の営みとしての政治

1

　2009年4月25日、東京日比谷の松本楼にて、昨年亡くなった政治学者の内山秀夫先生（慶應義塾大学名誉教授）を偲ぶ会が催された。あいにくの雨ではあったが、90名ほどの人が参加した。冒頭にミニシンポジュウム「内山政治学と現代」が企画され、私も発言の機会を得た。しかし、時間の都合で1人5分という短い持ち時間であったため、準備していた内容についてはとんど語ることができないと思い、結論だけを述べることにした。その内容は以下のようなものであった。

　大分県中津地方の方言に「げってん」という言葉がある。これは、「ああ言えばこう言う」、素直に「はい」と言わない、「へそ曲がり」「天邪鬼」という意味である。内山先生の著書を読むと、独特の筆致で政治の表層を突き破り、ある「実相」を抉り出してくるが、そのとき、今まで何気なくみていた政治現象は思いがけない意味をもって立ち現れ、私たちにこれまでとは異なる視点を突きつけてくる。政治学者の数ほど政治学が存在すると言われるけれども、内山先生の紡ぎ出す政治世界は、その文体とあいまって、きわめて特異な世界である。その意味で内山先生の政治学は、一言でいえば「げってんの政治学」である。そして、「惑溺」からの解放、既成の価値観の転換を主張し、「信の世界に欺詐多く、疑の世界に真理多し」として「多事争論」を強調した福澤諭吉こそ「げってんの政治学」の代表者だとすれば、内山先生の政治学こそ福澤の「げってんの政治学」を正統に継承するものである、と。しかし、この私の発言は、内山先生を敬愛する方々の冷ややかな視線に迎えられた。それゆえ、今一度、そのことをこの場を借りて詳述してみたいと思う。

2

　内山秀夫先生には13冊の編著・共編著書、23冊の単訳書、19冊の共訳書、

第4節　政治参加・政治意識・政治変動

そして多数の論文、書評、翻訳論文などがあるが、管見の限り、単著書としては、以下のような13冊がある。すなわち、『政治発展の理論と構造』（未来社、1972年）、『第三世界と現代政治学』（れんが書房、1974年）、『政治文化と政治変動』（早稲田大学出版部、1977年）、『政治学における現代』（三一書房、1979年）、『政治における理想と現実』（三一書房、1980年）、『民族の基層』（三嶺書房、1983年）、『日本の政治環境』（三嶺書房、1988年）、『比較政治考』（三嶺書房、1990年）、『私立の立場から』（日本経済評論社、1994年）、『政治は途方に暮れている』（日本放送出版協会、1994年）、『政治と政治学のあいだ』（日本経済評論社、1998年）、『福澤諭吉と長岡藩』（福澤記念選書63、慶應義塾大学出版会、2000年）、『増補 民族の基層』（日本経済評論社、2006年）がそれである。そして、そのいずれもが、時代と社会に対する切実な問いかけであると同時に、また、時代と社会からの問いに対する懸命な応答でもあるので、その内容は重厚かつ難解である。そのため、できの悪い私は、先生の新著を読むときには、その内容で押しつぶされる前に、「あとがき」を読むことにしてきた。「あとがき」には、往々にして、多岐にわたる内容を「気持ち」の上で1つにまとめる言葉や文章がそっと記されているからであり、そうした言葉や文章を手がかりにして本文を読み進めば、突き当たる壁も無理なく乗り越えた「気」になり、気迫のこもった文章も「スー」と胸に落ちてくるように思えたからである。亡くなられた今、先生の著書を丁寧に読み返す作業に取り組まなければならないと思っているが、その最初の試みとして、「あとがき」にみられる先生の「政治学」、すなわち「内山政治学」の一端をとらえてみたい。

3

行動論に支えられた現代政治学は当時とすれば最も新しい政治学であり、政治の現実を「客観的」に把握するスマートな学問であったが、「内山政治学」はそうした方法や方向からの離脱に始まるといってもよいのではないだろうか。内山先生は、人種や大学、戦争、公害、環境、資源などの突きつける熾烈な問題を契機に、現代政治学が人間と政治のはらむ問題性に十分対応できていない情況を目の当たりにして、政治学は「根本的に堅気になれない

第1章 政治について

学問」であることを思い知らされ、そうであることに徹しながら、情況を食い破る方法を模索しながら、出口を求めようとしていた。その方法こそ、市民の参加であり、民主主義であった。このことを、処女作『政治発展の理論と構造』(1972年)の「あとがき」において、次のように記している。「私は政治のもつ人間における醜悪と栄光をたずね当てられるかもしれない、という楽観的悲観主義を自らいとおしむナルシストでありたいと願っている。この想いが、徐々にスマートなModern Politicsからの背離をもたらし、思念を歴史に向けさせているのかもしれない」「私の政治変動論は結局、民主主義の現代理論がその中心になっていなければならないことを知っている。それは一方では、現代の政治的人間を確認する作業であり、参加の分析を必要とし、もう一方では参加主体(現代の市民)の理念の推敲と提起を要求する。そして政治を人間のしわざとして、変動を常態として維持する動態論への試みにそれがなっていくのではないか」と。このように、「楽観的悲観主義を自らいとおしむナルシスト」と自己規定した内山先生は、市民と民主主義の可能性について、第二作目の『第三世界と現代政治学』(1974年)所収の論文「第三世界の国家と民主主義」において次のように述べている。「統治はあくまでも技術であり、その技術を精密化する手段はマスコミにしても、教育体系にしても、あるいは管理技術にしても十分に存在するし、発達もとげている。したがって良き政治という人間の側での倫理作業がそれに対抗し、それを矯正するようなしくみの発明が現代の課題なのである。人間の存在が追いつめられている状況から生じる人間の根元的なエネルギーに支えられた力学が発動する場を確保しておくこと、それが現代の統治者の責務にちがいない。そして、そうした場があったときに、新しいアジアの政治主体としての人間に、人間の世界に大いなる可能性を呈出する機会が予定され、アジアがアジアとして第三世界の中にその地位を確定できるのではなかろうか」(傍点筆者)と。しかし、その「あとがき」においては、そうした作業の困難さについて以下のように記している。「倫理にとらわれ、歴史に束縛され、さらに存在に拘束されつつ、なお現在をみすえ、未来を見透かすという課題、それこそ"業"に近い課題を担った政治学が、そうした業を振りすてる辛い想いに耐えつつ、量化と予測に突走ったのは、なにか憐れですらあった。行

第4節　政治参加・政治意識・政治変動

動論革命として政治学が生まれかわって、いわば素堅気になって科学の仲間入りしたことには、どこかに無理があるのは見えすいていた。こんなことができるのなら、ウェーバーもマルクスも、マンハイムも、あんなに苦悩しなくてもよかったにちがいない」「人間が政治を断念することがありさえすれば、人間はあるいは救われるのかもしれない。だが人間にとって政治は"業"なのである。"政治よ！わが政治よ！"と求める人間の恨みの声が、私のなかにも充満している」と。ここに、所与のものとしてあるものを所与のものとして受けとらず、人間としての個人の側からとらえなおし、組み替えていく作業をこそ「政治」と見定め、その作業を続けることによってしか人間でありえないとする内山先生の格闘を見ることができるのではないだろうか。

　こうした孤独な格闘について同じ政治学者の内田満は、かつて、「内山政治学」の可能性を評価しながら、以下のように指摘したことがある。すなわち、内山先生は「政治は人間の栄光と矮小を反映する」（L・W・パイ）を前提に、「人間の"栄光"を志向する政治研究の意義を力説している」ということ、現代は「社会科学者が分析家から思想家への脱皮をはかるべき時代」であり、「新しい指導理念か時代精神を模索する旅に、あらゆる社会科学者が出発すべき」ときであるとして、「現代政治学における規範的要請の認識」を強調しているということ、したがって「著者（内山）は紛れもなく価値との格闘の中で"政治学"を模索している」と指摘したのである（内田満『現代政治学を読む』三嶺書房、1984年）。

4

　「国民」や「公共性」の名の下に「私」的な「個人」を丸がかえにしてとらえようとする動きに対して、「私」的な「個人」のつながりを基礎にして「国民」や「公共性」をとらえなおそうとする、「人間の意志の営み」としての「政治」は、文化のとらえなおしにも連動する。『政治文化と政治変動』（1977年）は、第7章「ミニマム文化の役割」において、「われわれが追求しようとしている"福祉"は権利であり、この権利は現代の国家構造の改変を要求するものである。そこに、"市民"が成立し持続する可能性と歴史的

第1章 政治について

意味が確認される。その場合の市民は、西欧近代型の理性主義に立った個人主義的市民である必要はない。むしろ、この"近代"に固執したことこそ、われわれの近代化を最も阻害した要因ではなかったのか。むしろ、そうした市民の政治性をとっぱらい、もっと生活のぎりぎりのところで、ほかに仕様もない問題に苦しむ、その苦しみの共有をもって文化的共通項とする市民集団の成立こそが、我々の市民像なのである」として、「最大公約数を求める政治」から「最小公倍数を求める政治」に組み替えていくためにも、「国民文化」は「ミニマム文化」としての「市民文化」としてとらえ返されなければならないと指摘する。なぜなら、問題解決の「命題を多元的に維持し、あるミニマム文化構成員が政治の水面から沈下すれば、他のミニマム文化が浮上する、その反復がこの状況を維持する唯一の要因であり、統治の質を変えるよすがであるにちがいない」からである、と。このことを『政治文化と政治変動』の「あとがき」は、以下のように記している。「"個人"は本来的に"個性"につながらないはずはない。そして、その個性は、類型化も数量化にもなじまない"質"のものである。そこのところが発見され確認され相互に承認されなければ、政治とは非個性的な全体主義的傾向にとらえられることを常態としないわけにはゆかない。私は、この個性に基づいた個人の集合概念を〈市民〉と措定することではじめた。そして、市民の政治は〈運動〉によって表出され、その運動を市民の〈日常世界〉として構想した」。

こうした「ミニマム文化」としての「市民文化」と「市民の政治」への意志は、『政治学における現代』(1979年)の「あとがき」においても持続し、当然のことながら、「国家」を射程に入れることになる。「実現すべき価値をデモクラシーにおきつくした戦後世界の開幕以来、私たちにとっては、国家目標はそうした価値に呑みこまれていた。だからこそ、国家は見えなかったのだし、陰画としての大日本帝国だけがばかにはっきり聳立したのだった」「この権力体としての人間は、しからば、国家による結集を考えない以上、どのように相わたるのであろうか。つまり gathering-together はどのようにして、あるいは何によって、何のために行われるのか」「問題はその無明の闇の中で gathering-together から living-together の意味解明へとふくらんでいった」「われわれにとって国家とは何か、ではなく、われわれの生活空間

第4節　政治参加・政治意識・政治変動

としての国家はいかなるものなのか、をへて、新しい生活の場を人間の単位として模索する作業の開始が立ち現われてくる。それを一応〈国家〉論としてくくっておこう」。

かくして、現実政治の突きつける熾烈な問題を契機に、「現代政治学」から「離脱」し、「私」的な「個人」間の結びつきを梃子に、所与としての政治的現実を読み解き、組み換えていこうとする立場を、『政治における理想と現実』(1980年)の「あとがき」は、次のように規定している。「政治学はポリティクス以外のなにものでもないから、自分が認識し切取った〈現実〉との格闘であり、その格闘を支える理想の形成という意味で、私の格闘がここにあるのだ、ということになろう。つまりそのことは、私が〈政治〉と〈政治学〉のあいだにいる、ということになるにちがいない」(傍点内山)と。こうした内山先生の自己規定に対して、先述の内田満は、「内山政治学」は「〈確立された結合形式〉としての国家から出発」し「国家の重みをどう減らすか」を探求するという「国家の意味の探求」を「タテイト」として、また、「忠誠の多元化」や「惚れないこと」を基礎に、「保守＝革新の図式」に安住した政治家、政党、大組織の「創造性の欠落」や「現実の革新勢力の非革新性の本質」を鋭く洞察する「批判的理性」を「ヨコイト」として織りなされていて、その究極のねらいは「"政治の世界"についての"イメージの創造"を促す試み」であると指摘している。「政治・国家についてのイメージ変換こそが、"政治の世界"の革新を導くとする著者を、政治と政治学の間に立たせているのは、まさしくこのようなチャレンジへの横溢する意欲であり、読者の"創造力""想像力"への刺激という点での本書の衝撃は、まことに強烈である。著者は、安易な、ななめ読みを拒否する文体において特徴的であるが、とついつ読み進むうちに、読者の"政治の世界"へのイメージは、いやおうなしに広がっていく。あらゆる意味で、本書は、内山流の政治学道案内である」(内田『現代政治学を読む』)と。この指摘をもって、「内山政治学」の存在とその現代的意義の承認とみることは困難であろうか。

5

内山先生の単著は『増補　民族の基層』(日本経済評論社、2006年)を最

第1章　政治について

後とするので、その基となった『民族の基層』(三嶺書房、1984年)から『増補 民族の基層』までをひとくくりにしてみてみることは可能であろう。

　ところで、内山先生の思い入れの強い『民族の基層』の「あとがき」には、この本が「二つのテーマ」から成り立っていると記されている。「二つのテーマ」とは、「この国家・社会を多元化することで、民主主義の理念と政治とがより有意に連結する可能性についての私の探究」、すなわち、「"戦後"に対する"こだわり"」というテーマと、「"戦後"を持続する"主体"の発見」、すなわち、「多元性を維持するための資質としての"文化"創造主体の突きとめであり、その文化創造をになう人たちとの〈共住〉〈共生〉の場として、この日本をとりなおす」というテーマであり、この「二つのテーマ」は、「運命自決主体集団としての"民族"に流入して行かないわけはない」とされている。なぜなら、「民族」は「アイデンティティを唯一の人間存在の根としたときに、ありうるせめてものグルーピング原理だから」である。「その意味で、国民や国家に吸いあげられる大"民族"論の放棄を私は主張したい。むしろ、こうした"民族"による割拠生活の場として、この国を考え直したいのである。それはすでに大状況論ではなく、おそらくはまさしく国家解体の方向にむかわざるをえない。そして、そこから共同幻想としてではない、国家再編の可能性がありうるのではないか」と指摘している。そのためには、「何よりも民族とか国家を読み替える作業に入らなければならない」のであるが、このことは、本書と同名の所収論文「民族の基層」において次のように説明されている。すなわち、現行国民国家から「民族」を解放し「民族をこちら側に引き戻すこと」「国家や国民に連れ戻されない民族、つまり言葉の真の意味での独立と自由を保証する容器としての民族が必要必須になってくる。それは国家が一つの主権体だとすれば、まちがいなくもう一つの主権体であらねばならぬものである」(傍点内山)。そのための重要な概念こそ、「民族の基層」としての「エスニシティ」であった。「〈民族としてのエスニシティ〉、それは私にとっては、国家側から民族を解体する手がかりである。そして、この民族はまさしく民族自決の主体として承認されねばならない存在なのである」と。

　かくして、何様でもない人間の在り様から、あるいはむしろ、「苦しみの

第4節　政治参加・政治意識・政治変動

共有をもって文化的共通項とする」人間の在り様から、最も執拗なものとして人間の存在にへばりついている「民族」や「国民」を読み解いていくことになるが、その作業のなかでみえてくる政治と政治学とはいかなるものであったか。『日本の政治環境』(1988年)の「あとがき」には、次のように「自己規定」が記されている。「だいたい政治学なる代物は、私によって〈現実〉とつながれているものにちがいない。そして私は、常に批判者であらねばならないと心にきめている。だから、政治学に私はせめて規定されてはならないはずである。だとすれば、私が生きている社会・国家・世界は、今あるがごときことがらでは絶対にない。そこに"もう一つの社会・国家・世界"が想定されるのだし、"人間"もまたちがったものでなければならない。それはすでに"私の政治学"なのである」と。

そして、『比較政治考』(1990年)の「あとがき」では、その「民族解体」作業を、「価値転換において鮮やか」であった福澤の作業へと接続させている。「自由とか平等ということばに込み入れられているのは、人間がかならず"ひと"でありたいというねがいなのだ、とわかれば、それによって普遍的な歴史の中に"自分たち"の歴史をきざんだ人たちを"きのう"に発見できねばならない。"きょう"のそれは、しかし、私のそれでもあるはずである。"きのう"と"きょう"が、マクロの歴史を切開することで浮かびでる"ひと"と連携するものを手にすれば、人間にとってその二つのことがらは自然につなげられるにちがいないのだ。こうなれば分析なぞクソくらえだし、科学なんて代物に取り付かれずにもすむ。政治学は私の生きる方法と、少し気恥ずかしいけれど、思い当たって、私は自由になった。それは何事にもあれ、少数者として生きることにつながる」「私はこの数年、日本の近代と取組みを始めている。それは人間の近代の一部かもしれないが、私には"近代への意志"として普遍的な広がりと深みをもったことがらである。その"きのう"に出会う人たちは多い。私はまだ挨拶さえできないでいるが、当分は福澤諭吉のまわりをうろついてみたい」。そして、この作業の福澤との接続を意識的に試みてみようとしたものこそ、『私立の立場から』(1994年)であった、と思われる。その「はしがき」には、以下のように記されている。すなわち、「"一身独立して"ということがすべての前提です。その一身としての"私"が、

第1章　政治について

お互いにかかわり合う。それはまさしく対等を望む立場です。この"私"に立つときに、"人間であること"が成立する。そのことはどんな時代になろうとも、人間にとってもっとも大切なことでありましょう。そのことに立ちつくす構えを、私は今後も持続してゆきたいのです」。

したがって、福澤が、「政府のみありてネーションなし」として『学問のすすめ』や『文明論之概略』で行った「国民」形成作業を、内山先生は、「民族解体」作業、「国民くずし」作業として行い続けることになる。『政治は途方に暮れている』（1994年）の「あとがき」では、「"文化は、それが生き方の問題だと理解されるならば、文化こそおそらくもっとも信用される政治だと言えましょう"とヴァイツゼッカーは続けた。だが、私たちはこうした生き方としての文化をはぐくめたか。それは美しい日本といった文化自然主義ではないはずだ。生き方としての日本国憲法、文化としての日本国憲法の下に生きようとする人々、そうした人たちによって〈日本人〉が構成される、その生き方の流儀を選択することこそが、"政治の蘇生"の原点となるにちがいない」と述べ、また、『政治と政治学のあいだ』（1998年）の「あとがき」では、「比較政治を講述するためには、一見無作為の形状を示すさまざまな理論状況を、私の現代史への感受力によって集約することが要請される。しかも、現代史は常に人間がみずからを歴史に突き出す未発の情況に彩られている。それを認識し理論化し、その含意をも突き止める作業が要求される。かくして、歴史と歴史教育とは、現代の同時代人としての私のいわば生きてあるかぎりの存在証明であり続ける、無限の生命作用という宿命なのである」と記し、自らの「政治学」の位置づけを明確にしている。

そして、『増補 民族の基層』（2006年）では、前著『民族の基層』に、「民族再考」「沖縄県費第一回留学生」「金石範著『"在日"の思想』を読む」を加え、その「あとがき」において、「国民くずしの作業」の必要性を強調している。すなわち、社会は文化的多元化を常態とし、その社会が国家のありようを規定する。「この国家―社会関係は正当だと私は考えている。社会という場合は、社会の自律性によって自己維持されるのであって、社会は国家によってたがをはめられて従属させられるものであってはならないのだ。この思想はおそらく小国思想に結びついてゆくことだろう。国家主義者は政府

第4節　政治参加・政治意識・政治変動

主義（governmentalism）に向かうのが常だから、政府に人間を接着する、つまり統治しやすい人間を製造しようとする。……個々の人間の社会性——下位文化順応性——を剥ぎとり、政府が提供する国民文化——とりわけ公認された伝統——を装着させようとする」と。

この「国民くずしの作業」は、おそらく、「"在日"日本人」という言葉に凝縮されているように思われる。「在日」を「民族という形をとって現われてくる普遍的なもの」の追求として読み解くとき、「私たちはこの日本を独占しているのではない。また、今後そうすることは絶対にできない。それぞれが異質の人々である集群によって、共生する場であり、共住する空間であらねばならない。そうしたところで、明治以後はじめて、新たなる質と普遍性をもちうる、私たちの祖国が可能になるかもしれないのだ。それはまさしく、多元的な人間のすみ家であるにちがいない"現実"によるものでなければなるまい」という結語の意味がおのずと明らかになる。最後の著書となった末尾にあえてこの書評論文を加えたことの意味を考えるならば、「"在日"日本人」という発想こそ、内山先生が「日本を見捨てない人たち」に伝えたかった思想ではなかったのか。

6

こうしてみてくると、「内山政治学」には、「人間の生きる意志の営みとしての政治」を基礎とした「共感の政治学」という側面があるのではないかと思われる。なぜなら、政治学の科学化傾向のなかで、「自立した人間としての市民」を手がかりに、自由、平等という普遍的価値の実現をめざし、参加民主主義の理論化を行ってきたこと、そして、それを、学生、市民、沖縄、水俣、在日など少数者に対する共感とまなざしと結びつけていたこと、そして、さらに、その共感とまなざしをもって、歴史のなかの個人や多数の人々の複雑な心の襞に迫り続けようとしたこと、などを考え合わせると、そのようにとらえることも可能ではないかと思う。このことの検証は、今後の課題とするが、先のミニシンポで述べようとしたことは、「内山政治学」には、その手法として、所与としての現実の「ひっぺがし」作業と、現代史への鋭い感受力をもって「未発の人間の情況の認識と理論化と意味の探求」があり、

第1章　政治について

「伝統や既存の価値観を転換させること」、いわば「文化の再創造」があったのではないかということであり、もしそうであるとすれば、このことを意識的に徹底して行おうとし、かつ、行った人物こそ福澤諭吉ではなかったかということである。その意味において、内山先生は、「福澤をよく学んだ人」「慶應義塾の最も良い部分を継承しようとした人」と言えるのではないかということである。

　先日、機会があって、福岡市美術館で開催されていた「福澤諭吉展」を見た帰り、会場の同じフロアにあるレストランで「諭吉ふるさと弁当——とりの天ぷらゆず風味カボス添え」(この弁当の説明文には、「諭吉が幼少時を過ごした、九州大分の食材、かぼす、椎茸、タケノコ、郷土料理のとりの天ぷら、やせ馬料理を中心に昼の御膳をご提供いたします。お吸い物、コーヒー付です」と書かれていた)を食べながら、会場で見た旧図書館の階段とステンドグラスのパネル写真を思い出したとき、福澤研究センターを立ち上げた内山先生のことを思い出さずにはいられなかった。

第 2 章

政策型思考について

第1節

政　策

政策と政策科学

　繰り返しになるが、まず、政策構想というときの政策とは何か。政策に関する代表的な定義をみておこう。政策とは、一般的に、「政治の方策。政略。政府・政党などの方策ないし施策の方針」（『広辞苑』）、あるいは、「政府、団体または個人が決定し遵奉する一定の進路ないし方法」（『政治学事典』平凡社、1954年）と定義される。これをもう少し詳細にしてみよう。まず大森彌は政策について、「個人ないし集団が特定の価値（欲求の対象とするモノや状態）を獲得・維持し、増大させるために意図する行動の案・方針・計画」と定義し、また公共政策については、「社会次元での調整をこえる争点ないし紛争に対して統治行動を施すことによって、その一応の解決をはかる手段」であり、「社会の安全に関係づけられる統治活動の内容」と定義している。そして、政策にかかわる循環連鎖の諸段階を「政策課題の形成（political agenda-building）」—「政策作成（policy formulation）」活動—「政策決定（policy decision）」—「政策執行過程（policy implementation）」—「政策評価（policy evaluation）」という「政策循環（policy cycle）」としてとらえることの重要性を指摘している（日本政治学会編『政治学の基礎概念』岩波書店、1981年）。次に、政策科学をいち早く提唱したH・D・ラスウェルの政策の定義をみてみよう。ラスウェルは、『権力と社会』において、政策を「目標、価値、および実践についての企画されたプログラム」と定義し、政策科学については「社会における政策形成過程を解明し、政策問題についての合理的判断の作成に必要な資料を提供する科学」であると定義しながら、

第1節 政　策

次のように論じている。すなわち、デモクラシーの基本的価値がかつてないほどに挑戦を受けている現在において、政策科学は「デモクラシーの価値の防衛と伸張のために、われわれの限られた知的資源をいかに利用するかの戦略を発展させる」科学であり、したがって、今最も必要としているものは、「その動力と技能を総動員して、デモクラシーの社会的均衡を最も直接関係を持つ分析と観察——この両者の結びつきに欠けている点を入念に修正すること」である。「政策考案者は、経験ある活動家で、自己の生活を反省し、その知識経験を我々の政策の理解を啓発する言語に翻訳する資格のある所有者」でなければならないし、政策科学者は、「自己の技能と経験を客観的に伝えうるひとで、デモクラシーとの結びつきを明らかにしうるひと」でなければならない、と論じている（H. D. Lasswell and A. Kaplan, *"Power and Society"*. London: Kegan & Paul, 1952.）。

　こうしたラスウェルの政策科学についての評価として、D・イーストンの「ハロルド・ラスウェル——民主的社会の政策科学者」がある（D. Easton, 'Harold Lasswell; Policy Scientist for a Democratic society', *the Journal of Politics*, August 1950, vol. 12, No. 3, pp. 450-477.）。この論文を紹介した田口富久治によれば、イーストンは、ラスウェルが「権力を民主化するという新しい欲求」に照らして、「権力は重要な決定作成への参加を意味する」と把握するようになり、研究関心を「権力を持つ集団から政策形成＝決定」に移行させたことに注目する。すなわち、ラスウェルにおいては、「政治学を政策科学に変えるためには、つまり社会的諸問題の解決に貢献しうるためには新しい引照諸原理（決定作成枠組み）が必要とされた」と指摘している（田口「イーストンのラスウェル"政策科学"評論」『政治理論・政策科学・制度論』有斐閣、2001年）。

　次に、山川雄巳は、政策とは「行為の方針」としながら、行為を導く方法的基準としての「方針」には、5つの次元があるとする。すなわち、行為の「当為基準」（目標の方向を判定するための絶対基準としての社会規範と価値の体系）、行為の「欲求基準」（めざす方向）、行為の「現実基準」（現在の進行方向）、行為の「可能性基準」（進みうる路）、行為の「必然基準」（進むべき路）がそれであり、こうした5つの基準を考慮して行為の必然的方向づけ

第2章　政策型思考について

を計画することこそ「成熟した自由な政策思考」であり、したがって、政策とは「行為の計画化された方法的基準」であると定義する（山川「政策研究の課題と方法」日本政治学会編『政策科学と政治学』岩波書店、1983年）。

　さらに、松下圭一は、政策を「政治主体が、その目的達成のために整備する手段の体系」「問題解決のための手法」と定義しながら、その「手法」とは「価値付与・価値剥奪による思考・行動の設計」であり、その論理は「結果を目的とし、手段を原因とするような思考・行動の整序」であると説明し、また、「目的」とは「未来の結果の"予測"」であり、「手段」とは「現在の原因の"調整"」であると説明した上で、政策をあらためて次のように定義する。すなわち、「政策とは、"予測"つまり構想による仮定の未来を〈目的〉におき、〈手段〉としては現在の資源を動員・機動して整序つまり"調整"する手法である」と。したがって、「政策型思考」とは、この「目的」と「手段」の関係を「設計する思考」であり、「目的論（目的⇔手段）を、因果論（原因⇔結果）におきかえる思考」「結果から原因へという逆算の思考」と説明される。しかし、この「政策型思考」は、政治家や官僚たちだけが行っている思考ではなく、日常生活のなかで誰もが絶えず行っている思考なのである。たとえば、「日常の政策型思考」として、「交通渋滞にまきこまれて目的地にいそぐとき、恋愛におけるカケヒキを考えるとき、住宅の設計図をえがくとき、あるいは会社の経営、団体の運営、また旅行の計画やスポーツの作戦など」を挙げることができるし、「政策型思考の遊技化」として、「将棋やトランプ、鬼ごっこなど」を、また、「政策型思考のドラマ化」として、「犯罪小説やスパイ映画、戦争ゲームなど」を挙げることができる、と（松下『政策型思考と政治』東京大学出版会、1991年）。

　ところで、「新しい政策が新しい政治を作り出す」と言ったのはE・E・シャットシュナイダーであるが、この「政策が政治を決定する」という命題にもとづいて、T・ローウィは、「社会に対する影響あるいは期待されている影響」から政策を分配政策（土地政策、関税政策、補助金政策など、政策の影響が各個人や企業を単位として独立的に現れるような、個別的、分散的な政策）、規制政策（テレビ放送や航空路線の規制など、影響される人々の態様が個別的でも階層的でもなく、競合的利益の存在を対象とする政策）、

第1節　政　策

再分配政策（福祉政策や累進課税のような、影響される人々の範囲がきわめて広範な社会階級を対象とする政策）の3類型に区分し、後に、これに構成的もしくはシステム維持政策（政策を作り出す制度に関する政策）を追加して、4類型に区分している。また、松下圭一は、政策類型の歴史的把握から、政策を原基的政策（農村型社会の政策）、近代化政策（国家による、農村型社会から都市型社会への大転換を呼び起こす構造政策）、市民型政策（都市型社会の政策）の3類型に区分し、近代化政策をさらにⅠ、Ⅱ、Ⅲ型（Ⅰ型：政治装置の構築—基盤整備政策、Ⅱ型：生産力の整備—経済開発政策、Ⅲ型：生活権の保障—福祉政策・都市政策・環境政策）に区分する。山口二郎は、「安全志向性」と「統合志向性」に2つの座標軸を設定し、「安全志向性」軸から、概念提示的政策、基本設計的政策、実施設計的政策の3政策を、「統合志向性」軸から、構造的政策、統合機能的政策、個別機能的政策の3政策を導出し、概念提示・構造的政策、概念提示・統合機能的政策……のように9つの政策類型を提示している。磯崎育男は、中枢的政策レベル（国家の存立目的を達成するための基本政策、理念のセット）、基底的政策レベル（国家運営のベースを形成する政策）、派生的政策レベル（基底的政策の手段およびその自立化＝自己目的化した政策群）、具体的事務・事業レベルの4レベルに区分した上で、たとえば基底的政策レベルでは国家装置形成政策、生産力整備政策、外交政策など、派生的政策レベルでは分配政策、規制政策、再配分政策などに区分している。

　このように政策に関してはさまざまな定義があるが、こうした政策を研究する学問、すなわち政策科学についてもさまざまな定義がある。たとえば、政策科学とは、「社会における政策作成過程を解明し、政策問題についての合理的判断の作成に必要な資料を提供する科学」（H・D・ラスウェル）であるという定義や、「体系的な知識、構造化された合理性および組織化された創造性を政策決定の改善のために貢献させることに関わる科学」「科学的考え方を公共的政策決定の改善に適用することに焦点をあて、新しいパラダイムを基礎として建てられた新しい知的構築物」（Y・ドロア）であるという定義、「政策問題の解明と合理的解決のために政策プロセスおよび政策決定の方法とシステムを研究する科学」（宮川公男）であるといった定義など

第2章　政策型思考について

がある。しかし、こうした定義には、いずれも、政策過程を科学的、客観的に分析しつつ、既存の学問領域を超えて、現実の政策問題に対して、学際的にアプローチすることが主たる要素として読み取れる。すなわち、政策科学とは、「政策目標に対して複数の選択肢が存在することを明らかにし、その中から何が最善のものであるかという政策の内容、あるいは、そのような政策を立案・決定・実施する過程、実施方法や政策効果の事前・事後の評価などに関する学際的アプローチ」であり、したがって、政策科学には専門的知識とその総合化が不可欠である。なぜなら、生起している諸問題は、既存の学問領域だけではとらえられないし、その解決方法も、既存の方法では通用しないからであり、既存の専門的知識と同時に、その枠を超えた、さまざまな専門的知識の総合化が必要であるからである。それでは、政策科学とは、「社会問題を解決する学問」であるのか。いかなる政策も、たとえそれがどんなに良い解決策であっても、現実の社会・政治過程を経て提言され、議論され、決定され、実施され、監視され、評価される。したがって、政策科学は、こうした2つの知識に関する学問、すなわち、「問題解決代替案としての政策の開発と確定に貢献する学問」であると同時に、「政策過程そのものの解明に貢献する学問」でもある。

新しい政策研究——政策構想の必要性

ところで、こうした政策科学という学問は、わが国においては新しい学問である。確かに、これまで、経済政策や社会政策のような個別の政策学は存在したけれども、政治学、法律学、経済学、経営学などの社会科学の諸領域、あるいは、さらに自然科学の諸領域といったさまざまな学問領域を横断する総合的・学際的な学問としての政策科学は、きわめて新しい学問である。では、なぜ、こうした政策科学がわが国においては「新しい」のか。山口定は、わが国における総合的・学際的な政策科学研究の立ち遅れの原因について、以下のような諸点を挙げている。①戦後日本の社会科学の輸入学問的性格、②戦後日本の社会科学の成熟と専門主義化、③目的と手段に関する合理的選択という行動様式が日本文化になじみにくかったこと、④官治主義的中央集

第1節　政　策

権体制下での「政策」問題のエリート、官僚への依存感覚の存在などがそれである。山口は、わが国における政策研究の立ち遅れについて以上のような原因を指摘しながら、次に、アメリカ合衆国における政策研究の発展過程を以下のような3段階に区分し、わが国の政策研究はこうした「三つの段階が背負った課題のすべてを一挙的かつ同時並行的に果たさなければならない立場に置かれている」と主張する。

　すなわち、アメリカ合衆国における政策研究の第一段階とは、戦後から1960年代にかけての時期、「政策研究の科学化」が展開された段階である。この段階では、戦争中に開発されたOR（オペレーション・リサーチ）などを基礎として、「行動科学」とコンピューター・サイエンスに助けられた「精緻な意識分析と費用対効果分析の結合による政策研究を通じて、合理的な政策選択の確立」が追求された。この段階で必要とされる「政策マインド」は分析力であり、こうした政策マインドをもった人間（＝政策人）は、「臨床医」的政策人であった。第二段階とは、1970年代以降において、「政策過程論」を中心に展開された段階である。この段階では、第一段階での「合理的選択」は、人間行動の一面的な理解に根ざしたものでしかなく、政治と社会における「政策」問題の実態から乖離し、しかも、テクノクラシーや官僚の支配を合理化する役割をはたしているに過ぎないのではないか、むしろ、「政策」は、官僚や研究者の合理的思考の産物ではなく、政治家の理念や野心、圧力団体の利害、国民の願望などの合成物であるという実態に即して研究されるべきではないかという反省がなされた。したがって、政策課題の認識―政策の形成・決定・実施―効果の発生―新しい政策問題の発生―新しい政策の形成という政策循環の過程を解明することに力点が置かれるようになった。この段階で必要とされる政策マインドは、人間関係の調整力であり、こうした政策マインドをもった人間（＝政策人）は、政治家的政策人であった。これに対して、第三段階とは、現実の延長線上で政策を考えるのではなく、新しい価値観にもとづいた新しい時代の新しい政策を構想しなければならない、まさに現在の段階である。なぜなら、今日の世界史的転換は、従来のような「正しい政策」の発見と提示によって突破できるようなものではないからである。したがって、「政策」研究は、過去の政策の分析や、個

第2章　政策型思考について

別政策領域への沈潜にとどまらず、未来に向けての一層の踏み込みと諸政策の総合化を中心課題とし、政策研究者の時代感覚と未来への構想力が今問われているからである。それゆえ、この段階での政策マインドは、学際的な総合力と未来への構想力であり、こうした政策マインドをもった政策人は、いわば建築家的政策人と言えよう（山口定・柴田弘文編著『政策科学へのアプローチ』ミネルヴァ書房、1999年）。

　ここで、「政策研究に関する3段階の展開」に関する山口の見解を長く引用したのは、先述したように、わが国の政策研究の現状が、こうした3段階の課題をすべて「一挙的かつ同時並行的に」果たさなければならない状況にあるという点とともに、政策研究において現在最も必要とされているものは「学際的な総合力と未来への構想力」をもつ政策人であることを強調するためである。

第2節

政策の諸局面

　政策にはさまざまな定義があるということについてはすでに述べたところである。それは、政策の多様な局面のとらえ方の違い、アクセントの置き方の違いによるところも多い。法貴良一によれば、政策は「単一の実体」から成り立っているのではなく、むしろ「さまざまなレベルの政治的な主体の行動および非行動」によって担われる「意図」「方針」であったり、あるいは「手段」「方途」であったりと、政策はその視点によってさまざまな様相を呈するのであり、したがって、政策は以下のような「局面の複合体」として成立している。すなわち、① 何らかの抽象化された価値の提示、理念の設定としての政策（価値）、② 価値、理念の実現のために立てられる一般化された方針としての政策（方針）、③ 方針の実行ないしは不実行に際して、諸条件を考慮して策定される実際の行動、非行動の案、計画としての政策（計画）、④ 案や計画を具体化する行動ないし非行動としての政策（実施）、⑤ 行動ないし非行動によって生じた、社会的帰結に見て取れるものとしての政策（成果）という局面である（橋立・法貴・斎藤・中村『政策過程と政策価値』三嶺書房）。山谷清志も、政策とはそれ「一つで完結した活動単位ではなく、その下には施策、事業が組み入れられた大きな目的＝手段の論理でまとめられたシステム」であるとして、政策をそのさまざまなレベルで把握することの必要性について述べている。すなわち、政府の政策も国民には「末端の事業レベルでしか見えてこない」ため、「政策としての意味づけ」（理念）にまで気が回らないが、政策の「体系的な階層関係の実務の中心をなしている」ものは、個々の「事業（プロジェクト）」レベルではなく、選挙で政治家の掲げる政策案（政党綱領）のような「施策（プログラム）」レベルなのであ

第2章 政策型思考について

る。なぜなら、「漠然とした理念や、抽象度の高い政策だけを語り、プログラムまで議論しないのでは、政策を提示しているとはいえない」からである、と（山谷『政策評価の理論とその展開』晃洋書房）。その意味において、「木を見て森を見ず」にならないように、政策をさまざまなレベルからみていく必要がある。それゆえ、まず、政策を価値、方針、計画、実施、成果という5つのレベルでみていくことの必要性を確認しておきたい。その際、法貴の言うように、政策ごとに、いずれかの特定の局面が重要となることもありうる。すなわち、「"価値"や"方針"についての合意が存在するところでは"実施"や"成果"が問題となり、"価値""方針"についての対立が存在する場合には、"実施""成果"よりも"価値"や"方針"それ自体が強調されることになる。また、"成果"のほどが問われる場合には"計画"が焦点化し、"計画"の完成度に信頼が寄せられる場合には"実施"局面のアクターの意欲や能力が問われることになる」。今日のように、従来の価値観では解決しえない、地球規模での問題が山積しているとき、政策を価値のレベルで考察することには一定の意味があるように思われる。それゆえ、ここでは、価値のレベルにアクセントをおいて政策の変化を取り上げながら、そこにおける「政治のデザイン」を考察してみよう。

第3節

政策価値の変化
──「夜警国家」から「福祉国家」へ

　政策を考える際に考慮すべき要因として、「政策が最低限遵守すべき倫理規範、政策を作る際の有効性、その政策の費用対効果、さらには実行可能性の政策技術といったテクニカルな要素」などが挙げられる。しかし、岩岡中正が言うように、政策形成においてその基底におかなければならないものは価値観の問題である。すなわち、「政策形成には、時代にふさわしく、また、それを先取りする、時代に底流している時代転換や価値転換が据えられなければならない」のであり、今日、政策の基底に据えられるべきことは、これまでの近代（化）価値から脱近代的価値への価値転換、「自我中心の、力に基づく機械論的な近代の思想や価値から脱近代的価値、つまり人間における自然を重視し、自然の一部としての人間という視点での世界観への大きなパラダイム転換」である。岩岡によれば、近代化は「自然との関係において自然を破壊し、他者との関係においては競争、組織化、合理化、効率化の中で他者との関係を寸断」し、自分自身との関係においても、「近代的自我の支配が自己の肉体という自然との関係を断ち切」ってしまったが、こうした近代化の「弊害が極限にまで集積し露呈したところ」においてこそ「人間の生き方や価値観の転換が始まる」のである。「資本主義の最も弱い部分から社会主義が誕生した」ように、「近代化でもっともダメージを受け追い詰められた地域から、新しい近代を超える思想や生き方が生まれる」。岩岡はこれを「逆説としての地域」と呼び、従来の利益政治（インタレスト・ポリティックス）から「生の政治」あるいは「ライブリー（生命、生活、生き生き）な政治」、すなわち、「個別利益を超えて、人間という普遍、人間と自然の共同性の回復、および人間らしい生き方としての共同性の回復、つまり価値共

第2章 政策型思考について

有的で自由な共同体とそれを生み出す"参加"と"熟慮"の政治」への転換を指向すべきであると主張している(「政策と価値転換——逆説としての"地域"」熊本大学地域連携フォーラム『水俣・芦北地域総合研究[平成15年度]山間地集落のくらしと政策』2004年)。

ここでは、こうした現代的な価値転換の問題を検討するために、少し時代を遡って、政策価値の変化について考察してみることにする。

「夜警国家」における「政治のデザイン」

齋藤俊明は、「国家および資本主義の歴史的発展を軸にすえ、その時々の政治思想、社会思想をおりまぜながら、近代以降の国家が政策の作成、決定においてどのようなイデオロギーを背景にどのような価値を追求したのか、決定にあたって判断を根拠づけた価値基準はどのようなものであったのか、またどのような価値が制度化されたのか」ということについて考察するために、「"夜警国家"の政策価値」と「"福祉国家"の政策価値」とを取り上げて分析している。ここでは、この分析を手がかりにして、政治思想と政治制度との関係にアクセントをおき、政策価値の変化に着目しながら、「夜警国家」と「福祉国家」におけるそれぞれの「政治のデザイン」について考察してみよう。

夜警国家とは、国家の機能を、昼間の経済活動に疲れた市民の安眠を守るため夜回りをする警官になぞらえて、外敵からの防衛や国内の治安維持など最小限の夜警機能に限定した国家をさすが、もともとはドイツの社会主義者F・ラッサール(Lassalle 1825-1864)が自由主義国家をブルジョア市民の私有財産の番人でしかないと批判したことに由来している。では、夜警国家を支える思想、擁護する思想とは、どのようなものであったか。アダム・スミス(Smith 1723-1790)は、『諸国民の富』(国富論)(1776年)において次のように述べている。「各人は正義の法をおかさない限りは、完全に自由に自分がやりたいようにして自分の利益を追求し、自分の勤労と資本をもって他の誰とでも、他のどの階級とでも競争することができる」「外国の勤労よりも国内勤労を支持する事を選ぶに際して、彼は自己の安全を意図するに

第 3 節　政策価値の変化

すぎないし、そしてその勤労を、その生産物が最大の価値をもつようなやり方で方向付けるに際して、彼は自分自身のもうけを意図するにすぎないのであって、彼はこの場合に、他の多くの場合と同様に、見えない手に導かれて、彼の意図のどこにもなかった一つの目的を、促進するようになるのである。……彼自身の利益を追求することによって、彼はしばしば、彼が本当にそれを促進しようと意図するときよりも効果的に、社会の利益を促進する」(『国富論』)。こうしたスミスの主張には、国家が貿易、特に、輸出を推進することが国家のパワーを増強するという思想を基礎にもつ重商主義政策、すなわち、国家による保護政策、輸出促進、植民地の建設・開発といった政策に対する批判が含まれている。すなわち、スミスは、重商主義政策を「資本家的生産者が、政府をそそのかしてその強制権力を借りて、自らの目的を独善的に達成しようとしたもの」であり、「生産者のために消費者（国民）を犠牲にした」として批判する。このことは他の政策に関しても言えることであり、「人為的な干渉と統制の政策なるものは、商工業を優遇しても農業を優遇しても、どちらも不首尾に終わることになる」。だとすれば、いずれか特定の産業を優先させたり制限したりする体制が廃止されるならば、「自然的自由の体制」が出現する。この体制においては「全市民が近代的市民権を自由に行使し」「政府は個人の勤労と営業を、監督したり指導したり誘導したり、取り締まったりする複雑怪奇で効果のない義務から解放される」。まさに、スミスを経済学者たらしめ、『国富論』を経済学たらしめるものこそ、「経済人（ホモ・エコノミクス）」と「見えざる手」という思想に導かれての「行為の客観的な過程分析」である。すなわち、「無数の経済人の行為が織りなされて、いかなる客観的な（本人も意図していない）結果をつくりあげるかという過程の経済学的な分析を行った」点に、そして、「その経済の客観的な法則に合うか合わぬかを基準にして法や政策の功罪を研究した」点にある（内田義彦『経済学史講義』未来社、1961 年）。

　まさしく、政治から独立した経済の世界とは、商品交換の世界であり、商品交換の世界は等価交換であり、したがって、価値法則の貫徹する予測可能な合理的法則的世界である。そこでは、市場メカニズム、すなわち、「需要と供給の働きによってあらゆる財やサービスの価格体系が決められ、その価

第2章 政策型思考について

格体系に応じて経済社会全体の生産、消費、分配が調整される機構」が作動し、「レッセ・フェール、レッセ・パッセ（laissez faire, laissez passer なすに任せよ、いくに任せよ）」を合言葉として、経済の政治からの独立、国家・政府による市場社会への不介入（自由放任主義）が原則とされる（岩間一雄『比較政治思想史講義』大学教育出版、1997年）。しかし、国家の役割を全く認めないわけではない。すなわち、スミスは、国家機能として、①他の社会からの暴力と侵略に対しての防衛の義務、②厳正な司法行政を確立する義務、③公共施設と公共事業をおこし維持する義務という、市民社会、市場社会の外部枠組みを保護し維持するためのわずか3つの機能のみを認めている。その意味で、スミスの自由放任の世界は、国家の存在を前提としている。しかし、この主張には、国家機能を最小限にとどめようとするスミスの国家観、「夜警国家」観が見て取れる（『スミス国富論入門』星野・和田・山崎訳、有斐閣、1977年）。

　スミスは「見えざる手」を信頼して理神論的立場から自由放任を主張したのに対して、自由放任を功利主義の立場から主張したのがJ・ベンサム（Bentham 1748-1832）である。ベンサム思想の根本原理は、幸福を増進するか阻害するかによって行為を是認したり否認したりする原理、すなわち功利性原理（Utilitarianism）である。ベンサムは次のように言う。「功利性原理とは、利害当事者の幸福を増減させるように見える傾向によって、あるいは、同じ事を言いかえれば、利害当事者の幸福を促進したり阻害したりしているように見える傾向によって、全ての行為を是認または否認する原理のことである」（「道徳および立法の諸原理序説」『世界の名著38 ベンサム　J・S・ミル』山下重一訳、中央公論社、1967年所収）と。これは、好悪の感情を価値判断の根拠とする「共感と反感の原理」であり、人間の行為を「自己の快楽を増大させ苦痛を減少させ」ようとするものととらえる快楽主義的心理学にもとづいている。また、「道徳や立法について価値判断を下す場合には、利害当事者は社会全般つまり社会の全ての成員を意味し、したがって、個人の行為や政府の政策は、その結果が社会全般の幸福を増大させれば善であり、減少させれば悪である」と述べているように、ベンサムの「功利性原理」と「最大多数の最大幸福」原理は、個人の行為だけでなく政府の政策ま

で含むものであり、したがって、道徳原理であると同時に統治原理でもある。

ところで、ベンサムは、「各個人の快楽追求や苦痛回避を社会全般幸福と調和させるための操作手段」として、政治的サンクション（法的刑罰）と道徳的サンクション（社会的非難）を挙げ、政治的サンクションの網の目を整えることこそ、立法者の任務であると主張する。そして、この立法者の任務、政府・国家の目的こそ「社会全般の最大幸福」「最大多数の最大幸福」の実現であり、この総合的目的は、4つの副次的目的、すなわち、安全、生存、豊富、平等という価値に分解することができると主張する。さらに、この4つの目的のなかで決定的に重要なのは、安全だとする。なぜなら、「安全保障は、それが守る利益全部について、時間的拡がりを含んでいる」として、人間には「期待」という特有の能力があるからである（J・R・ディンウィディ『ベンサム』永井義雄・近藤加代子訳、日本経済評論社、1993年）。まさしく、「安全は生命・身柄の保障だけにとどまらない。人間は将来を予測しながら行為しており、そうした期待が裏切られないことも、安全の重要な要素である。所有権とは"確立した期待"であり、これが確保されてはじめて文明社会と言える。こうした社会でのみ、人々は勤労意欲をもつことができ、繁栄が可能となる」のである（関口正司「ベンサム」中谷猛・足立幸男編『概説 西洋政治思想史』ミネルヴァ書房、1994年）。

第二の副次的目的は、安全の一部門とみなされる「生存」である。ベンサムは、「貧困者の持つ権利は余剰物を所有する所有者の権利より強力である」として、「生産手段を持たない人々の救済」こそ国家の責務であると主張する。第三の副次的目的は「豊富」であるが、「豊富」を増進するために政府のなすべきことは、「安全を提供することを通して、すなわち、所有権と労働の報酬とが法律によって保護されるのを保障することによって、間接的に増進する」ことであった。そして最後の、安全、生存、豊富よりも下に位置する第四の副次的目的が「平等」であった。ベンサムによれば「平等は、安全を害さない場合、法律が作り出した期待を攪乱しない場合、また現実に確立されている分配を混乱させない場合、以上の場合以外は支持されてはならない」のである。すなわち、「もし平等を永続的な基礎の上に確立させようとするいかなる試みがなされても、その結果は安全と豊富との破壊にとどま

第2章　政策型思考について

らず、生存の破壊ともなろう。なぜなら勤勉に対するすべての誘因が破壊されるであろうし、緊急時に頼るべき余剰生産物は蓄えられないであろうからである」（J・R・ディンウィディ）として、ベンサムは、平等を、安全、豊富、生存にとって「危険な敵対者」とみなしたのである。

　さて、ベンサムは、功利性原理にもとづいて新たな政治システムの構想を行うのであるが、当初の構想は、「優れた専門家に補佐された強力な君主」、啓蒙君主による法律改革であった。しかし、ベンサムの年来の理想的刑務所「パノプティコン」設立構想が政府に拒否され挫折することによって、その構想は急進化する。なぜなら、ベンサムにとってパノプティコンの拒否は最大多数の最大幸福の実現を阻止するものであり、その拒否の背後にあるものは支配階級の無知と私的利益に他ならず、あらゆる改革の前提条件としてまず何よりも政治改革を行わなければならないからである。『議会改革問答集』（1817年）の副題には「急進的改革の必要性と穏健な改革の不適正」と記されていることからも分かるように、ベンサムは、トーリー、ホイッグ両党とも特権的貴族階級の政党であるとして、当時の議会改革運動の高まりの中で、成人男子普通選挙制にもとづく急進的な議会改革を主張したのである。

　ベンサムはその『憲法典』において、憲法は「代議制民主政治の下においてのみ、その目的として、最大多数の最大幸福をもつ」という基本原理にもとづき、「上院は、無用である以上に有害である」として上院を廃止し一院制議会の樹立を提唱するだけでなく、君主制や国教会制をも否定する完全な共和制を主張した。さらに、選挙制度に関しては、普通・平等・秘密選挙権と、「一院制議会の多数者の主権」を主張した。これは、モンテスキューの権力分立論とは異なり、「行政部と司法部は立法部の意志に効力を与える補助機関にすぎない」とする「議会万能」の主張である。ベンサムは、「権力が多数者の意志に依存しない場合には危険であるが、依存している限り危険ではない」としながらも、この「議会万能」による危険性を防ぐためのしくみとして、議員の毎年選挙（1年任期の議会）と「世論裁判所」（リコール制）を構想した。「世論裁判所」とは、「政府権力の有害な行使に対する唯一のチェックであり、その有益な行使に対する不可欠な補完物」たる「世論」そのものであった。また、万能な議会によって選出された首相を中心とする

第３節　政策価値の変化

内閣にも広範な権限が認められる。この内閣構想は、「天災の予防を任務とする予防事業省、貧民救済を任務とする救恤省、きわめて広範な権限をもつ保健省と文部省」など 13 の省からなるものであり、「後年の福祉国家的構想と能率的な中央集権的行政とを予言」するものでもあった。いずれにしても、ベンサムの「政治のデザイン」は、「議会政治の徹底と能率的な行政制度を結合するきわめて斬新な構想」であった（山下重一ほか『イギリス政治思想史』木鐸社）。しかし、こうしたベンサムの広範な構想は、多くの抵抗に会ってなかなか実現しなかったが、その一部が、1832 年 6 月（死の 2 日前）、二度にわたる上院の否決の後、ようやく、「新興ブルジョア階級に対する選挙権の付与、腐敗選挙区の、新興都市への議員選出権の付与」などを主要内容とする第一次選挙法改正として実現することとなった。そして、ベンサムの死後、彼の思想は、たとえば、新救貧法（1834 年）や都市自治体法（1835 年）、穀物法の廃止（1846 年）といった自由主義的改革のように、「哲学的急進派」という彼の門弟たちによって実現されることになる。

ところで、ベンサムの政治思想の急進化の契機でもあり、ベンサム思想の具体化の例として、パノプティコン＝監獄構想がある。このパノプティコンのパンは「すべて」、オプティコンは「見る」を意味するギリシア語で、ベンサムの造語である。「パノプティコン」の副題には、「新しい建築原理、すなわちいかなる種類の人々をも監察下に置くことができるし、どんな種類の建造物にも応用できる新しい建築原理の考えを含む」として、更生施設、刑務所、就労事務所、精神病収容施設、治療病院、学校などに応用できると、記されている。「建築原理」とは中央監視システムのことであり、「円形の建物の中央に監察室がありカーテン様のもので内部は見えないが、監察室から廊下をへだてた部屋はすべて見える。監察室の周囲に廊下を隔てて放射状に部屋（独房・病室）があったり、教室・作業場がある」というシステムである（永井義雄『ベンサム』研究社、2003 年）。すなわち、監視の効率を高めるため経費を節減し、同時に、囚人を不必要に苦しめることなく矯正できるようにするために、独房を円状に配置し中心に監視所を設けた監獄である（同『ベンサム』）。

Ａ・Ｖ・ダイシーは 1825 年から 1870 年までを「ベンサム主義の時代」と

第2章　政策型思考について

規定したが、ベンサムの政治思想は、「産業革命によって急激に台頭し、経済的自由をはじめとする広範な市民的自由を要求した新興ブルジョア階級」に影響を与えた。ベンサムの思想は、当時の議会改革運動のみならず、穀物法廃止運動でも理論的根拠となる。アダム・スミスの説く自由放任主義の経済理論（個人利益が自動的に社会利益となる「見えざる手」が支配している）はD・リカードにより発展し、1846年の穀物法廃止で自由貿易信奉者に勝利をもたらしたのであるが、こうした経済思想と歩調を合わせて、ベンサムの功利主義の思想も、自由貿易の拡大、減税、土地の自由取引、より安上がりな外交政策、都市における選挙権の拡大などを政治綱領に掲げるマンチェスター派に影響を与えたのである。もっとも、こうした改革に対する労働者階級の幻滅がチャーチスト運動を引き起こすことになるのであるが。

　次に、同じ功利主義の思想を展開するJ・S・ミルの政治理論を考察してみよう。ミルは、『経済学原理』（1848年）において、スミス以来の自由放任主義を一般的原則として承認する。「自由放任（レッセ・フェール）を一般的慣行とすべきである。この原則から離れることは、いやしくも何らかの大きな利益によって必要とされるのでない限り、すべて確実に弊害をもたらす」。しかし、教育、子供や精神異常者の擁護、計画的植民、救貧、水道などの公共事業および労働時間の規制に関しては、例外として、「政府が国民のために整備することを原則として容認しうる事柄」と主張した。すなわち、ミルにおいては、「自由放任主義か国家による干渉か」ではなく、「自由放任主義と国家による干渉」であった。なぜなら、それは、ミルにおいても、ベンサムと同様、「功利の原理」と「最大幸福の原理」の適用の結果だからである。

　この功利主義の思想家J・S・ミルは、ベンサム流功利主義哲学を実践する「哲学的急進派」の代表者J・ミルの長男として生まれた。彼は、「哲学的急進派の若き理論的指導者」に育てようとする父J・ミルにより英才教育を施された。「3歳の時からギリシア語を教えられ、7歳でプラトンを原語で読み、8歳からラテン語と数学を、12歳から論理学を、13歳から経済学を学び、14歳から15歳にかけてのフランス留学で一段落した」（山下重一ほか『イギリス政治思想史』木鐸社、1974年）。そして、父親の期待した通り、

第3節　政策価値の変化

15歳の若きJ・S・ミルは、ベンサムの著書を「感動をもって」読むことにより、「哲学的急進派のプリンス」として活動することになる。「私は、……快楽および苦痛の結果という倫理学的原理の導きの下に、ベンサムによって……展開されているのを知った時、高所に引き上げられて、広大な精神的領域を見渡すことができ、あらゆる予測を超えた遠い先の結果まで見渡すことができるように感じた。私が読み進めるのにつれて、このような知的な明快さの上に、人間生活に関する実際的な改善の極めて魅力的な展望が付け加えられるように思われた」「『立法論』の最終巻を詠み終えた時、私は、別の人間になってしまっていた。『功利性の原理』がベンサムが理解したように理解され、彼がこの3巻を通じて通用したように適用されるならば、私の知識と信念のばらばらで断片的な諸部分をまとめ上げる要因として寸分の狂いもなかった。それは、私のものごとについての考え方に統一性を与えた。私は、今や意見を、信条を、理論を、哲学を、言葉の真の意味での宗教を持つようになり、それを教え広めることを人生の主要な外部的な目的とすることができた」（アレクサンダー・ベイン『評伝ミル自伝』山下重一訳、御茶の水書房、2003年）。しかし、20歳になったとき「精神の危機」に陥る。1826年秋、「夢から醒めるように」、従来のように考えられなくなる。「幸福が行為のすべての規則の基準であり人生の目的であるという私の信念は、いささかも動揺することはなかったが、私は、今や、このような目的は、幸福を直接の目的としないことによって初めて達成されると考えるようになった。自分たちの幸福とは別のあるもの、すなわち、人々の幸福や、人類の進歩や、手段としてではなくそれ自体目的として追求される何かの芸術や研究にさえ自分の精神を集中させる人だけが幸福なのである（と私は考えた）」。もう1つの変化として、ミルは「人間の幸福に極めて必要なことの一つとして、個人の内面的陶冶に適切な地位を与えたこと」を挙げる。すなわち、内的教養の糧としての詩や芸術の重要性を認識し、「感情の陶冶が私の倫理的、哲学的な信条の核心の一つとなった」ことを認めるようになった。これは、「ベンサム流功利主義における快楽主義的人間理解に対する強い反発」であった。すなわち、「満足した豚であるよりも、不満足な人間である方がよく、満足した馬鹿者であるよりも、不満足なソクラテスである方がよい」という言葉に示

第2章 政策型思考について

されるように、ミルは、快楽の量よりも質を重視すると同時に、「人間の行為の動機を実質的に利己的な動機と同一視している」としてベンサムを批判し、「人間は慈愛心や道徳的義務の感情・良心から行為しうることを強調」したのである。しかし、「社会関係の変化に応じて道徳規範は常に批判と是正を必要としているという見地から、批判や是正に開かれた唯一の判断基準として功利性原理を支持した」（関口正司『概説西洋政治思想史』ミネルヴァ書房、1994年）のである。

ところで、ミルの時代は、多数者の専制の脅威、社会の平準化による個性の喪失と画一化の危険が危惧される時代でもあった。ミルは、A・トクヴィルの『アメリカにおけるデモクラシー』から強い影響を受けたが、特に、大衆「民主主義の進展を歴史的必然性として承認しながら、民主主義社会における個人の大衆への埋没、個性と多様性の喪失の危険を指摘し、地方自治の強化にその救済を求めた」トクヴィルの主張を受け入れた。この文脈において、ミルは、思想と言論の自由を擁護し、個人の自由と自発性を強調すると同時に、民衆を啓発する精神的影響力をもったエリートの役割を強調した。すなわち、代表者としてのエリートは「民衆に対して責任を持つべきである」が、単なる「民衆の代理人」ではなく、むしろ民衆を知的道徳的に向上させるために民衆を指導しなければならない義務を有しているとして、国民代表論を展開した。

ミルは『自由論』において、この論文の目的は「一つの極めて単純な原理を示すこと」であるとして、「人間の行為の自由に対して個人的ないし集団的に干渉する際の唯一正当な目的は自己防衛であるという原理」、すなわち、「文明社会のいかなる成員に対しても、本人の意志に反して権力を行使することが正当たりうる唯一の目的は、他者に対する害悪を防止する」という原理を挙げ、「自分自身にのみかかわる行為に関しては、本人の独立は当然の事ながら絶対的である」「その名に値する唯一の自由は、われわれが他人の自由を奪わない限り、また、自由を求める他人の努力を妨げない限り、われわれ自身が好む方法によって、われわれ自身の善を行うことである」と主張する。こうしたミルによる思想と言論の自由の擁護は、「半真理（half-truth）」において顕著である。「もし一人を除いたすべての人類が同意見で、

第 3 節　政策価値の変化

ただ一人の人間がそれに反対意見を持っているとしても、人類がその一人を沈黙させることが不当なのは、その一人が力を持っていて人類を沈黙させるのが不当なのとまったく同様である」(「自由論」『世界の名著38』早坂忠訳、中央公論社、1967年)。なぜなら、対立する2つの意見は、一方の意見が真理で他方の意見が虚偽であるというのではなく、どちらも「半真理」、ともに真理を分けもっているのであり、一方の意見が他方の意見の不足部分を補わなければならないからである。「人間は誤りのないものではないということ、人間の真理は大部分は半真理であるということ、相反する意見を十二分に最も自由に比較した結果として出てきたものでないかぎり、意見の一致は望ましいものではなく、むしろ有害であるということ」である(「自由論」『世界の名著38』、杉原四郎『J・S・ミルと現代』岩波新書、1980年)。しかし、ミルは、「自己に関する行為」と区別された「他人に関する行為」の自由には一定の制限を認める。たとえば、個人の自発性を圧迫しないなどの条件付ではあるが、教育や労働に関する国家の積極的政策を肯定するのである。

次に、J・S・ミルの「新しい政治の構想」、政治のデザインについてみよう。彼は、『代議政治論』においても、「半真理」を前提に、統治形態に関する2つの極端なアプローチ、すなわち、統治形態を作るか作らないか、どのような統治形態を作るかについて選択可能であるというアプローチと、統治形態は有機的に成長したものであり選択不可能であるというアプローチを取り上げ、「統治の制度と形態は選択事項」であり、「最善の統治形態を抽象的に探求すること」は「科学的な知性を高度に実践的に使用すること」である主張する(「代議政治論」『世界の名著38』)。まさしくミルにとって、政治理論とは「望ましい諸目的の達成を目指す統治形態がどのような制約条件の下で実現可能かを探る営為」であり、そこには、「人間は能動的に統治形態を選択し形成しうるという人間主体観」が息づいている(関口「J・S・ミル」『概説西洋政治思想史』)。

そこでミルは、「統治の善悪の基準」として「社会の全体的な利益」「社会の全体的幸福」を挙げるが、より具体的判断基準として、「政治制度が社会の一般的な精神的進歩を促進する程度」(知性、特性および実際的な活動と能率の進歩を含む)と、「政治制度が既存の道徳的、知的および活動的な価

第2章 政策型思考について

値を、公共の仕事のうえに最大の効果をもって作用するように組織化する完全性の程度」を挙げている。すなわち、「社会成員の精神的改善」と「政治制度の公正で能率的な組織化」という2つの基準によって、「理念としての最善の統治形態」は代議制度と結論する。要するに、理想的な統治形態は代議政治であると結論づけたのである。次にミルは、代議政治導入の条件について考察する。ミルによれば、いかなる政体も永続するためには以下のような「三つの基本的条件」を満たさなければならない。すなわち、「(1) 国民がそれを進んで受け入れること。(2) 国民がその政体を維持するのに必要なことを進んで行い、また、そうすることが出来ること。(3) 国民がその政体が課する義務を遂行し、また機能を果たすこと」という条件である。したがって、代議政治を導入し永続させる条件としては、①代議政治を受け入れることについて「国内に有効な世論と感情の支持」がなければならないということ。②代議政治が危機に瀕した場合には「みずから戦おうとする国民の心構え」がなければならないということ。③代議政治の下で要求されている義務や役割を果たす意思や能力を国民が有し、そうした義務や役割を積極的に果たすこと、が挙げられる。またミルは、代議政治を永続させるためには、国民が一定の文明の段階に達していなければならないと言う。すなわち、「自分自身の団体による集団的な統治のもとで、服従の習慣を獲得していること」が必要であると言う。なぜなら「共通の中央権威に服従し、その計画の中に立ち入って、その目的に奉仕することを通じてはじめて、かなりの地理的領域に共通する大きな利益という考え方を自分たちの心の中に取り入れることができる」からである。そしてさらに、彼は、代議政治に適した国民性があると言う。たとえ代議政治に適した文明段階に達していたとしても、「他の人々を支配しようとする熱望が個人的独立の欲望よりも強いために、他人を支配することの単なる幻影のために、個人的独立の全部を犠牲にしてもよいと思っている国民」や「自分自身や他の人々のうえに不必要な権力が加えられないことの保障よりも、同胞国民のうえに行使される権力の若干の分け前にあずかる機会のほうを好む」「猟官的な国民」には、代議政治は適合しないと言う。

このような検討の後、ミルは、「イギリスの政治は、ことばの正確な意味

第3節　政策価値の変化

において、代議政治である」と明言する。しかし、イギリスが理想的な政治形態としての「代議政治である」からといって、それは「代議政治の完成」を意味するものではない。『代議政治論』（1861年）の出版が第二次選挙法改正（1867年。都市労働者階級への選挙権の付与など）の直前であったことを考えれば、彼の意図は「代議政治の完成」に向けてのイギリス議会政治の改革にあったことがわかる。ここにミルの「新時代における議会政治の諸問題の多角的検討」、すなわち、「政治のデザイン」がある。

　ミルは、男女を問わず成人に選挙権を認める普通選挙制を主張する。そして、「性別は背丈や髪の色と同様に、政治的権利とはまったく無関係である」として、当時としては画期的な婦人参政権を主張した。しかし、付与の条件として、読み書きと簡単な算術ができるかどうかの簡単なテストを行うことや、国税・地方税を支払っていること、救貧法による生活保護を受けていないこと、破産者や一定期間以上の租税滞納者でないことが挙げられている。また、彼は、「政治的知性の低下と階級的立法を阻止する」ために、「大学卒業者や、雇用者、自由職業者、熟練労働者など、高度な知性を必要とする職業に従事している者に二票またはそれ以上の複数投票権」を与える「複数投票制」を提案した。また、投票の責任を明確にするために、秘密投票制に反対し、公開投票制（記名投票制）を主張したし、「全国に散在する知的エリートの当選を容易」にし、「議員の質を高めることを目的」として、「真に平等な民主政治においては、人々または党派は、不均衡ではなく、比例的に代表されなければならない」と「ヘア式比例代表制*」の採用を主張した。議会に関しては、J・ベンサムのような一院制議会ではなく、「知性と経験を持つ人々」からなる第二院を設けるという二院制議会を提案したし、議会の機能を「政府を監視し統制すること」と、「国民の苦情処理委員会（Committee of Grievance）と世論の議会（Congress of Opinions）とを兼務するという任務」に限定し、行政を熟練した専門家にゆだねるべきと主張した。さらに、議会の立法機能に関しては、「大臣の人数を越えない少人数」からなる「立法委員会」から法案を提案させ、法律制定権限を有する議会において審議させるという方法を提案している。『代議政治論』には多くの議会改革の方法が示されているが、いずれも当時の腐敗選挙を背景に、議会政治の大前

165

第2章 政策型思考について

提として公明選挙を強く主張していることは重要である。
　いずれにしても、J・ベンサム、J・S・ミルにおいて、自由放任主義と国家による干渉とは、「功利の原理」と「最大幸福の原理」の適用の結果であった。

　　＊　トーマス・ヘアが提唱した、比例代表を提供するよう設計された優先順位投票を用いた投票制度（移譲式投票）の概念。票割れによる不利益および乱立による不利益を緩和する仕組みをもった制度。J・S・ミルが、比例代表制の一種としてヘアの提案を支持し、これを契機に当時のイギリス植民地を中心に広まった。ヨーロッパ大陸から広まった政党名簿比例代表との対比で、イギリス式比例代表制とも呼ばれる。

「福祉国家」における「政治のデザイン」

　19世紀が「自由放任主義の時代」であったとすれば、20世紀は「福祉国家の時代」と言える。それゆえ、次に福祉国家の政策価値について考察してみよう。そのためにも、まず福祉国家という言葉の登場からみておこう。「福祉国家」は、1930年代に「権力国家」「戦争国家」に対して、「民主主義と国民生活の保障を約束する国家」を意味する言葉として登場（英語では1939年にテンプル大司教が初めて使ったと言われている）し、その後、ベヴァリッジ報告や「ケインズ理論にもとづく経済政策、社会保障制度の体系化」によってその内実が明らかとなり、第二次世界大戦後には一般的に認知されるようになった。そして、50年代から60年代にかけて西側の経済的繁栄の時代に、多くの国々で福祉国家に関する合意が形成されることになる。すなわち、福祉国家とは、市場経済社会において発生する失業や疾病、貧困などの問題に対して組織的に対応する必要から、国家が緊急避難としてではなく制度的に福祉を提供するシステムのことであるが、70年代以降、「黄金の30年」が終わりをつげ、国家財政の危機状況の顕在化とともに、ケインズ主義的政策の有効性に対して疑問が投げかけられ、「福祉国家の危機」が叫ばれるようになった。
　それゆえ、ここでは、福祉国家とは何かということについて、すなわち、福祉国家の内実について考察してみよう。A・ブリッグスによれば、福祉国

第3節　政策価値の変化

家とは、「市場の諸力の働きを修正しようと努力して、少なくとも三つの方向にそって、組織的権力が（政治や行政を通じて）目的意識的に行使されている国家」と定義される。その際の「三つの方向」とは、(1)「個人とその家族にその仕事や資産の市場価値とは関係なく最低の所得を保障すること」、(2)「放置すれば個人と家族を危機に陥れることになる一定の社会的事故（たとえば、疾病、老齢、および失業）に個人と家族が対処できるように危険の幅を縮小すること」、(3)「全ての市民が、地位や階級の違いに関わりなく、合意されたある一定範囲の社会サービスが利用できる最善の基準を提供されるように保障すること」である。毛利健三の整理によれば、このブリッグスの福祉国家論において、(1) と (2) の「国家による市場介入」の段階に達した国家類型は「社会サーヴィス国家」として、(3) の「国家による市場介入」から区分され、この (3) こそ「福祉国家に固有の方向」とみなされている。そして、ブリッグスの福祉国家論には、福祉国家論にとって重要な以下のような5つの論点・課題が提起されている。すなわち、①福祉国家には「市場機構修正—制限—機能と並んで、市場機構創出・維持—活性化—機能」が存在している。②「社会的事故」としては、これまで病気や老齢、死亡が中心であったが、今日の工業社会では失業が中心的位置をしめ、「現代"福祉"立法の形状と時期を規定」するものとなっている。③福祉国家は、「組織的権力の目的意識的行使」という点において、企業福祉や社団福祉ではなく「国家福祉」である。④「合意された一定範囲の社会サーヴィス」の内容は、「世界経済の動態から社会構造の長期的変動にいたるまで、多様で複雑な諸力の合成作用によって伸縮」する。⑤「国家による自由市場介入」としては、「最低限基準」「文明生活の最低必要条件」「最適条件」の3方向があるが、これらの方向は、歴史的に跡づけられる必要があるだけでなく、国家類型とも重ね合わせて、すなわち、「最低限基準」と「文明生活の最低必要条件」を「社会サーヴィス国家」類型に、「最適条件」を「福祉国家」固有の政策路線に重ね合わせて理解すべきである、と。

　こうした福祉国家の登場を、山口定は、「福祉国家の時代」ととらえる。すなわち、「福祉国家」構想は、世界史的にみれば、1929年の世界恐慌を契機として、さらには、第二次世界大戦の最中にいくつかの先進諸国において

第2章　政策型思考について

「戦後構想」の中心をなすものとして、一定の成熟をみたものであり、「救貧法の時代」「工業立法と社会保障の時代」を受けて登場した「福祉国家の時代」とは、「景気調節もしくは完全雇用のための需要管理と労働者もしくは市民の権利としての福祉の保障に"国家"すなわち中央政府が直接に責任を負う」時代である。そして、山口は、「福祉国家」と「福祉国家」体制とを区分し、「福祉国家」体制を「"国家"すなわち中央政府が労働者もしくは市民の"権利"としての"生活の安定"を保障する責任があるということについて、その政治社会における基本的な政治勢力の間に"コンセンサス・ポリティックス"が成立し、定着しているような政治体制」と定義し、さらに、「福祉国家」の類型として、C・ジョーンズの類型化、すなわち、「社会保障費の高低」と、「社会政策の性格の差異」（社会政策の基本的性格が経済政策・産業政策の一環であるか、「再分配」強調型＝狭義の福祉政策であるかによる「福祉」資本主義と福祉「資本主義」との差異）とを用いて、高社会保障費・「福祉」資本主義（スウェーデン）、高社会保障費・福祉「資本主義」（旧西ドイツ）、低社会保障費・「福祉」資本主義（イギリス）、低社会保障費・福祉「資本主義」（アメリカ、日本）のように諸「福祉国家」を区分している。また、「福祉国家」の類型としては、エスピン・アンデルセンの類型化がある。阪野智一の整理によれば、エスピン・アンデルセンは福祉国家を、「個人ないし家族が市場参加の有無にかかわらず、社会的に一定の水準の生活を維持することを意味し、具体的には、年金や各種給付の所得代替率、需給要件などによって測定される」「脱商品化」と、「職種や階層に応じて受給資格や給付内容に格差があることを意味し、普遍的制度の普及率、社会支出全体に占める資力調査つきの給付の割合、職域別社会保険制度の数によって測られる」「階層化」とによって、「社会民主主義レジーム」（脱商品化が進み、各階層が単一の普遍的な社会保障制度に加入）、「自由主義レジーム」（脱商品化が低く、階層化においては受給者・非受給者の二重構造を生じやすい）、「保守主義レジーム」（脱商品化は相対的に高く、職域的な格差を反映した階層化が見られる）の3類型に区分している。換言すれば、「普遍主義が高度に発展している」社会民主主義レジーム、「市場を通じた福祉提供に主眼が置かれ、公的福祉の発展が残滓的なものにとどまっている」自

第 3 節　政策価値の変化

由主義レジーム、「家族主義・職能的集団主義の強い」保守主義レジームの3類型である。

しかし、ここでは、行論の必要性から、山口定の整理にしたがって、イギリス、旧西ドイツ、スウェーデンにおける「福祉国家」の特徴をみておこう。

戦後イギリスにおいては、「貧困の絶滅」と社会保障制度を通じての所得の再配分による「社会的平等」の実現という理念が中枢的な位置を占め、「すべての階層のための福祉国家」が国民保健サービス制度、社会保険、教育改革を三本柱として構想されたが、その後、「比較的貧しい人々のための福祉国家」（アトリー政権）から「すべての階層のための福祉国家」を経て「比較的豊かな人々のための福祉国家」（サッチャー政権）へと変化していった。

戦後旧西ドイツでは、基本法において「社会的連邦国家」が宣言され、この「社会国家」原理にそった社会政策がアデナウアー政権の社会政策の三本柱（「共同決定」制度、「社会的住宅」建設政策とそのための住宅建設省の設置、「負担均等化」政策）とともに、アデナウアー主導で成立した年金法によって展開された。その意味で、旧西ドイツの「福祉国家」は、充実した年金制度を中軸とする「福祉"資本主義"」の路線を進むが、1969年以降「社会民主主義の息がかかったケインズ主義」を付加された形で定着していった。

「高福祉・高負担の福祉先進国」と言われるスウェーデンにおいては、「完全雇用」と「公正な分配と生活水準の向上」「経済生活における効率の増大と民主主義の拡大」を三本柱とする「戦後構想」が戦後すぐに実現され、「社会保険の体系化」（国民年金、疾病保険、住宅政策）が定着されたが、その後、福祉政策の拡充が行われ「人間らしいゆとりのある生活」の積極的保障が行われ、「"福祉"資本主義」の「最先端を行く事例」とされる。

いずれにしても、福祉国家は、このように「自由放任」の神話を打破し、「国家による干渉」の必要性と正当性を主張するが、この福祉国家の原像を示したものとして、J・M・ケインズ『自由放任の終焉』（1926年）を挙げることができる。ケインズ（Keyens 1883-1946）は次のように述べる。「そのときどきに、自由放任の論拠とされてきた形而上学ないし一般的原理は、これをことごとく一掃してしまおうではないか。個々人が、その経済活動に

第2章　政策型思考について

おいて、長い間の慣習によって"自然的自由"を所有しているというのは本当ではない。持てる者に、あるいは取得せる者に永久の権利を授ける"契約"などは一つもない。世界は、私的利害と社会的利害とがつねに一致するように天上から統治されているわけではない……」。国家の「なすべきこと」と「なさざるべきこと」との区別をする前に、「干渉は"一般に不要で"、かつ、"一般に有害"であるとする想定は、これを捨てなければならない」として、「国家のなすべきことで最も重要なことは、私個人がすでに達成しつつある諸活動に関連するものではなく、個人が担当できる機能の範囲外にあり、もしも、国家が実行を決意しないとすれば、誰一人として実行することのできない決意に関連するものでなければならない」「現代における最大の経済悪は、危険、不確実性、無知に原因するところが多い。……同様の諸原因がもととなって、労働者の失業、ないし合理的な事業期待の破綻、能率と生産の減退等がもたらされている。しかし、その治療法は、個人の手の届かないところにある。……」。ここには、「富の不平等や失業といった経済的諸問題は個人の努力では解決し得ない問題であり、国家・政府の介入を必要とする問題である」。したがって、「国家・政府が、資本主義市場に介入して、統制、管理するという考え方」が示されたのである。すなわち、ケインズは、「国家・政府のなすべき重要な政策課題」として「労働者の失業、貯蓄と投資、人口」などへの具体的対策を提示した（『世界の名著57　ケインズ　ハロッド』、傍点ケインズ）のである。

　次に、イギリスにおける「福祉国家」理念を支える思想について、みておこう。齋藤俊明によれば、19世紀から20世紀への転換期イギリスにおける主要な思想として、旧来の自由主義思想、新自由主義思想、フェビアン社会主義思想*の3つが挙げられる。旧来の自由主義思想においては、「失業や貧困は個人の人格的欠陥に起因する問題」とされ、人は「自己の精励と勤労」に依拠すべきであり、「例外的な不運」に対してのみ慈善を施すべきであると考えられていた。これに対し、新自由主義思想においては、「貧困を生み出す社会的・経済的諸力や個人の統制力から自立した経済的諸力の存在」が認められ、「経済的原因を放置してきた社会機構、組織の欠陥、不完全さ」が批判された。そして、国民に対して「最良の生活を営むことのでき

第3節　政策価値の変化

る最大限可能な機会を保障する」ものこそ国家であると考えられた。フェビアン社会主義思想においては、社会改良、漸進的社会主義をめざすS・ウェッブにより、「国家の四つの活動領域」すなわち、賃金の最低基準を含む雇用条件や労働条件、余暇とレクリエーション、保健、教育において政府の設定すべき生活のナショナル・ミニマム（標準生活を営むために保障される普遍的サービス）が提示された。また、木村正身によれば、フェビアン協会の社会政策提言には、こうした「ナショナル・ミニマム」というスローガンでカバーされる「伝統的な社会改良（労働者保護、住民生活の改善と保障）」の他に、「自治体社会主義（地域的企業公営を含む）」「漸進的社会主義実現のための独自な方策としての企業国営ないし産業国有化、不労所得重課（累進所得税、遺産・地代重課など）」の領域も存在していた。

　こうした思想の流れを背景に、福祉国家への「転轍点」となったものこそ、1942年に刊行された「ベヴァリッジ報告書」であった。この報告こそ、イギリスにおける福祉国家構想の内実を示すものであると同時に、「福祉国家を構想するという発想」の点においても、当時の多くの国々に影響を与えるものであった。その意味において、新しい「政治のデザイン」を示すものであった。1940年、保守党のチャーチルを首班とする戦時連立内閣の内部では、戦後の社会・経済改革を内容とする「戦後再建構想」が検討されていたが、その「検討」のための委員会の1つとして「戦後再建問題委員会」が設置され、そこでの最優先検討課題として社会保障計画問題が浮上した。そして、そのための検討委員会として設置されたのが「社会保険委員会」であり、この委員会において中心的役割を果たしたものこそ、労働党から入閣したE・ベヴィン労働相のもとで福祉問題を担当していた、J・M・ケインズと並ぶ革新派リベラルの1人W・H・ベヴァリッジ（Beveridge 1879-1963）である。「ベヴァリッジ報告書」は、彼個人の「思索と構想をもとに作成された」ものであり、社会政策の一環としての社会保障を社会保険を通じて実現することを提言したものであった。

　ベヴァリッジによれば、社会政策は、5つの巨大な悪――窮乏、疾病、無知、無為、不潔――に対する包括的政策体系（窮乏―社会保障政策、疾病―保険・医療保障政策、無知―教育・科学政策、無為―労働・産業・雇用政策

第２章　政策型思考について

を含む経済政策、不潔—住宅・土地・運輸・都市・農村計画・環境・地方自治政策）である。先述のように、ベヴァリッジ報告の中心は、社会保険計画であり、この計画は６つの基本原則（均一額の最低生活費給付、均一額の保険料拠出、行政責任の統一、給付の適当性、包括性、被保険者の分類）から成り立ち、これらの原則を貫く共通の３原理として、包括性の原理、形式的平等性の原理、ナショナル・ミニマムの原理がある。

　包括性の原理とは、「社会保険は被保険者の範囲、および彼らのニーズに関して、包括的なものでなければならない」として、「被保険者の範囲を労働者のみならず、その他の被用者、有業者にまで拡大」し、「保険給付の対象となるニーズを夫婦と児童よりなる家族ニーズとして定義」することにより、国民全体を包括するというもの（武田文祥「自由社会と社会保障——"ベヴァリッジ報告"をめぐって」『社会科学研究』34巻5号、1983年）。

　形式的平等性の原理とは、均一額の最低生活費給付と均一額の保険料拠出に示されるように、収入額に関係なく、最低生活を保障する均一額の保険給付がなされるということ、そして、「同額の給付に対しては同額の拠出を行う」という拠出原則にもとづき、保険料の拠出は被保険者の資力に関係なく均一額であるということ。

　ナショナル・ミニマムの原理とは、「最低生活水準をこえる部分については各人の自由裁量にゆだね国は最低生活水準を全国民に保障する」ということ、すなわち「国民生活の諸局面における一定最低限を普遍的に維持しようとする政策理念」である（大沢真理「ベヴァリッジ・プランと"平等主義"」『社会科学研究』34巻5号、1983年）。とりわけ、ナショナル・ミニマムの原理こそ、この報告の中心思想であった。この原理は「社会保障は国と個人の協力によって達成されるべきものであるということである。国は、サービスと拠出のための保障を与えるべきである。国は、保障を組織化するにあたっては、行動意欲や機会や責任感を抑圧してはならない。またナショナル・ミニマムをきめるにあたっては、国は、各個人が彼自身および彼の家族のためにその最低限以上の備えをしようとして、自発的に行動する余地を残し、さらにこれを奨励すべきである」（『ベヴァリジ報告——社会保険および関連サービス』山田雄三監訳、至誠堂、1969年）。

第3節　政策価値の変化

　すなわち、ナショナル・ミニマムの原理とは、「最低生活水準を越える部分については各人の自由裁量にゆだね、国家は最低生活水準を全国民に保障する」原理、したがって「最低生活費を保障するという積極的原則」と「最低生活費以上を国家が保障してはならないという最高原則」という2つの性質をもつ原則である（毛利健三）。ちなみに、この「ナショナル・ミニマムの原理」から展開された思想として「シビル・ミニマム」がある。松下圭一は「シビル・ミニマム」を次のように説明している。すなわち、「シビル・ミニマムは二重の意味を持っている。第一にそれはすべての市民の権利という性格である。いわば工業社会ないし都市における市民の現代的な"生活権"としてこのシビル・ミニマムが位置づけられる」「第二には自治体の"政策公準"という性格である。自治体は市民の直接民主主義的な憲法制度と位置づけうるが、この自治体の政策公準を明確にしようとしたものである」（松下『シビル・ミニマムの思想』東京大学出版会、1971年）と。

　　＊　英国における社会主義運動の主流をなす思想。19世紀末頃からフェビアン協会を中心に提唱された。

第4節

政策型思考

　これまで、政策のレベルには価値、方針、計画、実施、成果という5つのレベルがあるということ、そして、政策の価値のレベルにおける変化について、夜警国家の政策価値から福祉国家の政策価値への変化について述べ、それぞれの「政治のデザイン」について考察してきた。次に、そうした政策を構想・立案する際の考え方について検討してみよう。山谷清志は、松下圭一『政策型思考と政治』（東京大学出版会、1991年）を手がかりに、政策評価に必要な思考方法として「政策型思考」を挙げ、その「政策型思考」を、目的＝手段的認識、循環的発想、システム的発想の3つに区分し、さらに、プロジェクト作成、運営管理、評価に役立つ実践的方法論として「ロジカル・フレームワーク」について紹介している。ここでは、「政策型思考」について、目的＝手段的認識、循環的発想、システム的発想の順にまとめてみよう。

目的＝手段的認識

　山谷は、政策を「政治的合理性と行政における技術的・経済的合理性との関数的関係の中で形成される」活動方針、「将来構想や基本姿勢を表現した理念の器」と定義し、政策は、「政治的な力（政策形成を推進する力、政策を阻止する力、政策を歪める力）と行政技術の可能性（土木や建築などの工学、医療や科学などの技術だけでなく、担当できる組織の有無、能力、調整や協議などのいわゆる行政技術、そして金融や財政に関する計画とその測定に関する技術も含まれる）がうまくマッチしたとき」に生まれると説明する。この政策の定義は、先述の政策局面の5レベルからみれば、「価値」「方針」

第4節　政策型思考

「計画」などに該当すると思われるが、山谷は、こうした政策の諸局面を「政策体系」としてとらえる。すなわち、政策は「それによって実現したい状況を展望する目標を持つが、その目標は政策の下位概念である施策（program）や事業（project）が実行手段として目標実現に向けて活動することで達成される」。これは、政策を目標の視点からとらえたものであり、それゆえに、政策は「その下位概念である施策や事業の達成すべき目標を示し、方向づけを行う指針としての役割を担うこと」となる。しかし、これを「下位概念」としての「施策」や「事業」からみるならば、「政策目標を達成する手段」として「施策（program）」が置かれ、この「施策目標を達成する手段」として「事業（project）」が作られることになる。こうした「政策（policy）→施策（program）→事業（project）といった一種の目的と手段の因果関係に基づく体系」のことを「政策体系」としてとらえるのである。したがって、「目的」を「将来の期待する状態」と定義し、「手段」を「政策目的を達成するために諸資源を動員し、それらを順序正しくセットしたもの」と定義するならば、政策型思考とは、政策を「目的＝手段の長い"連鎖"過程」としてとらえる認識、「目的・手段関係を正しくデザインする発想」「目的・手段を原因・結果に置きかえる考え方、あるいは、結果から原因へと逆算する思考」と言うことができる。

　従来、社会における政策需要をキャッチし、政策を立案し、他の政策案との調整を行い、政策を決定するのは政治家であるから、政策型思考は政治家に必要な思考であるとされ、決定された政策を実行するのは官僚あるいは行政官であるから、彼らに必要な思考とは、「政策の対象範囲の限定、使用可能な技術の特定、タイム・スケジュールと段取り、経済性の考慮、予算規模の調整」といった、「政策活動にかかわる権限、財源、資源を特定し、定型化する作業を構想する」思考、すなわち、「制度型思考」であるとされてきた。しかし、政治責任を有する首長や議員だけでなく、政治に積極的に参加する市民においても、政策型思考に「実効性」をもたせるためには「制度型思考」との連携が必要である。

第2章　政策型思考について

循環的発想

　次に、政策型思考の第二の要素である循環的発想についてみてみよう。山谷は、政策体系内部を循環システムとしてとらえる発想を循環的発想とし、その典型例として「政策循環」を挙げている。そして山谷は、「政策循環」を、政府政策にアクセントを置きながら、以下のような「10段階から構成される一種の生産工程、作業工程に似た発想」として説明している。まずは、政府による問題の確認、政策課題としての認知の段階（第一段階）から出発し、次に「アジェンダ・セッティング」、すなわち「問題を審議項目に載せる」段階（第二段階）、そして、利益集約、すなわち、利害関係者の諸要求が複数の政策案にまとめられる段階（第三段階）、関係者間の折衝・調整、すなわち、「賛成、反対の歩み寄り、異なる利害のすり合わせ、譲歩の引き出し、妥協、説得などが行われる」段階（第四段階）、プログラム作成、すなわち、費用対効果を考慮に入れながら「いくつかの具体的な問題解決の代替案を作成する」段階（第五段階）、「政策実施に必要な予算の編成、担当組織の決定、スタッフの配置、資材の割当、施設の特定、タイム・スケジュール作成の作業」の段階（第六段階）、政策の正当化、すなわち、「委員会での採決、本会議での可決」の段階（第七段階）を経て、「政策の実施」段階（第八段階）に入り、「政策の評価」段階（第九段階）を受けて、「政策の見直し、廃止」を決定する段階（第十段階）、すなわち、第三段階や第一段階へと循環するのである。山谷によれば、政策循環プロセスとは、「政策目標に合わせてプログラム・プロジェクトを設計し、そのための資源を配分し、作業の段取りを決めながらアウトプットを生産する、そのアウトプットが成果につながっているかどうかを確認して、費用の再分配をしながら活動条件を再調整する」メカニズムなのである。

システム的発想

　次に、政策型思考の第三の要素であるシステム的発想についてみてみよう。システム的発想とは、政策を、政策内部の諸要素を「構造化」した「一種の

第4節　政策型思考

システム」としてとらえる発想である。山谷によれば、システム的発想は、以下の4つの条件から成り立っている。すなわち、①「異なった問題や事象が相互に密接に関連している」という認識、②「各要素は相互に定められた機能を果たす」という認識、③「全体として共通の目的を持っている」という認識、したがって、「政策目標に照らして部分を見る」こと、④「各代替案の影響の範囲をシステム全体から見直すことで問題を再確認する」こと（山谷『政策評価の理論とその展開』晃洋書房、1997年）。

　以上、政策型思考を、目的＝手段的認識、循環的発想、システム的発想の3つの要素でみてきた。確かに、こうした3つの要素は、政策型思考をする際に必要な一般的要素であるが、とりわけ、循環的発想における政策循環にみられるように、政策を政府政策にアクセントをおいてとらえるならば、こうした政策型思考は官僚や政治家中心の政策型思考に傾きやすい。しかし、政策は政府政策のみではないし、政策は官僚や政治家によってのみ作られるものでもない。それゆえ、ここでは、政策型思考をより一般的なものにする努力をしてみたい。すなわち、政策の主体を政治・政策のプロフェショナルとしての政治家や官僚だけではなく、市民に置くことによって、政策型思考をより一般的なものとしてとらえてみたい。

第5節

市民の政策構想

　ここでは、松下圭一『政策型思考と政治』（東京大学出版会、1991年）を手がかりにして、市民による政策構想について検討してみよう。政策を、「問題解決の手法」「個人、あるいはこの個人からなる運動・組織・機構による、問題解決のための作業仮説」と定義する松下は、まず、「問題自体に公共課題があるか」という問題設定をして、「問題領域」や「解決手法」「市民合意」、そして「公共解決の緊急性」によって、その時々のさまざまな特定問題が「公共課題となる」のであって、「本来の公共課題」など存在しない、と指摘する。そして、そうした公共課題を解決する手法の模索としての「公共政策」は、必ずしも「政府政策」と同じではないとして、「公共政策」と「政府政策」を以下のように区分する。すなわち、「公共政策」は、「市民、団体・企業、政党さらには政府の各レベルによって構想される」政策であるのに対して、「政府政策」は、「自治体、国、国際機構の各レベルの基本法に基づく"手続き"によって、公認の正統政策となった公共政策」であり、この「政府政策」のレベルとしては、自治体の政策、国の政策、国際機構の政策の3つのレベルがある、と。次に、政府は市民によって「信託」された機構であり、市民の「参加」を通じて「組織・制御」される機構であるという前提から、政治主体と制度主体とを区分しながら、「政府政策」の政治主体として市民を、「政府政策」の制度主体として政府（自治体、国、国際機構の3レベルにおいて）をとらえる。この区分は決定的に重要である。なぜなら、いかなる組織の政策といえどもそれは「個人思考の産物」であり、「組織自体が思考主体なのではない」という認識がそこにあるからである。したがって、政府政策の出発点に政治家や官僚という個人と並んで、市民を出発

第5節 市民の政策構想

点にすえる認識がそこにあるからである。換言すれば、政策形成の主体として市民をとらえることにより、一市民の政策も「一定の手続き」を踏むことで政府政策になりうるという認識があるからである。もちろん、政治主体としての市民の政策がそのまま政府政策になるのではない以上、政府政策の制度主体としての政府の存在を前提としなければならない。「市民活動をはじめ、団体・企業、また政党における政策構想にあたっては、政策課題の特性に応じて、自治体、国、国際機構という政府の3レベルのいずれかを、たえず想定しなければ、実現のレベルを見うしなうからである。ここに、〈政策〉が〈制度〉つまり政府レベルと結びつくという認識が必要となる。政策・制度ないし政策論・制度論は相互に循環し、政策型思考と制度型思考とは対応しているのである」。これまで「議会・長は政策型思考、行政機構は制度型思考という分業」が成立していたかのように思えたが、「議会・長も制度型思考を踏まえてのみ実現段階を想定した政策決定ができるし、行政機構も今日では政策開発をめぐって政策型思考への習熟が不可欠となっている」のであり、その意味において、まさしく「政策型思考が実効性をもつためには、権限・財源による定型化という制度型思考と対応」しなければならないのである。

そしてさらに、松下は、こうした市民による政策型思考の成熟の必要性と、そうした思考の成熟を促進する学問としての「政策科学」の形成を提案する。すなわち、「政策の形成・執行が市民の課題になったとき、はじめて政策思考の理論化」が必要となるのであり、「市民による政策形成・執行が蓄積されてはじめて、政策思考の一般論理の定式化」が可能となる。この、「市民の政治参加を基礎にして、官治・集権型から自治・分権型への政策スタイルの転換を目指した市民のポリティクスとしての政策思考の理論化」こそ「政策科学」である、と（「日本の政策課題と政策構成」『年報政治学 1983 政策科学と政治学』岩波書店、1984年）。

これまで、政策は市民が作るものではなく国家、「オカミ」が作るものというイメージ、すなわち、政策形成はお上の秘術、自治体政府は国の政府の下請け機関であるという「官治・集権型の政策イメージ」が支配的であった。しかし、今日では、政策発生源の多様化・重層化（市民活動・世論、団体・

第2章　政策型思考について

企業レベル、政党レベル、自治体・国・国際機構という各政府レベルの長・議会・裁判所、コンサルタント、シンクタンクなど）がみられ、そうした多様・重層的な政策要求を諸利益間・諸政党間で調整し、公共政策として決定していくという政策イメージ、すなわち、市民間、集団間で形成される多様な政策が、一定の政治手続きによって、自治体レベル、国レベルで調整され、決定されるという「自治・分権型の政策イメージ」「上昇、統合型の政策イメージ」へと転換している。この政策イメージの転換を実質化するためには、既存政策システムを転換させる必要がある。そのためには、市民自らが政策型思考に習熟し、政策主体として成熟しなければならない。ここに市民の政策構想の意義がある。

　今日、市民は、「各レベルの政府政策の構想・策定・実現ないし立案・決定・執行の各段階に、直接、参加」しているだけでなく、日常的な「問題解決の模索活動」、すなわち、「市民活動」を通じて、「各レベルの政府政策の土台」を形成している。その意味で、「政策の起点は、市民活動としての、市民個人による問題解決の手法の模索」なのである。その際、政策構想は、「実際の状況における"必要"から出発」する。「目的が起点ではない。目的のユートピアニズムからの出発は倒錯であって、必要のリアリズムからの出発でなければならない」。すなわち、市民生活においては、解決を必要とする多くの問題が存在するが、こうした問題が市民の「運動」や世論によって「争点」化され、政策課題となっていく。たとえば、貧困問題は福祉をめぐる公共政策の課題となり、工場排煙問題は公害としての公共政策の課題となる。もちろん、政治家、政党、政府・官僚によって、「問題の先取り」「政策課題の先取り」がなされうるし、現実には、その方が多い。しかし、政策は生活の必要から市民の願望・要求を起点にして生み出されることに間違いない。とはいえ、市民の「願望・要求」がそのまま政策になるのではない。市民の「願望・要求」を単なる「願望・要求」に終わらせずに、政治家や官僚の構想する政策と同等ないしそれ以上の政策にするためには、「願望・要求」を具体化する「ソフト・ハード技術の工夫」（行政工学＝技術開発）が必要であるし、「効果に見合うコストの工夫」（行政経営＝経済効率）も必要である。さらに、政策を各政府レベルにおいてふさわしいものにする（なじませ

第5節　市民の政策構想

る）ためには、「制度になじむための法適用」（法務政策）や、「生活になじむための造型」（デザイン政策）が必要となる。その意味において、先述のように、政策型思考は制度型思考と対応させなければならないのである。

いずれにしても、松下は、こうした市民による政策形成・執行の経験が蓄積されて初めて政策思考（構想）の一般理論の定式化の可能性、すなわち、「政策科学の形成」の可能性が生じる、と指摘し、この市民による政策思考（構想）を「ポリティクス型政策思考」として、「テクノクラートのサイエンス型政策思考」に対置する。松下によれば、「テクノクラートのサイエンス型政策思考」とは、(1)「政治の外からの対象分析に重点」をおき、(2)「与件を固定し、そのうえで状況を断片化し抽象化するという手法（その理想が計量化）から出発」し、(3) 政策構想にあたっては「価値"中立"をよそおう」のに対し、「市民のポリティクス型政策思考」は、①「政治の内からの政策構成の論理・手続きの造出を課題」とし、②「与件を含めて状況を総体的にとらえ、与件の再編を含めて政策構想に取り組」み、③政策構想にあたっては価値中立を装わず、「自由・平等・共和という市民原理ないし"普遍価値"を前提するだけでなく、調整、決定をめぐる"参加手続き"に至るまで組み込まなければならない」のである。さらに、政策思考（構想）は、その思考において常に「ミクロ状況とマクロ状況との交錯」「政治対立の二極分裂」「プラス・マイナスの二元評価」といった二律背反的状況が発生するため、「二重状況」「二極対立」「二元評価」という「二重思考」を行わなければならない。したがって、政策思考（構想）は「サイエンス型」ではなく「ポリティクス型としてのみ成立」する、と主張する。なぜなら、「政策課題への対応は、情報・理論を含む知識のレベルだけではなく、市民常識という知恵のレベルでこそ、はじめて可能になる。経験の成熟に基づく〈知恵〉こそが、ポリティクスの中核」だからである。まさに、この「市民による政策経験の蓄積と政策思考の成熟」を前提とするとき、政策を「理論の応用」としてとらえることもなくなり、「テクノクラートのサイエンス型政策思考」を「市民のポリティクス型政策思考ないしポリティクスとしての政策科学のサブ・システムつまり補助科学」として位置づけることが可能となる。まさに、政策型思考が「現在の傾向を未来に"延長"する」のではなく、「現在

の条件から未来を"発明"する」ものであるならば、市民の政策構想は「未来を発明」しうる市民の「独創にみちたアイデアないしデザイン」、すなわち、未来への構想力に大きく依存する。したがって、市民の政策構想は、「課題設定、情報整理、結果予測、目標提示、基本構想（いわゆる戦略）、施策選択（いわゆる戦術）、進行管理」といった段階的思考過程を含んでいるが、その根底において、市民の自由な構想力（未来への予見力、現実への対応力、理論への抽象力）によって支えられているのである。その際、行政機構による、政策争点の整理・公開、政策情報の整理・公開は不可欠である。とりわけ、政策情報の整理・公開は、情報公開法・条例の制定だけでなく、争点、施策、制度の情報、政策評価ならびに労働条件に関する情報も含み、市民が政策主体となるために不可欠なものである（前掲『年報政治学 1983 政策科学と政治学』）。

補論　市民が政治に参加する方法——市民による政策構想

　かつて、G・アーモンドが「世界に進行している政治革命というものがあるとすれば、それは参加の噴出と呼ばれるものである」と述べたとき、その前提にあったものは、1960年代以降のさまざまな運動、たとえば、大学改革などを要求した「青年の反乱」、黒人の公民権運動、ベトナム戦争に対する反対運動、女性解放運動、各種の住民運動・市民運動などであった。これまで、代表者の決定を自らの決定とみなし、「全体の利益」に包含されていた各種の下位集団が、代表者による意思決定システムの形骸化に直面して、「自らの運命を自ら決定したい」と考え、迂回的な政治過程へ直接参加する要求を掲げ、政治の表舞台へと噴出したのである。だから、この「集団の噴出」は、「参加の噴出」と言うことができる。そして、「代議制民主主義の政治過程への直接的な参加を志向する人々の運動」を基礎とした民主主義は、参加民主主義とも呼ばれている。ここでは、この参加民主主義のその後と、21世紀における市民政治の意義と可能性について、考えてみたい。
　まず、現代デモクラシーの状況について、R・J・プランジャーは、「大衆によって行なわれる、選挙という儀式の背後で進行するエリート支配」と揶

第5節　市民の政策構想

揄している。かつて高い支持率を誇った首相の「人気」と投票率とは必ずしも結びつかず（2001年参議院選挙の投票率は1998年の前回選挙を下回る56.5％であった）、関心も「ワイドショーどまり」とも言われた。かつてL・W・ミルブレイスは「アメリカ成人人口のおよそ3分の1は、政治的に無関心あるいは受動的と特徴づけられ、他の60％は、政治過程において概して観客的役割を演じている。これらの人々は、見物し、拍手し、投票するが、戦うことはしない」と指摘したことがある。政治過程において観客的役割しか果たさない市民を前提とするデモクラシーのことを「観客デモクラシー」と呼び、市民の積極的な政治参加を前提とする参加民主主義と対比するのであるが、こうした観客的市民の多いわが国のデモクラシーは、しばしば観客デモクラシーと指摘される。

　ところで、参加民主主義は市民の積極的な政治参加を基礎としているが、政治参加とはいかなるものであるのか。たとえば、「人間が政治体制のいろいろなレベルの政治選択に対して、直接あるいは間接的に影響を与えたいと思う時にとる、全ての自発的行動」や、「政府関係の人員の選定ないし彼らの行為に影響を及ぼすべく多少とも直接的に意図された、私人としての市民の合法的な諸行為」「政府の政策決定に影響を与えるべく意図された一般市民の活動」、さらには、「公共問題の検討・決定および執行過程に主体的にかかわる行為」などと定義される。また、政治参加の諸類型として、間接的政治参加と直接的政治参加、制度的政治参加と非制度的政治参加、中央的政治参加と地域的政治参加として区分することができる。たとえば、間接的・制度的・中央的政治参加としては、選挙による参加、間接的・制度的・地域的政治参加としては、選挙の他に都市計画審議会などがあり、間接的・非制度的・中央的政治参加としては圧力団体、間接的・非制度的・地域的政治参加としてはフォーラム、アドボケイト（社会的に発言力の弱い階層あるいは専門的な知識と活動のための時間とをもたない一般市民のための専門弁護人をおく方法）などがある。さらに、直接的・制度的・中央的政治参加としては、憲法改正の国民投票や最高裁判所判事審査、直接的・制度的・地域的政治参加としてリコールやイニシアティヴがあり、直接的・制度的・中央的政治参加としてはデモンストレーションや市民運動、直接的・非制度的・地域的政

第2章　政策型思考について

治参加としては、市民運動の他に Planungszelle（プラーヌンクツェレ　計画細胞＝無作為抽出によって選ばれた市民による計画への参加組織）、Planwahl（プランヴァール　計画投票＝関係地域の住民だけによる計画に対する住民投票方式）などがある。そして、政治参加の傾向としては、間接的・制度的・中央的政治参加から、直接的・非制度的・地域的政治参加への拡大が認められる。

　次に、こうした直接的・非制度的・地域的政治参加にアクセントを置いた民主主義論として参加民主主義論がある。この参加民主主義論は、エリート主義的民主主義論および政治的無関心の効用説に対して、政治主体としての市民とその政治参加を前提とする民主主義論である。エリート主義的民主主義論が、J・A・シュンペーターの民主主義の定義、すなわち、「民主主義的方法とは、政治決定に到達するために、個々人が人民の投票を獲得するための競争的闘争を行うことにより決定力を得るような制度的装置である」に代表されるように、エリート間のリーダーシップ獲得競争の制度的装置、手続きであって、そこから生じる政治的無関心も民主主義の安定につながるとする、いわば「エリートの存在を民主主義の存在と適合させようとする試み」であるとするならば、参加民主主義論とは、I・プールの言う、「自分の全時間の中の一定部分とエネルギーの一定量だけを政治にささげ」「生活の全環境をよりよくしうる結果を予想するが、自分自身に対して何らかの明らかに確認しうる直接的な利益を予想しない」「大衆の中に埋没した単なる住民でもなく、職業政治家でもない」まさに「中間的存在」としての市民（中間的市民）を政治主体として、「代議制民主主義の政治過程への直接的な参加を志向する運動」を基礎とした民主主義論である。したがって、この参加民主主義論の意義としては、「なる」の政治文化を「する」の政治文化へ、「統治主体と統治客体との関係」を「統治主体と政治主体との関係」へ、そして、「人民のための政治」を「人民による政治」へと転換させたことが挙げられよう。また、参加民主主義の機能として参加の教育機能が挙げられる。すなわち、市民は政治参加を通じて、重大な決定作成に参加し、自らの私的な問題の狭い限界を超える機会を与えられ、真の意味の「コミュニティ意識」を身に付けるようになる。要するに、市民が「参加を通じて社会を認識し、政

治的人間として向上する」ようになるのである。この参加の教育機能の意義は大きい。なぜなら、この参加の教育機能によって、民主主義制度を支える「参加型社会の形成」が可能になるからである。

第 6 節

新たな市民政治の模索

　こうした参加民主主義の大きな高まりは、高畠通敏によれば、1960年代から1970年代にかけてみられるようになる。当時、市民運動（1960年代）や住民運動（1970年代）は全国で多数展開されたが、とりわけ住民運動は1970年代初頭に全国で3000を超える数に上ったと言われる。しかし、1970年代末以降の「経済大国化」「豊かな社会」の時代に入ると、マス・メディアの報道において市民運動・住民運動は政治の表面から姿を消し、地道な活動に入っていく。すなわち、消費者運動や環境保護運動、医療運動、青少年問題、ゴミ処理場問題など、日常生活により身近な諸問題に取り組む、まさに「生活の質を問うタイプの運動」へと深化していった。そして、そうした地道な活動と経験の蓄積の下に、さまざまな市民や運動、団体の活動を連結する市民ネットワークが形成され、さらにそこから地方議会に「代理人」を送り込み、市民の意見を反映させるようになり、草の根議員を誕生させるにいたる。とりわけ、2000年の地方自治法の改正や1998年の特定非営利活動促進法（NPO法）は地域住民や市民の自発的活動の促進に力を与えることになった。こうして成立する「市民運動や住民運動、NPOやNGOなどの非営利団体、伝統的な宗教、教育、福祉、スポーツなどのグループ活動のネットワーク」こそ、市民社会というものなのである。

日本の市民社会状況（NPO）

　山口定は、さまざまな市民社会論を整理した『市民社会論』（2004年）において、市民を「自立した人間同士がお互いに自由・平等・公正な関係に立

って公共社会を構成し、自治をその社会の運営の基本とすることを目指す自発的人間類型」と定義し、「市民社会」を「目標概念としての市民社会」として設定することで、「新しい市民社会」概念を提示している。すなわち、「目標概念としての市民社会」とは、(1)「国家」(あるいは官僚支配)からの「社会」の自立、(2)「封建制」や前近代的な「共同体」との関係における「個人の自立」、(3)「大衆社会」ならびに「管理社会」との関係において「個人の自立」を回復し公共社会を「下から」再構成するという「個々人の自立と公共社会の回復」を中心的内容とするものである。また、山口は、J・コッカの「市民社会的行為」、すなわち、「①重層的で偏在的な紛争の存在にもかかわらず、了解と妥協を思考していること。②個人の自立と社会の自己組織化を強調すること。③多元性と差異の存在をノーマルな事態として承認し、したがって、相互的承認の原理を認めること。④非暴力的(「市民的」)に振る舞うこと。⑤共和的なるものを志向し、したがって、利己的な経験と利害を、公共性を求める一般的利害――"一般的福祉"の観念の内容はさまざまであるにせよ――への方向で乗り越えること」を手がかりにして、市民社会を支える「市民社会組織」としては、文化組織、情報・教育組織、利益基盤型組織(メンバー間の共通する職能的もしくは物質的利益を促進、防衛するための組織)、開発組織(地域の社会資本、制度、生活の質の向上のために個々人のリソースを結合する組織)、争点志向組織(環境保護、女性の権利、土地改良、消費者保護などのための運動)、市民政治組織(無党派方式で、政治システムの改良、人権のモニタリング、有権者教育と動員、世論観察、反政治腐敗運動などを通じた政治システムの民主化を追求する組織)という6種類の領域の組織のなかでも、「アソシエーション性(加入・発言・退出の自由、非国家性、非営利性)と公共性意識をもったもの」に限定すべきであると指摘している(山口定『市民社会論――歴史的遺産と新展開』有斐閣、2004年)。

ところで、市民社会には、J・ハーバーマスの言う「生活世界の植民地化」の起こる可能性が常に存在する。ハーバーマスは、『コミュニケーション的行為の理論』において、「システム」と「生活世界」からなる社会の概念を提示し、次のように述べている。すなわち、資本主義の発達によって「市場

第2章 政策型思考について

（貨幣）」と「国家（権力・官僚制）」からなる「システム」が、「言語を媒介にして相互理解をめざす人間関係の領域」であると同時に「文化的・社会的再生産の領域」でもある「生活世界」を侵食し、「生活世界」にさまざまな問題を引き起こし、危機状況をもたらすことを指摘した。「近代社会においては、媒体にもとづいて進行する交換過程とともに、機能的連関の第三の水準が成立する。このシステム連関は、施設的脈絡から切り離され、自立したサブシステムとなり、生活世界の同化力に挑戦する。それは、没規範的な社会領域という第二の自然として凝固し、客観的世界のあるものとして、つまり即物化した生活連関として現われる。システムと生活世界との分断は、近代的生活世界の内では、なによりもまず即物化として現われる。すなわち、社会システムは、生活世界的地平を決定的に粉砕し、コミュニケーション的日常実践の先行理解から遠ざかり18世紀に始まる社会科学の非直感的な知によってのみ接近可能であるにすぎない」と。そして、生活世界の即物化は生活世界の技術化、生活世界の隷属化として現れ、ついには「生活世界の植民地化」という形態をとるようになる、と（J・ハーバーマス『コミュニケーション的行為の理論（下）』丸山・丸山・厚東・上畑・馬場・脇訳、未来社、1987年）。それは、高畠が指摘するように、「かつて有力な市民社会の基盤であった宗教団体や教育団体あるいは労働組合などにおいて、組織が確立されるにしたがってそれが利益集団に転化し、権力的な支配体制を支える一部に転化していった」のと同じように、「NPOやNGOも、それが組織として確立するにしたがい、従業員を雇用し、補助金を受けるようになる」ならば、利益集団へと転化し、権力的な支配体制支える一部となる可能性をもっているのである。こうした「生活世界の植民地化」を回避するためにも、市民は他者との関係について以下のような自覚をもたなければならない。すなわち、市民は自律し、他者と共同しながら、自主的に社会に働きかけることを前提としているが、そのとき、他者も、自分と同じように、自律していることを想定している。その状況においても、「自律的な主体による自己決定は、ある特定の人間を客体つまり"他者"として定義し、その他者を他律化することでかろうじて成り立っている」こと、すなわち、「自己決定権の隘路」の再認識（川本隆史）が必要である。しかし、現実には自律したくて

第6節　新たな市民政治の模索

も自律できない多くの人々が存在する。他者へ依存するしかない人々が存在するのである。栗原彬によれば、国家権力からも、また、市民社会からも排除され、「生活世界の基底である生命圏自体を根こそぎにされてきた」人々、たとえば、「水俣病者、アイヌ、沖縄、被差別部落、在日朝鮮人、外国人労働者、従軍慰安婦」といった人々が存在するのであり、そういう人々とどのような関係を結び、協働するかが重要である。栗原によれば、「他者の生命への極限的感受性、ヴァルネラビリティ、そして、そこに発する他者への、とりわけ自己決定できない者を支える"内発的な義務"」を軸に市民的公共性、住民的公共性を見直し、「生存の次元の公共性」たる「ピープルの公共性」と結びつけることが必要である（「市民政治のアジェンダ」『思想』岩波書店、No. 908、2000年）。このことを、川本は、「自分は、自由に水を飲めるけれど、目の前にそれが出来ない人がいる。それでいいのか？自分はそれでいいのか？ということ。相手との共感の問題」として、他者との取りうる関係を、「立ち入らず、立ち去らず」という標語に集約する。すなわち、「相手の自己決定の権利を尊重するという趣旨で、"立ち入らず"。困難を抱えている他者を見捨てない義務を負っているという意味で、"立ち去らず"。自己決定権と内発的義務を抽象名詞のままで対置するのではなく、"立ち入らず、立ち去らず"という一続きの標語に吸収してみる」必要がある（川本「自己決定権と内発的義務」『思想』岩波書店、2000年2月号、No. 908）、と。

第 3 章

政治のデザイン

第1節

政治デザイナーの古典的モデル

　最近、「都市づくり」や「都市再生プロジェクト」という言葉をよく耳にするが、その際、「都市デザイン」「都市デザイナー」という言葉もよく聞く。その場合の「都市デザイン」とは、「景観形成、空間構成及び造り出そうとする都市空間を実現していくための手法や調整を含んだ概念」であり、「都市デザイナー」とは、「3次元のデザインとして空間構成と景観形成に取り組み、また、建築家の領域を越えて、他の建物の敷地をも含めて関係する対象を広くコントロール、調整しつつ、都市をデザインする人」と定義される（加藤源『都市再生の都市デザイン』学芸出版社、2001年）。これに対し、上山春平は、「目に見えない巨大な組織体」としての国家には「人間の意欲に基づいて構想された構造物という側面」があるとして「国家デザイン」について述べている（上山『日本の国家デザイン——天皇制の創出』NHK出版、1992年）。その際、J・J・ルソーの『社会契約論』を挙げ、人々が「自然状態」を脱して「社会状態」へ移行するとき「社会契約」を結ぶが、その「社会契約」の際に登場する「立法者」の役割、ばらばらな個人を結合させる仲介の働きをすることこそ「国家デザイン」に他ならないと指摘している。だとすれば、憲法案作り、新憲法制定こそ、「国家デザイン」の典型例であろう。確かに、第二次大戦後の新憲法作りにおいては、国会の議を経たとはいえ「国家デザイン」のイニシアティヴは占領軍総司令官D・マッカーサーにゆだねられたし、また、明治の憲法制定においては「国家デザイン」の作成者として井上毅、デザイン選択から実施まで全過程の統括者として伊藤博文を挙げることができるが、国民の「国家デザイン」への参加という視点から「新憲法づくり」と明治憲法制定とを比較するならば、「長期にわたって憲法

第1節　政治デザイナーの古典的モデル

論議の機会を与えられた明治の自由民権運動の時代」の方がはるかに恵まれていたと言えるし、当時の「国家デザイン」の幅広い可能性は、中江兆民『三酔人経綸問答』のなかで「豪傑君」「洋学紳士」「南海先生」の対話を通して見事に描かれている。ここでは、「国家デザイン」を、国家より広い概念としての政治に関するデザインへ置き換えて、「政治デザイン」について考察することにする。

　まず、「政治デザイナーの古典的モデル」として、上山春平にならい、プラトンとアリストテレスを取り上げ、それぞれの著書『ポリテイア』（『国家編』）と『ポリティカ』（『政治学』）を考察してみよう。プラトンの師ソクラテスは、B.C.399 年、メレトスという三文文士（背後に政治家アニュトス）により、瀆神罪、青年たちを堕落させた罪で告発され、500 人の民衆法廷において裁判にかけられた。そして、2 回目の判決で死刑を宣告され、ついには、「悪法も法なり」として毒杯を仰ぎ死を受け入れたのであるが、プラトンは、その『ポリテイア』において師ソクラテスの死を悼み、「洞窟の比喩」を用いて「哲人政治」について説いた。すなわち、「善のイデアを直視し、唯一真理を体得した神のような統治者たる哲人王は、洞窟の闇世界に住まう暗愚なる市民同胞を救済し、哲学的真理によるその蒙昧なる通念や臆見の拘束からの解明・解放を行う」「哲人王の理性的専制支配」を説いた。これは、現実の物質的・本能的欲望に膿みただれた「贅沢国家」「豚の国家」に対して、叡智・勇気・節制・正義の四徳を具備する「真実の国家」「健全な国家」「正しい国家」を思想実験的に理論構築したものである。プラトンは、「個々人の魂のあり方」とむすびついた「国家のタイプ」を 5 つに分け、「善い人・正しい人」の国家としての「優秀者支配制」（純粋国家　支配者たちの中で 1 人だけ傑出した人物が現れたときは君主制バシレイア、複数の場合は貴族制アリストクラティア）を最上位とし、その堕落形態として順に、「名誉支配制ティモクラティア」（戦士支配）、「寡頭制オリガルキア」（富者支配）、「民主制デモクラティア」（無法支配）、「僭主制テュラニス」（最悪国家）と位置づける（渡邉雅弘「政治的共同体の理念（1）プラトン」『概説西洋政治思想史』ミネルヴァ書房）。確かに、最晩年の『ノモイ』（『法律編』）においては、「理想主義的観点から現実主義的観点へ」という変化がみ

第3章 政治のデザイン

られるが、プラトンの「政治のデザイン」は「彼の願望を核としながら、思弁的に構成し、理想化」している。これに対し、その弟子アリストテレスの「政治のデザイン」は、「当時のギリシア文化圏における 160 近いポリスの個別研究」を基礎として、「より多くの国制から混合された国制ほどすぐれている」という「経験則」を導き出し、「混合政体」を提示するという方法を取っている（上山春平）。すなわち、アリストテレスのポリス論は、支配者（権力を握る人間）の数とその権力の使用目的（全体の利益のためか自らの利益のためか）によって、「正しい国制」と「逸脱した国制」とに区分される。「逸脱した国制」としては、支配者の数が1人、少数、多数の順に、僭主制（専制）、寡頭制、民主制を上げ、「正しい国制」としては、同様に、支配者の数が1人、少数、多数の順に、君主制、貴族制、混合政体を挙げている。すなわち、アリストテレスは、「構想可能な最善国家より、実現可能な完全国家の考察」を行ったのであり、「健全な王制と堕落する僭主制との"中間"形態として、寡頭制と貴族制と民主制の結合という、まさに中庸原理に合致した混合政体」を構想したのであり、「その社会基盤となる中心勢力として広範な"中流"階級」を指定したのである（渡邉雅弘）。ちなみに、この混合政体論は、近代においてモンテスキューに影響を与えることになる。モンテスキューは、政体を、共和制（人民全体が権力をもつ民主制と人民の一部が権力をもつ貴族制に区分される）、君主制（1人の人間が支配するが、法にもとづく支配が確立している）、専制（1人の人間の支配で、法もなく、恣意的な意思によって支配される）の3種類に区分し、共和制は「徳」、君主制は「名誉」、専制は「恐怖」という原理によって支えられていると主張する。そして、専制への傾向に歯止めをかけ、政治的自由を保障する政体を構想して、政治的自由と対立する専制と、政治的自由を保障するけれども実現可能性のない共和制をともに極端な政体として退け、その中間に位置する君主制こそ「穏健」「中庸」であり人間性に合致していると考えたのである。

　しかし、「政治のデザイナー」の古典的モデルの代表者としては、J・J・ルソーを挙げなければならない。なぜなら、「ありうべき最良の政体とは何か、という大問題」は「最も有徳で、最も開明的で、最も賢明な、要するに言葉の一番広い意味で最上の人民をつくるにふさわしい政体の性質とはどう

第 1 節　政治デザイナーの古典的モデル

いうものかということ」(『告白』)であるとして、「共和制の政治主体の創出を可能にするような政体」を構想した人物こそルソーだからである。彼は、『社会契約論』において、「すべての人間が結合しながら、自分自身にしか服従せず、しかも以前と同様に自由であり続ける」という真の社会契約の必要性を説き、個々人の特殊利益の総和である全体意思と区別された、すべての人間に共通する利益としての一般意思の発見に全員で参加し、全員で一般意思に服従する直接民主主義を展開したが、その際、「結合行為の触媒として、どんな国制を選び、どんな法律を作るか、という点についての知識を提供する」「立法者」の存在を認めている。この「立法者」は、「主権者と臣民が分離せず同一であるような政治体制、支配服従関係を廃棄するような政治体制」を構想するものであり、まさに「政治のデザイナー」としての役割を果たしていることになる。「あるがままのもの」と「ありうべきもの」とを結びつけることが『社会契約論』の一貫したテーマであるとすれば、「立法者」は、「人間(オム)を市民・国民(シトワイアン)に変える」役割を担うのであり、したがって、フランス革命のリーダー達による『人権宣言』は、『人間(オム)と国民(シトワイアン)の権利の宣言』でもある。すなわち、この権利の宣言は、「人間の権利と国民の権利の区別」でもあり、人間の権利が、自由・所有・安全・圧制への抵抗などの権利であり、法律によらずに訴追・逮捕・拘禁などされることのない権利であるのに対して、国民の権利とは、法律の作成に協力する権利、租税について審議する権利であった。

第2節

社会設計（デザイン）構想

　次に、社会設計・計画思想の系譜とその批判について、足立幸男の行論に倣いながら、考察してみよう。足立によれば、科学とテクノロジーの発達によって、「科学とテクノロジーの組織的適用のみが社会進歩を可能にするという神話」が生まれたが、この神話は、社会設計（デザイン）・計画思想に結実することとなる。まず、社会設計思想の先駆者として挙げられるのが、J・ベンサムである。すでに述べたことであるが、ベンサムは、「人々の幸福を増大させるか否かで全ての行為を是認、否認する原理」としての「功利の原理」にもとづき、「最大幸福の原理」、すなわち「全ての人々の最大幸福を、人間の行為の正しく適切な、普遍的な望ましい目的と主張する原理」を展開し、君主制と貴族院の廃止、普通選挙制、秘密投票制、選挙区再編成、議員任期1年制など議会制改革を行った。こうしたベンサムの制度改革＝制度設計は、「囚人に対して監視されているという意識を与えることで、効果的にかつ低コストで、刑務所内の秩序を保つとともに合理的人間として矯正する」ことを目的としたベンサムの「理想的刑務所としてのパノプティコン」構想からも分かるように、「科学的知識の組織的適用のみが社会の合理的改造を可能にするという思想」を反映するものであり、また、そうした思想の先駆となるものであった。そして、こうした思想を継承し、これにラディカルな表現を与えたものこそ、サン＝シモンやオーギュスト・コントの「理性崇拝の社会計画思想」であった。たとえば、サン＝シモンは、「国民の25分の24以上を構成する産業者の利益に沿った"産業体制"の確立のための条件と方法」を探究した『産業者の教理問答』（1824年）において、封建的軍事的制度から管理的産業的、平和的制度への移行は歴史的基本方向であると

とらえ、「全産業者が国王に請願し、国王の下に"産業者評議会"を形成し、これに公共事業の計画や財政の管理に関する一切の権限を任せるべき」として「産業君主制」を主張している。また、オーギュスト・コントは「社会再組織に必要な科学的作業のプラン」において、「社会再組織の理論的作業を行うに適した唯一の階級」こそ「学者階級」であると指定し、理論的作業の概観的展望を以下のような「三系列の作業」として提示している。すなわち、「政治から、その神学的性格と形而上学的性格とを完全に取り除く、代わりに科学的性格を与えるために、政治の実証的基礎となるべき人間精神の全体的発達の歴史的観察体系を作り上げる」第一系列の作業、「自然への働きかけを目標として作られる新生社会にふさわしい完全な実証的教育体系を作る」第二系列の作業、そして「知識の現段階から見て、自然を人間の利益のために改造するため、全精力をこの目的に集中し、社会計画も、この目的を達成する手段とのみ考えることにより、文明人が自然に対して、どのような集団的働きかけが出来るかを概説する」第三系列の作業である（『世界の名著36 コント スペンサー』中央公論社）。要するに、社会設計・計画思想とは、サン＝シモンやコントにみられるように、「社会問題を真に解決しようと願うなら、場当たり的な対症療法ではなく、科学的合理的な社会改造プランを策定し、それに基づいて中央政府が国民生活全般にわたって強力で組織的な指導と干渉を行うことが不可欠であるとする思想」であった。

社会設計・計画思想の普及と深化の背景

こうした社会設計・計画思想がさらに普及・深化するのは、20世紀に入ってからである。夜警国家から福祉国家へという国家形態の変化は、政府機能の拡大をもたらすことによって、立法国家から行政国家への変化でもあった。そして、第一次世界大戦と第二次世界大戦は、この傾向を倍化させ、社会設計・計画思想の普及に「きわめて好都合な土壌を提供」した。とりわけ、アメリカにおいては、ニューディールなど開発計画の遂行は社会計画思想の普及と深化に大いに貢献した。もちろん、足立が言うように、「"社会問題"の解決に科学的知識やテクノロジーを活用する」ことは必要である。しかし、

第3章　政治のデザイン

科学やテクノロジーに対する過大な期待と社会計画思想とが結合することによって、さまざまな問題が生じる。こうした社会計画思想のもつ問題性に対する代表的批判者として、足立は、F・ハイエクやM・オークショット、K・ポパー（Popper 1902-1994）を上げているが、ここでは、ポパーの社会計画批判、「ユートピア工学批判」をみてみよう。ポパーは、『開かれた社会とその敵』（1945年）において次のように述べている。「私は、理想というものが決して実現されないもので、つねにユートピアにとどまらざるを得ないという事実を指摘することによって、理想を批判しているのではない」。なぜなら「かつて実現不可能であると独断的に宣言されてきた多くのものも……実現されたからである」と述べながら、「私がユートピア工学として批判するものは、社会秩序を全体として完全に改造し直そうとする提案であって、その現実化は非常に広汎な変化に導かざるを得ず、その実践的結果は、我々の限られた経験にとって評価しがたいものなのである。ユートピア的社会工学は、社会全体のために合理的に計画をたてることを主張するが、我々はそのような尊大な要求をいくらかでも正当化するために必要な範囲の事実的知識を何ら持ち合わせていないのである。我々はこの種の計画においては不十分な経験しか持たず、また、事実に関する知識は経験にもとづかなければならないのだから、そのような知識を持つことができない。社会工学の大規模な適用にとって必要な社会的知識は全く存在しないのである」（ポパー『開かれた社会とその敵』未来社、1980年）と。したがってポパーは、「ユートピア的社会工学」に対して「漸進的社会工学」を対置する。「漸進的社会工学」とは「原因と結果を解きほぐすことを不可能にするような、自分自身が何をしているのかを知ることを不可能にするような錯綜性と射程をもつような改革を企てるのを避け」、社会全体の変革を伴わずに、現実的な条件の下で、小規模に、一歩一歩、自らの目的実現を遂行するものなのである（奈良和重『イデオロギー批判のプロフィール』慶應大学出版会、1994年）。

社会設計・計画思想の問題点

では、社会設計・計画思想の問題点はどこにあるのであろうか。足立は、

第 2 節　社会設計（デザイン）構想

社会設計・計画思想の問題点を以下の 2 点にまとめている。すなわち、1 つは、計画から現実をみるため、あるがままの現実を無視する危険性であり、他の 1 つは、エリートによる社会管理の理念と結びつく危険性である。前者に関しては、「社会計画思想に取り付かれた人は、全てを計画から演繹しようとする」ため、「一切の行動を計画によって正当化し、計画のレンズを通してしか現実を見ない」ようになり、また、「計画に基づいて現状を改造することに熱中する余り、現実をそのありのままの様相において観察することが困難になる」。さらには、「計画達成という至上目的のためにはどんな手段をとることも許されるといった、倒錯した心情に陥る」ようにさえなる危険性である。後者に関しては、専門家グループが「最先端の科学とテクノロジーを駆使する知的で系統だった分析」にもとづき「長期的・包括的な社会計画」を策定し、指導者がそれを断行することによってのみ、「社会的諸問題の解決と社会進歩が可能になる」と考えられるようになり、また、その計画の執行においては、「あらゆる反対を沈黙させ、一切のサボタージュを効果的に摘発・阻止しうるほどの絶対的な権力」がなければならないと考えるようになる危険性である。

第3節

市民による政治デザイン

市民による政策構想——諸価値の共生を求めて

　こうした社会設計・計画思想の問題性を防止・克服するためにも、政治の主人公は国民であり、政策形成の主体は市民であるという自覚をもつことがきわめて重要である。しかし、市民が政策を構想するにしても、その基底にすえる価値は多様であり対立している。それゆえ、次に、今日、市民による政策構想に必要と思われる価値、すなわち、政策価値の布置状況について考察してみよう。

　さて、「福祉国家の危機」を契機に、従来とは異なる新しい社会運動が登場してきた。たとえば、女性解放運動、地域主義運動、反原発運動、エコロジー運動などがそれである。こうした社会運動は、直接民主主義的参加、脱物質主義、エコロジーに対する要求を行うことにより、戦後社会の構造そのもの、近代社会のあり方そのものを根本的に問い直し、新たな政治的・社会的パラダイムの構築をめざす動きを示している。したがって、こうした社会運動の変化には、明らかに価値意識の転換が認められる。すなわち、R・イングルハートの「静かなる革命」としての「物質主義的価値」から「脱物質主義的価値」への転換である。イングルハートは、第二次世界大戦後の社会変動として、経済変動（豊かさの普及）、全体戦争の不在、教育水準の上昇、職業構造の変化、マスコミの発達を挙げ、とりわけ、経済変動が「物質的飢餓感を解消」し、全体戦争の不在が「身体の安全を保障」することによって、「下位レベルの諸欲求はある程度充足し、より手に入れにくい高次の社会的欲求あるいは自己実現欲求の欠乏感が切実」となり、「脱物質主義的価値へ

第3節　市民による政治デザイン

の変動」が準備されたとして、社会変動による価値変動への影響について考察したのである。

では、価値転換の模索として、どのような議論があるのか、みてみよう。まず、取り上げられるべきは、J・ロールズ『正義論』（1971年）であろう。なぜなら、この『正義論』は、「福祉国家の危機」に対応して、これまでの福祉国家および福祉国家をささえてきた平等原理を大きく変える原理、新たな正義論を提示したからである。

ロールズ（Rawls 1921-2002）は、『正義論』において、「自由で平等な契約当事者が社会制度の基本ルールを相互に承認しあう」という意味での「公正」を究極的な政治的理想とし、「基本的福祉の権利と機会の平等」を擁護して、公共政策に関するこれまでの評価基準だった功利主義にかわり、「公正としての正義」を提示し、社会正義に関する活発な議論を巻き起こした。彼の「公正としての正義」とは、各契約当事者の平等、偶然性の影響を排除する「無知のヴェール」、そこにおいてなされる行為の合理性という特徴をもった「原初状態」を想定し、そこから導き出される正義の原理である。そして、この「公正としての正義」は以下のような2つの原理から成り立っている。すなわち、1つの原理は、「各人は、他の人々にとっての同様の自由と両立しうる最大限の基本的自由への平等な権利を認められるべきである」という第一原理（基本的自由の平等原理）である。しかし、たとえ基本的自由（市民的・政治的自由）が平等に配分されたとしても、所得や社会的地位の格差が発生することは避けられない以上、この不平等をどのように是正するかという問題が発生する。この不平等問題に対応する原理こそ、第二原理（社会的・経済的不平等の是正原理）である。この第二原理は「社会的・経済的資源は二つの原理に基づいて分配、再配分されるべきである」（社会的・経済的不平等は2つの条件の下で許容される）という原理であり、この第二原理を支える「二つの原理」とは、「社会で最も不利な立場にある人々の便益を最大化する」という格差原理と、「社会的・経済的不平等は公正な機会均等という条件のもとで全員に開かれた職務や地位に付随している」という「公正な機会均等の原理」である。そして、正義の2つの原理、すなわち、第一原理（基本的自由の平等原理）と第二原理（社会的・経済的不平等

第3章 政治のデザイン

の是正原理）とが衝突する場合、第一原理が第二原理に優先し、第二原理の中の2つの原理、すなわち、「格差原理」と「公正な機会均等の原理」とが衝突した場合、「公正な機会均等の原理」が「格差原理」に優先する。したがって、「公正としての正義」においては、平等は「機会の平等」となるのである。

次に、ロールズの「公正としての正義」論を「自由至上主義」「完全自由主義」（リバタリアニズム）の立場から批判したR・ノージック（Nozick 1938-2002）の議論をみてみよう。ノージックは『アナーキー・国家・ユートピア』（1974年）において、「個々人は目的であり、単なる手段ではない。それゆえ、同意なくして、個人を他の目的のために犠牲にしたり、利用したりすることは許されない。個人は不可侵である」として、個人の権利、とりわけ自由を基軸にすえ、J・ロックを手がかりに、自然状態、自然法、見えざる手、市場メカニズムといった古典的自由主義の諸概念を用いながら、「最小国家」の正当性を論証する。ノージックは、その「序」において次のように述べている。「国家についての本書の主な結論は次の諸点にある。暴力・盗み・詐欺からの保護、契約の執行などに限定される最小国家は正当とみなされる。それ以上の拡張国家はすべて、特定のことを行うよう強制されないという人々の権利を侵害し、不当であるとみなされる。最小国家は、正当であると同時に魅力的である。ここには、注目されてしかるべき二つの主張が含意されている。即ち国家は、市民に他者を扶助させることを目的として、また人々の活動を彼ら自身の幸福や保護のために禁止することを目的として、その強制装置を使用することができない」（傍点ノージック）と。

では次に、ロールズの「公正としての正義」論や、ノージックの「完全自由主義」に対して、それらの依拠する諸価値に疑義を呈したA・マッキンタイア、M・J・サンデル、M・ウォルツァー、C・テイラーなどの議論、いわゆる「共同体主義」（コミュニタリアニズム）の立場についてみてみよう。藤原保信によれば、「自由尊重主義」（リバタリアニズム）が、「人間を個別的なものとし、その能力を各人の所有物としながら、その能力を自分自身の判断にしたがって行使していく社会をよしとする」とすれば、共同体主義は、「人間を共同的なものとみ、その能力を共通の資産としながら、それを共同

第3節　市民による政治デザイン

的な目的のために行使していく社会をよしとする」のである。このことをもう少し詳細にみていくためには、井上達夫の共同体主義（共同体論）に関する分析が有益であろう。井上は、共同体主義とは、リベラリズムが「個人の自律を強調しながら、アノミー化とアパシー化を進行させ、結局、個人の倫理的・政治的主体性を貧困化させてしまった」という問題意識の下、以下のような「一群の諸テーゼのすべて、または一部を受容する立場」であると規定する。すなわち、①「人間的主体性は、単なる選択の自由や選択能力としてではなく、選択の指針となるべき確たる自同性を備えた主体の、自己省察の能力として理解されるべき」という「自省的主体性論」、②「人間的主体性は、個人のア・プリオリな能力ではなく、一定の人間的善を求める伝統を共有する共同体の内部でのみ、陶冶される」という「帰属主義的主体性論」、③「人間的善および人間的価値」といった「共通価値回復の鍵は歴史の内にある」とする「歴史主義」、④「政治体の目的は、……正しい特定の善の構想に照らして、構成員を有徳な存在へと完成させること」という「卓越主義」、⑤「分配的正義の問題は、分配されるべき財＝善についての、一定の共通了解で結ばれた特定の共同体の成員の間でのみ解決されうる」という「特殊主義」、⑥「公共の事柄を他者と共同して論議・決定・実行する過程に能動的に参加しうる政治主体的資質としての公民的徳性こそ、自由な人格としての人間の高貴なる本質」とする「公民的共和主義」、⑦「各地域共同体の自治は最大限尊重されるべき」とする「自治的民主主義」である。そして、あえて区分すれば、C・テイラーとM・J・サンデルはこれらすべてを受容し、A・マッキンタイアは①から⑤までを、M・ウォルツァーは③と⑤、B・バーバーは⑥と⑦を受容していると指摘する。こうした彼らの議論は、「自由主義対共同体主義」論争として展開されたが、その論争に決着がついたわけではない。確かに、意見の「接近」はみられたにしても、いずれかが「勝利」を収めたわけでもない。そうではなくて、こうした議論には、異なる価値が前提されていて、人間社会には常に諸価値間の対立・紛争が存在するのであり、解決しえない諸価値の衝突も存在するということである。

第3章　政治のデザイン

価値相対主義から価値多元主義へ

　こうした紛争こそ政治の特徴としたのは、C・シュミットであった。彼は、政治の指標として「友と敵の区分」を挙げ、その表出として戦争や革命などの例外状態を例示した。そして、この例外状態において「決断」するものこそ「真の主権者」であるとして、「独裁」の民主主義的弁証（同質性による正当化）を行い、「独裁」者の正しい政策に対して「喝采（アクラマチオ）」で支持を表明する「新しい国家」像＝全体国家を提示し、後にナチズムを正当化することになった。これは、換言すれば、対立する価値のいずれかを「決断」によって選択し、その選び取られた特定の「価値」にもとづいて新たな秩序を形成するという、いわば価値絶対主義とでもいう立場である。これに対して、シュミットの論敵、H・ケルゼンは、「相対主義こそ民主主義思想の前提とする世界観である。どんな政治的信念でも、どんな政治的意見でも、その表現が政治的意思でありさえすれば、同じように尊敬する」として、価値相対主義を民主主義の本質としてとらえる。しかしながら、齋藤俊明の言うように、価値相対主義が、相互の対話を通じて公共の意思形成に資するのではなく、「自己中心主義的個人主義へ閉塞していく」ならば、「個々人に任された自由な価値判断は無力感へと落ち込んでいく」。とりわけ、今日の「価値・幸福の問題」は「個人の主観の問題」として「価値相対主義」を前提にしていると、それは「自己中心主義的個人主義」に傾斜する可能性を強く帯びてくる。だとすれば、価値絶対主義でも価値相対主義でもない、諸価値の対立を克服する新たな理論が必要となる。

　足立幸男によれば、「諸価値の対立を克服するための諸規範理論」として、一元論と2つの多元論がある。一元論は、ベンサム型功利主義にみられるように、「全ての価値をある一つの共通の尺度に還元し、それに基づいて政策や制度の望ましさを判定しようとする政治理論」、すなわち、「共通の尺度とされた価値」以外の価値を認めないとする理論であり、多元論の1つ、「ヒエラルヒー理論」は、J・ロールズやR・ノージックの理論にみられるように、「諸価値の多元性をさしあたり承認し、諸価値のあいだの原則的優先順位を確定することが可能である」が、この理論では、「優先順位が劣る下位

の価値を追求することは、上位の価値に抵触しない限りにおいてしか許容されない」。多元論のもう１つの理論「オポチュニズム理論」は、穏健な保守主義者Ｅ・バークに代表されるように、「政治的諸価値の対立を個々のケースにおける慎重な判断によって、つまりトレードオフを用いて解決すべきであると主張」する。トレードオフとは、「競合する政策原理の双方に政治的意義を認め、しかも両者を交換可能な関係にある――一方の価値の一定量の減少分が他方の価値の一定量の増大分によって相殺されうる」としてとらえる見方である。要するに、この理論は、人間一般に備わる実践理性の能力の限界を前提にしながら、「大きな変革が必要な場合にも、極力小規模かつ部分的な改良を不断に積み重ねることによって目的を達成すべきである」として「漸変的」であることを強調し、「価値相互間の対立にアドホックな態度で臨」み、「その時々の具体的な状況に鑑みてトレードオフを行うこと」である（足立『政策と価値』ミネルヴァ書房、1991年）。

　これに対し、齋藤俊明は、「価値の対立から価値の共生を可能にする枠組み」として、２つの考え方を提示する。すなわち、「共生の作法」と「討議民主主義」である。「共生の作法」とは、「異質な諸個人が異質性を保持しながら結合する基本的な形式」としての「会話」を通じて獲得される、「他者との異なりを恐れずにわが道を進むものたちの共生を可能にする作法」である。「討議民主主義」とは、「価値の多元化した社会において、より正しい秩序を維持するために、意見や価値観の違う者たちが相互性の理念に訴えながら、共有しうるルールを模索する」方法、すなわち、審議民主主義である。篠原一によれば、討議民主主義を支える原理として、①「討議倫理」にもとづいて運営されること、すなわち、正確な情報と、異なった立場に立つ人の意見と情報を公平に提供すること、②小規模なグループで、その構成も流動的であること、③討議により自分の意見を変えることが望ましい、という３点があり、その制度化にあたっては、ランダム・サンプリング（無作為抽出）が必要である。そして、討議民主主義の制度デザインとしては、討議制意見調査（Deliberative Poll, DP　一定のテーマについてランダム・サンプリングによって選ばれた参加者が、少数のグループによる討議を繰り返したあとで、意見の調査をするもの）、コンセンサス会議（Consensus Conference,

第3章　政治のデザイン

CC 科学技術に関する市民協議の機関)、ドイツの「計画細胞」(Plannungszelle 市民の中から無作為に選ばれたメンバーが、少人数の基本単位（細胞）に分かれて討議し、討議にもとづいて提言を作成して計画づくりの指針とする制度）、アメリカの市民陪審制（citizens' jury ランダム・サンプリングと層化サンプリングの混合形態によって選ばれた市民が、グループ討議によって報告書を作成し、政策決定に参加する政治のシステム）さらには、多段式対話手続き（Mehrstufiges Dialogisches Verfahren, MDV 討議と参加と紛争解決の機能を合わせもった制度）などが挙げられる（篠原一『市民の政治学——討議デモクラシーとは何か』岩波書店、2004年）。

しかし、諸価値の対立を克服するにしても、諸価値の共生をはかるにしても、齋藤の言うように、共約可能な価値と共約不可能な価値とを区分することは必ずしも容易でない以上、とりわけ公共政策は、「共約不可能な生の位相にかかわるという観点に立って諸価値の共生を模索」しなければならない。

補論　政策科学と大学——中間支援組織としての大学の役割

はじめに

大学改革の必要性が叫ばれてからすでに久しい。2005年3月時点の、高校から大学・短大への入学志願率は55.9%（大学志願率48.1%、短大志願率7.9%)、大学・短期大学進学率（過年度高卒者などを含む）は51.5%（大学進学率44.2%、短大進学率7.3%)、専修学校への進学率を含めると76.2%にのぼり、1989年の大学進学率24.7%、1950年代中葉の大学進学率10%と比べれば、高等教育の大衆化は確実に進行している[1]。天野郁夫によれば、こうした高等教育の大衆化に伴って、今大学で進行している改革は、「わが国の大学の組織や制度、慣行を根底からゆさぶり、学生や教員をはじめとする関係者に意識改革を迫らずにはおかないほどの深さと広がり」をもった「教育革命」と呼びうるような改革である。「研究」重視であったわが国の大学において、カリキュラム改革、シラバスの作成、学生による授業評価、教授法の改善（FD）、ティーチング・アシスタント制の導入という、「教育の改善と改良」を「改革の最重要の課題」としていることは、「教育と研究の関

第3節　市民による政治デザイン

係を逆転させ、教育を研究と同等、あるいはそれ以上の位置に引き上げようとする改革」であり、「大学における"教育革命"」である。そして、「革命」と言われるほどの改革であれば、そこには激しい葛藤がつきものであるが、この改革に関して「葛藤が表面化し、改革反対の動きにつながることが少ないのは、"教育革命"の避けがたさをいや応なく認識させるような様々な変化が、大学の内外で進行しているため」である[2]。

　ところで、天野は、その大学改革の方向の1つとして、「異空間性の復権」を挙げる。これまでの大学は、よい意味でも悪い意味でも「別の世界」であった。それゆえ大学に入るということには「別の世界」に入るという「イニシエーション的性格」があった。しかしながら、高等教育の大衆化によって、その境界性が急速に失われ、また、大学で学ぶ学問体系それ自体も揺らぎ、学問間の境界性が大きく失われている。したがって「学生たちにとって大学はこれまでのような共同体性を失い、学生たちは単なる教育サービスの消費者として、大学を利用するだけという傾向がますます強く」なっている。このような状況のなかでの教育改革とは、大学を「知的な挑戦の場」として「再編成する」こと、「再創造する」ことであると、天野は主張する。すなわち、「大学を若者たちにとって、高校以下の教育とは違う"異空間"として、もう一度再編し直す」こと、また、「選抜に力点が置かれて、できるだけ学力の高い学生を入学させるための手段」「より多くの学生を集めるための手段」として使われてきた入学試験も、「それ自身が知的な挑戦であるようなもの」に変えていくこと、「ディシプリンの場」を「大学の中に再創造していく」こと、「学生たちが4年間の学習で何を学んだのか、達成したのかという達成感を味わせる仕組みを、大学の中に自覚的に作り出していく」こと、「単に知識を授けるだけではなく、知識を媒介として"知恵"を作り出していく」こと、そして、そのためにも、「4つのC」、すなわち、Communication, Critical thinking, Creativity, Continuous learning の重要性を強調する[3]。

　こうした大学改革は、国公私大を問わずどの大学においても必要であるし、現に行われていることであるが、なかでもとりわけ問題が深刻なのは公立大学である。再び天野によれば、公立大学は、「国家的なニーズに対応することを求められた国立大学と、社会的な進学要求を満たすことで発展してきた

207

第3章 政治のデザイン

私立大学との狭間」にあって「国立大学や私立大学の役割や機能に期待しがたい、いわば"すき間"を埋める補完型・"ニッチ"型の大学として設置」されてきた「影の薄い存在」であるが、「地方国立大学」の「地域拠点大学」化や私立大学における「存続・発展基盤としての"地域"」認識の強化によって、公立大学の存続が危うくなってきた。すなわち、公立大学は、教育研究の分野や学生募集の面で国・私立の大学と競合するようになっただけではなく、公立大学の「公立」にかかわる部分が、国立大学や私立大学によって侵され始めたからである。言うまでもなく、公立大学は「地域住民の支払う税金によって設立・維持される大学」であり、「"公立"であるがゆえに、"地域"に根ざした、地域に顔を向け地域住民に顔の見える、地域と地域住民にサービスすることを期待された大学、その期待にこたえる大学」のはずであるが、どちらかといえば公立大学自身は、「"大学"であることを強調することに熱心で、"公立"であることに目を向けることを怠」ってきた。しかし、国立大学が急速に「地域」に顔を向け、地域に貢献する大学作りをめざし始め、また、私立大学も、地元に奉仕する大学となることに活路を求めてきたことから、公立大学は自らのレーゾン・デートルを再確認せざるを得なくなってきたのである。公立大学は、地域・自治体との連携として、これまで生涯学習にかかわる講師派遣、審議会委員の就任など行ってきているが、産学連携、起業支援、地域の政策課題の調査研究、市街地再生・街づくり、社会人の再教育など、地域・自治体からの新しいニーズを前にして、これまで以上に地域・自治体との連携・交流を強化せざるをえなくなってきている[4]。

　以上のように、今日、大学は、とりわけ公立大学は、「学問体系のゆるぎ」に対する「既存の学問諸領域を超えた新たなディシプリンの構築」や、「大学と社会との関係のゆらぎ」に対する「大学と地域・自治体との新たな連携・交流関係の構築」という課題に取り組まなければならなくなっているが、こうした課題に対応するものとして、政策科学という新たなディシプリンの構築と、中間支援組織としての大学の位置づけと「政策プラットフォームの構築」を挙げることができるのではなかろうか。以下では、「新しい市民社会論」の構成要素の1つとしてNPOを取り上げながら、中間支援組織の役割に着目して、政策研究を手がかりに大学と中間支援組織との関係、中間支

第3節　市民による政治デザイン

援組織としての大学の役割について考察してみたい。

「新しい市民社会」論とその構成要素

　フランス革命200年祭の1989年に始まった、いわゆる「東欧革命」を契機に、「市民社会」概念は世界的広がりをみせるようになり、「市民社会論ルネサンス」現象が見られた。山口定は、そうした多様な市民社会論を整理した『市民社会論』（2004年）のなかで、「新しい市民社会」論の特徴として7点を挙げている。すなわち、①ヘーゲル＝マルクス主義的系譜からの離脱、②「国家と市民社会」という「二元論」から「国家と市場と市民」という「三元論」へ、③「地球アソシエーション革命」と呼ばれる「グローバル化の中でNPOやNGOの世界的規模での台頭」を基礎とした「地球市民社会論」の登場、④失われた公共性の回復とデモクラシーのバージョン・アップ（熟議民主主義 Deliberative Democracy 論と結社民主主義 Associative Democracy 論）、⑤アソシエーショナリズムへの傾斜と「複数性」の共同社会、⑥知的エリート主義と一国主義からの脱却をはかる、開かれた「市民」概念、⑦他者共生の「共同社会」としての「市民社会」、がそれである。その中でも、③④⑤にみられるようなアソシエーションに着目しながら、「新しい市民社会」論の研究動向として、以下の点を指摘している。すなわち、「理念としての市民社会」概念と社会的・政治的コンテクストとの関連性の問題から「市民社会論の歴史化」が必要となり、このことによって、「市民社会の領域」論から「市民社会のアクターとその行為」論への展開が起こり、「市民社会的行為」や「市民社会のアクター」としての「市民社会組織」に焦点が当てられるようになった、と。そして、「市民社会組織」の要件としては、(1) 外部から把握できる程度の、一定の継続性、恒常性をもった集団であり、活動体であること、(2) 公共性を意識した市民の組織、という2つの要件（辻中豊）に、(3) アソシエーションであること（加入・発言・退出の自由を保障しているという意味で共同体的規制を内包せず、非営利・非国家的で、公と私をつなぐという意味での中間団体であること）を加え、さらに、「地球アソシエーション革命」や「地球市民社会」を主張するL・M・サラモンのアソシエーションが「非営利組織（NPO）」を意味するということから、

第3章 政治のデザイン

　NPOの要件として、サラモンの規定を引用しながら、正式に組織されていること、民間であること、利益配分をしないこと、自己統治、自発的であること、非宗教的であること、非政治的であることを挙げている[5]。このNPOと市民社会との関係について、佐藤慶幸も、「NPO概念は、営利（市場経済）および政府から自立しているNPO、NGO、ボランティア団体、社会運動などを包括する概念」「NPO概念はアソシエーション概念とほぼ同義語」としながら、アソシエーションを、1）慈善型アソシエーション、2）支援・運動型アソシエーション、3）共助・自助型アソシエーション、4）自己充実型アソシエーションの4つに区分し、アソシエーションの社会的意義の1つとして、「"市民社会"を発展させ、国家や市場を相対化し、民主的社会と文化の多様性を維持・発展させる」ことを挙げ、市民社会形成におけるアソシエーション、NPOの重要性について指摘している[6]。

　以上、「新しい市民社会」論の構成要素とアソシエーション、NPOとの関係について2人の論者の指摘を取り上げたが、この点からみたわが国の「市民社会」状況はどのようなものであるのか。市民社会組織・利益団体へのアンケート調査による日韓米独の4カ国比較によれば、団体分類別分布状況に関して、「日本の比率は、選挙活動参加を除くほとんどの設問において最低かそれに近い」「日本における評価が他の3カ国においてよりも高いアクターは、官僚、農業団体、外国の政府、国際機関、外国の利益団体。やや高いか同じであるのは、自治体」「日本における評価が他の3カ国においてよりも低いアクターは、マスコミ、労働団体、消費者団体、NGO、市民団体、住民運動団体。低いか同じであるのは、婦人・女性運動団体、文化人・学者である」「ほとんど評価が同じであるのは、政党、経済・経営者団体、大企業、福祉団体である」という結果が示されている[7]。しかし、山口定は、これに対して、M・M・ハワードのデータにもとづきながら、「市民の自発的結社への参加指数」におけるわが国の異常な低さに着目して、日本社会は「すさまじいほどの"私化（privatization）"状況であり、"市民社会"というよりは"私民社会"といった方がよい状況」であると指摘している[8]。

　それでは、こうした大状況のなかで、北九州市における「市民社会」状況はどのようなものであるのか。まずNPOとの関連でみてみよう。1998年

第3節　市民による政治デザイン

12月から2007年4月までの北九州市におけるNPO法人の認証数は213（福岡県1010、全国3万1116）である[9]が、2004年7月時点での市町村別NPO法人数をみると、北九州市は112で、上位50都市の中で17位である。しかし人口10万人当たりの北九州市のNPO法人数は11.1で、全国平均14を下回り、47位である[10]。北九州市のNPOの特徴としては、楢原真二によれば、活動分野は、政令都市では高齢化率が最も高い（平成14年度、20.3％）ことを反映して、保健・医療・福祉分野が多く（2001年、43.1％）、「まちづくり」（11.1％）、「環境の保全」（9.8％）となっており、会員（正会員）数の点では、会員数20名未満の団体が32.3％、22人以上〜50名未満の団体が22.6％で、全国平均より「やや多め」であり、財政規模の点では「100万円から500万円未満の団体」と「1000万円から5000万円未満の団体」が最も多く、全国平均より「大き」く、「4〜5割程度の団体が専従有給スタッフ」を有し、そのなかの「半数以上は5名以内」とのことである[11]。

　ところで、NPOとは「民間非営利組織」、すなわち、「不特定多数の利益の増進を目的としてボランティアを組織資源に継続的な非営利活動を行う市民社会組織」であり、「単なる"政府の失敗"や"市場の失敗"の補完者」ではなく、「21世紀の新しい地域発展の主要なアクター」である。したがって、NPOの意義としては、「市民のボランティア活動をいかした市民社会の統治する公共空間の拡大」「市民の力による住みよい個性的な地域社会の創造」が挙げられる[12]。こうしたNPOを支援する組織として、北九州市では、2001年10月に「北九州市市民活動サポートセンター」（公設公営）が設置された。「新しい市民社会の形成をリードする市民活動団体を支援する」ためのこのセンターに関して、2002年1月に提出された『市民活動推進懇話会（提言）［最終報告書］』は、その目的について次のように述べている。「市民が自発的、自主的に公共的活動に参画する〈個性豊かな新しい市民社会〉の形成に向け、この地で活動する各種の市民活動団体が自由に交流し、情報を共有しながら、また、行政及び企業と連携・協働しながら、市民活動がさらに活発化するよう総合的な支援を行う」ことである、と。また、このセンターの機能については、①相談・助言、②情報の収集・提言（発信）、③研修の実施、④交流スペースの提供、⑤運営上のサポート、⑥交流・連携

の促進、⑦調査・研究を挙げている[13]。もちろん、こうした機能は個別のNPOの支援のためだけではなく、NPOとNPO、NPOと他のアクター、あるいはNPOと社会とを媒介することによって支援するものでもある。したがって、それは、「インターメディアリ」、中間支援組織と呼ばれるが、一般的には、「多元的社会における共生と協働という目標に向かって、地域社会とNPOの変化やニーズを把握し、人材、資金、情報などの資源提供者とNPOの仲立ちをしたり、また、広義の意味では各種サービスの需要と供給をコーディネートする組織」と定義される。ちなみに、NPO法人から期待されている中間支援組織の機能は、草創期においては、「情報提供機能」であるが、「NPO法人から支援期待の大きい機能」として、資源や技術の仲介機能、人材育成機能、マネジメント能力の向上支援機能があり、「NPO活動全般の発展に向けて期待がかかる機能」として、ネットワーク・コーディネート機能、NPO評価機能、価値創出機能が挙げられる[14]。したがって、この中間支援組織の媒介機能を重視して、「資源提供者と非営利組織の間で、資源提供が行われる際にその阻害要因となっている両者への負荷、すなわちトランザクション・コスト（取引コスト、探索コスト、交渉コスト、モニタリング・コストの総称）を意図的・計画的に設定することによって両者間の資源提供を円滑にし、また促進する」組織と定義することも可能である[15]。いずれにせよ、ここで強調しておきたいことは、「市民社会」状況をみる際にNPOのみならず、こうした中間支援組織の存在と機能を考慮に入れるべきではないかということである。

いくつかの視点

次に、北九州市の「市民社会」状況を考察する上で必要な、他の視点についてもみておこう。先述のセンター設置に向けての「市民活動推進懇話会」における「支援センターの使命と目的」の案作りに際して、市民、市民社会、市民活動団体について、以下のような注釈が付けられていた。すなわち、市民とは「自立した社会生活を送り、社会の公共的諸問題の解決に努め、よりよい社会生活環境を創出しようとする活動に、自発的に参画する人びと」であり、市民社会とは「政府（行政）からも市場（経済活動）からも相対的に

第3節 市民による政治デザイン

自立した社会生活の領域（公共的空間）」であり、市民活動団体とは「法人格を有するNPO、高度に組織化されたボランティア団体、ボランティア・グループなど、公共的目的の実現を目指すために市民によって形成された全ての組織」という注釈である[16]。だとすれば、市民による市民社会形成への方途は、NPO以外にも、多様にありうる。以下、3つの事例を取り上げてみよう。

Ⅰ）みたか市民プラン21

その1つの事例として、「参加希望者全員による大規模開放型ワークショップによる"自治体の憲法"作成」という「まちづくり」方式を採った「みたか市民プラン21会議」を挙げることができよう[17]。「みたか市民プラン21会議」とは、市民と市職員による市長への提言（1998年12月）を市長が反映することによって発足したものであるが、1999年10月に市民と市長とのあいだで締結した「パートナーシップ協定」にもとづき、市の基本構想・基本計画の素案を市民自らが作成しようと、公募に応じた市民375名による会議である。この会議の特徴としては、会議は市長の委嘱ではなく、市民参加組織と市町とのパートナーシップ協定にもとづいた対等な役割と責任を定めて協働型で活動したこと、事務局も市民のボランティアによって運営されたこと、10のテーマ別分科会（都市基盤の整備、安全な暮らし、人づくり、安心できる生活、都市の活性化、平和・人権、市民参加のあり方・NPO支援、情報政策、自治体経営、地域のまちづくり）で審議し政策提言したこと、などを挙げることができる。市民参加の「まちづくり」は多くみられるが、これは、「行政主導の市民参加手法の形式を、協働をめざす市民主導へ転換」させる試みとしての特徴をもっている。たとえば、市と「みたか市民プラン21会議」との「協働」に関しては、「協働に関する3つの原則」（対等な立場での議論と意見交換、相互の自主性の尊重、相互の連絡を密にし互いに協力すること）と、「役割と責務に関する8つの約束」（「みたか市民プラン21会議」役割と責務に関する8つの約束）という原則を設け、さらには、この協定の「有効期限」や、「市民プラン策定後の憲章・評価」についても取り決めている。そして何よりも、この「みたか市民プラン21会議」で興味深

第3章　政治のデザイン

い点は、「市民自身の手によるまちづくり計画（自治体の憲法）の策定は、まず、その会議運営のルールづくりからスタートする」という考えの下に、自らの会議のルール作りを行っている点である。すなわち、「会議運営にかかわる市民のマナー、妥協と落とし所の議論」など「会議の基本ルール」として、「4つの原則と9つのルール」を作成している。(1) 時間の厳守：時間は全員の共有であり、これを大切にする。①会の開始、終了、それぞれの発言時間、持ち時間を厳守する。②事情により会に遅刻、欠席する場合はその都度、必ず事務局に連絡する。(2) 自由な発言：自由な発言を最大限に尊重する。③参加者の見解は、すべて1単位として扱う（所属団体の「公的見解であっても同じ」）。④特定の個人や団体の批判中傷は行わない。(3) 徹底した議論：徹底した議論から相互信頼の土壌を作る。⑤議論は冷静にフェアプレイの精神で行う。⑥議論を進める場合は、実証的かつ客観的なデータを尊重する。(4) 合意の形成：合意にもとづく実効性のあるプランづくりをめざす。⑦問題の所在を明確にした上で、合意形成をめざし、いったん合意した内容はそれぞれが尊重する。⑧事例を取り上げる場合は、客観的な立場で扱う。⑨プログラムづくりにあたっては、長期的取り組みと短期的に取り組むものとを区分し、実現可能な提言をめざす。以上のような会議のためのルール作りは、まさに「市民社会の一員としての身の処し方の獲得」、市民社会で生きるためのマナーの習得という意味をもっている[18]。この会議は、その後約1年間の検討を経て「みたか市民プラン21」を市に提出、市はこの提言書を受けて基本構想・基本計画案を提示し、2001年9月28日に、基本構想が議会で議決され、同年11月28日に基本計画が確定された。かくして、この「みたか市民プラン21会議」は、「有効期限」にしたがい、翌年1月30日に活動を終了した。

Ⅱ）図書館づくり伊万里塾

次に、今日、公共施設への指定管理者制度の導入が多く見られるが、公共図書館もその例に漏れない。かつては「業務委託」か、あるいは「管理委託」であっても公社か公共的団体等への委託に限られていたけれども、「指定管理者制度」はそれを民間企業に開放し、利用許可権を与え、利用料金を

第3節 市民による政治デザイン

自己収入にすることを認める制度である。北九州市の図書館も、行財政改革の下にいち早く指定管理者制度を導入し、4分館を民間組織に委託している。しかし、図書館は市民社会の文化の中心であるという認識の下に、市民による図書館作りを行っているところもある。佐賀県伊万里市の伊万里市民図書館もその1つの例である。伊万里市では、それまでの図書館が小さかったこともあり、「もう一歩進んだ図書館サービスを望む」声が高まり、「母と子の読書会」のメンバーを中心として「図書館を学ぶ会」が結成された。当初5名であった会は、会員を150名に急速に増やし、1986年には「図書館作りをすすめる会」へと変わり、その後、「図書館の使い方、他都市への先進事例の見学会、外部講師を招いての図書館サービスのあり方などの勉強会」を行っていたが、1990年、市長選挙で候補者に図書館設置の要望を公開質問状として提出した。市長の当選によって図書館建設が本格化したため、市民中心の「図書館懇話会」が設置され、1991年になると、市が新図書館建設計画を策定し、1992年に「新図書館建設準備室」を設置したので、「懇話会」は、新図書館建設に対して市民の立場から積極的に関与しさまざまな提言を行った。1993年より計8回行われた公開講座「図書館づくり伊万里塾」は、この行政と市民との協働から生まれたものである。1994年2月には起工式が行われ、市民200人が建設用地に建物の形を白線で引き、新しい図書館を想像しなから図上を歩いたという[19]。また、同年11月、公募による市民代表5名がアメリカへ図書館視察研修に出かけ、そこで得た知見を、1995年に開館した新図書館の運営に活かした。アメリカでの図書館研修から得た彼らの知見とは、ボランティアとは人生の習慣であるということ、図書館運営に必要なものは優秀な司書と市民ボランティアであるということ、図書館での市民ボランティアを支えているものは「市民は図書館の利用者であると同時にパトロンである」という考え方であるということ、そして、情報と知識の平等な提供こそ民主的な地域社会の基本であるという考え方であった。そしてこの知見は、新図書館の基本理念「市民と行政が知恵を出し合い、力を出し合っていつまでもすみ続けたい、住んでいることを誇りに思えるようなまち」を作り上げていくこと、すなわち、「市民と行政が協働して行う地域文化の創造」であるということに反映されている[20]。

第3章 政治のデザイン

Ⅲ）知る権利の制度化

ところで、民意を代表するための民主主義の政治制度として、議院内閣制と大統領制とがある。わが国は、中央政府においては、国民選出の議会における小委員会として内閣を形成する「議院内閣制」を、地方政府においては、首長と議会を別々に選出する「大統領制」を採用している。したがって、地方自治において、行政をチェックする議会の役割はきわめて大きいと言わなければならない。だとすれば、その議会を活性化させるために、地縁・血縁による従来型の選挙ではなく、政策を提示して有権者の判断を問うマニフェスト型選挙や、地域に根ざしたローカル・パーティの結成、候補者に対する公開質問状など、さまざまな方法を駆使する必要があるし、現にそうしたさまざまな方法が実行されている。しかし、何よりも必要なのは住民の政治に対する関心であり、判断であり、それを担保するための正確な情報である。その意味において、情報公開は、議会による行政のチェックのためだけではなく、行政と議会双方に対する市民によるチェックのためにも必要なものである。そして、この市民によるチェック機能を十全に発揮させるためにも、市民と代表者双方を律する政治倫理の確立が必要である。したがって、こうした地方政治の基本にかかわるものこそ、情報公開条例であり、政治倫理条例であるといってもよかろう。情報公開条例が「知る権利の制度化」であり、「住民が地方政治の公正な運営について必要な情報を得るための制度」であるとすれば、政治倫理条例も、「公職者の適格性の有無について住民の"知る権利"を制度化し、選挙権や解職請求権、議会解散請求権の行使の実効性を担保するもの」であり、情報公開条例も政治倫理条例も、「広義の情報公開制度の一環をなすものとして、公開で開かれた民主的な地方政治の運営に欠かせない"車の両輪"と言うべき制度」[21]である。

ちなみに、福岡県では、県内のオンブズマンで作る「議会の情報公開と政治倫理の確立度ランキング制定委員会」が、例年、県内の市町村の情報公開、個人情報保護、政治倫理の3条例のランキング付けを行っている。情報公開条例に関しては、北九州市は、2001年では、福岡県内65市町村中60位、2003年では30位、情報公開条例・個人情報保護条例を合わせた総合ランキ

ング 74 位、2005 年には総合 72 位であった[22]。しかし、政治倫理条例のランキング・リストの中に北九州市の名前はない。このランキングは、まず政治倫理条例が制定されていること、次に、その条例の適用対象や基準などを基にして評価して決められるものであり運用実態はその評価のなかに含まれていない。また、この条例は、「"個人倫理"を強いるもの」ではないし、まして取締法でも刑罰規定でもない。この条例は、「住民を代表する公職者がその権限や地位の影響力を不正に行使して私利を得る"行為"をしてはならない」という「公職者としての倫理」「政治倫理」を問題にしているのであり、あくまでも「住民が代表者の適格性を判断するため、従来はブラックボックスだった議員の資産形成や地位利用の有無を明るみに出し、これをチェックするシステム」にすぎない。公表された審査結果への対応はすべて、有権者である住民に委ねられている。にもかかわらず、この条例に意義があるのは、この「条例の制定と運用を通じて、住民自身が自立的な市民となり、わが町の政治への監視と参加が広まり深まって」いくことになるからである。斎藤文男によれば、政治倫理条例の制定方法としては、住民主導型、議員主導型、首長主導型、それらの混合型などがあり、また、条例制定の手順としては、制定審議会方式、特別委員会方式、常任委員会方式、執行部方式、これらの混合方式などがあるが、政治倫理条例は、「市民モデル政治倫理条例案」[21] 第 2 条に示されているように、市民の代表者たる公職者だけではなく、市民自身も「公共の利益」に対する自覚をもつことを促すものである。すなわち、

「2 条　市長等及び議員は、市民の信頼に値する倫理性を自覚し、市民に対し自らすすんでその高潔性を明らかにしなければならない。
（2）市民は、主権者として自らも市政を担い、公共の利益を実現する自覚を持ち、市長等及び議員に対し、その地位による影響力を不正に行使させるような働きかけを行ってはならない」[23]。

　以上のような「まちづくり」や「市民」図書館建設運動、政治倫理条例制定などの諸問題は、中央政府（national government）に対する地方政府（local government）の発想、国民主権に対する市民主権の発想の下に、「コモ

ンズの悲劇*」にもとづく「新たな公共性」の創造をめざして、市民の自発性と創造性、差異と複数性の承認、対話と協働による「ひとつの政治」の創造としての市民社会の創造の意義を確認するための手がかりになるのではないであろうか。そしてそれは、R・パットナムの「ソーシャル・キャピタル（社会関係資本）」にもかかわるものではないであろうか。1人でボーリングをする人数が増加していることに「アメリカ社会におけるソーシャル・キャピタルの減退の一つの象徴的な例」[24]を見るパットナムは、「調整された諸活動を活発にすることによって社会の効率性を改善できる、信頼、規範、ネットワークといった社会組織の特徴」として「ソーシャル・キャピタル（社会［関係］資本)」概念を提示し、「自発的結社が根を張り、市民が様々な分野で活発に活動し、水平的で平等主義的な政治を旨としている地域」では「互酬性の規範，相互信頼、社会的協力、市民的積極参加、よく発達した市民的義務感が緊密に絡み合い」社会の効率性、地方政府の統治パフォーマンスを高め、「民主主義を機能させる」と主張する。パットナムは言う。「地域社会でその成員が自発的に協力し合うかどうかは、その地域社会に社会資本が豊かに存在するか否かにかかっている。一般化された互酬性の規範と市民的積極参加のネットワークは、裏切りへの誘因を減らし、不確実性を低減させ、将来の協力にモデルを提供することで社会的信頼と協力を促進する。信頼自体、個人的属性であると同様に社会システムの創発特性でもある。個々人は、彼らの行動がその中に埋め込まれている社会規範や社会的ネットワークゆえに、信頼することが可能となる」[25]、と。だとすれば、「市民自らが調査研究して、学びながら具体的な政策提言をしていくこと」「市民による行政への"要望提示型参加"から"政策提言型参画"への変化」を行うための独自の方式を生み出すこと（「北九州方式」の形成、「北九州市民会議」の設置、「北九州市民の憲法」策定など）や、市民の政策提言のために不可欠な情報公開条例のグレードアップや市民主導による政治倫理条例の制定などの必要性が意味をもつようになるのであり、したがって、市民であること（シティズンシップ）の意味について、ともに考え、ともに学ぶことに重要な役割を果たすものとして、「中間支援組織としての大学」が位置づけられるのではないであろうか。

第3節　市民による政治デザイン

　　＊　共有資源が乱獲されることで資源の枯渇を招いてしまうという経済学における法則。共有地の悲劇。

政策科学と大学

　中間組織（集団）とは、「国家と個人の間に生成・機能・活動・発展する多様な媒介集団・団体・組織・機関」であり、「それぞれの目標・期待・願望・課題・問題をもつ個人・集団を結び・繋ぎ・活かす機能・役割・活動を遂行し、国家との間を媒介する」「政府の補助金によって運営・維持される政府関連団体・組織活動と、民間出資の非政府・非営利団体・組織活動と、個人の自発的意思・自主的参加・自己責任に基づいて運営・維持されるボランティア団体・組織活動」を包含する組織（集団）[26]と整理されるが、大学も、その中間組織（中間集団）の1つである。そして、国立大学の独立行政法人化の後、北九州市立大学も2005年4月、独立法人となった。これによって、北九州市の一部局であった大学は、市より運営資金を受けながらも独立採算を行うことができるようになり、より「独立性」を保持できるようになった。その意味において、大学は、独立法人化によって中間組織（中間集団）としての性格を強化するようになったと言えよう。このことは、独立法人化のための基本方針「大学改革プラン」のなかで示された「新しい大学像」にも現れている。すなわち、「地域社会に対しては公立大学として独自性を発揮し、現況や課題をしっかりととらえ、大学の組織や運営を変化、適応させて、大学の資源や機能を積極的に提供すべきである」として、「地域の課題」を、「人材育成（学生、社会人）」「社会との調和（産業、国際）」「地域との共生（市民）」に整理し、これを大学シーズの視点から、「知識」「ネットワーク」「コミュニケーション」というカテゴリーで集約し、これらのことから導き出された社会貢献の機能として、①人材育成機能の高度化、②シンクタンク機能の充実、③産業創出基盤整備（支援）、④コミュニティの再生と文化創造を挙げている。また、「北九州市立大学の改革」としては、「大学を広く市民に開放し、豊富な生涯教育の機会を提供するとともに、市民のNPO活動などへの指導を積極的に実施する必要がある」と強調している。これは、大学を、市民活動団体と行政を媒介する中間組織として、また、

第 3 章　政治のデザイン

市民活動団体相互を媒介し、情報やノウハウを提供したり、相互の連携を促進したりする中間支援組織として位置づけているとも言える[27]。

これに先立ち、北九州市立大学は、2001 年に「環境という緊急かつグローバルな問題と取り組むことによって、科学と技術の相互発展、自然科学と社会科学の融合といった、既存の学問領域の枠を超えた総合化」をめざして国際環境工学部を設置し、「既存の人文・社会科学系学部と工学系学部との有機的連携」を行い「真の総合大学」化をはかったのであるが、その変化のなかで、それをさらに先取りする形で、法学部は 2000 年に政策科学科を設置した。この政策科学科の設置に際しては、市民の望む大学像、地域・産業界への貢献などについて市民や社会人・企業を対象とした各種の調査を行い、地域からの主な期待や要望として「市民に開かれた大学や地域との連携を深めて一層の地域貢献を行うこと」が強いことを確認した上で、社会の変化や地域の要望に対応するためだけではなく、「主体的に変化に対応し、自ら将来の課題を探求し、その課題に対して幅広い視野から柔軟かつ総合的な判断を下すことのできる人材」を養成することを目標とした。したがって、政策科学科は、「政府と市民生活との関わり、とりわけその接点となる政策についての基本原理に知悉し、個別的・具体的な政策課題を発見・分析する能力、政策立案能力を備えた人材を養成すること」を基本理念としたのである[28]。なぜなら、政策とは「社会の創り方、問題解決と改革のための社会への働きかけの道具」だからであり、「その道具の一番有効な形は何か、いろいろな形で知恵をどのようにしてその状況の中で試し、生かしていくか」が常に問われるものだからである。政策は真理の追求というよりも、「絶対的で完璧な答えのない中で、今ここで何をすればよりよい社会の問題の解決がありうるかという知恵を出し合い、実施するもの」だからである[29]。ところで、鈴木誠の言うように、「大学の役割は、広く"知"に関わる営みにある。この営みとは三つの機能から成り立つ。第一は、知識の発見と獲得を意味する"研究"である。第二は、知識の伝達と理解を助ける"教育"（または学習とも言える）である。そして第三は、知識の応用と共有を意味する"社会貢献"である。大学は、知の発見・伝達・共有を目的とし、それぞれの機能を相互に関連性を持たせ、循環のサイクルを通じて各々の機能を発揮させるシ

第3節　市民による政治デザイン

ステム」のはずである。にもかかわらず、これまで、「この三つの機能をバラバラに扱い、各々の機能の評価も個々に行っていた。そのため今日の大学は、"研究"から"教育"へ、"教育"から"社会貢献"へ、"社会貢献"から"教育"へ、"教育"から"研究"へ、という"知の循環作用"を発揮することができないでいる」[30]と言えるのではないか。だとすれば、政策こそ「知の循環作用」を常に必要とするものであり、政策科学は「知の循環作用」を前提とした学問でなければならない。

　では、大学と地域社会とのかかわり方についてどのように考えたらよいのであろうか。大学は、確かに「その立地的特性や地域社会のニーズを教育や研究に取り入れていくことで、大学と地域との関係を構築」し、「地域との交流を深めることで、本来の目的でもある教育の質を高めること」ができると同時に、「大学関係者、学生、地方政府、NPO関係者や住民が一緒になり共同プロジェクトを行うことで、地域との一体感が醸成され、学生も、その地域のコミュニティの一員としてのアイデンティティを高めることができる」し、「将来の地域の担い手となる若手の人材育成にも」つなげることができる[31]。こうした大学と地域社会との相互依存関係・連携を進めていくためには、①大学における研究の高度化、②大学の情報発信機能の強化、③大学と地域との交流組織（協議会など）の設置、④個々の大学間の結びつきの強化だけでなく、コミュニティのなかにある大学を全体として調整し、その大学群と自治体との連絡調整をはかること[32]などが挙げられよう。こうした大学と地域社会のかかわり方に関しても、政策科学および政策学は密接な関係をもっている。大江守之は、総合政策学と中間支援組織と大学との関係について以下のように述べている。すなわち、大江は、総合政策学を「行政的解決、市場的解決が十分に届かないが、社会的な解決が必要な課題に対して、多様な主体の協働による解決の仕組みを提案し、実証実験や先駆的事例への関与を通して、その仕組みの有効性や改善点を明らかにし、必要に応じて行政機構、市場機構の関与を働きかけ、その仕組みの普及・移転の途を拓く学問」と規定し、この総合政策学の研究グループが中間支援組織という「場」を得ることができるならば、「問題解決に必要な情報の収集と分析、それに基づく提案を迅速かつ的確に行える可能性が高い」と主張する。なぜな

第3章 政治のデザイン

ら、「そこで必要な活きた情報を収集しながら、研究成果を活動主体にフィードバックし、推進しようとする仕組みの実効性を評価できるのである。つまり、問題解決実践と研究を結びつけるためには、実践の本当の前線にいるのではなく、一歩引きつつ前線で起きていることの情報を的確に分析し、対応策を組み立てて前線に返す"場"が必要なのである。また、この場においてより大きな方向性を考えるための気づきを得ることもでき、行政に対して制度提案へつなげることができる」からである。それゆえ、研究グループは中間支援組織の設立に積極的に関与し、「自らの"場"をつくる」べきだとする。そして、研究グループと中間支援組織との関係については、「①中間支援組織に研究グループ自体がなる、②既存の中間支援組織と研究グループが一体化する、③既存の中間支援組織を研究グループが支援する」という3種類の関係に区分し、「①の場合、中間支援組織を設立するのか、研究コンソーシアムのような形で行くのか、資金や組織に関する検討を行いながら、中間支援機能強化の方向を探ることが今後の課題である」と指摘している。そしてさらに、「問題解決実践と研究を同時に行い、たとえ学生が入れ替わっても成果が蓄積されていくようにするためには、個別活動主体と連携を保つ中間支援組織が有効である」として、「この場の整備に総合政策学部をもつ大学がどのように関与するか」が重要な課題であると主張している[33]。

このことに関連して、横山恵子は、NPOと大学とのパートナーシップについての必要性は認識されていても、「現状は、パートナーシップ構築の初期段階にある」として、今後は、大学が、地域社会の一員としての意識をもち、「NPOや市民、地方政府を含め地域社会の将来像について考え、政策提言を形成していくような政策プラットフォーム」としての役割を担うことについて注意を喚起し、次のように主張している。「政策プラットフォームとは、立場や価値観の異なる市民や市民団体が、公共空間について、いろいろな課題やその解決への方策などのアイディアを提言し、議論を重ねながら、市民にとって快適な公共空間を創出していこうとする交流の場である。このような政策フォーラムを通じて、市民、NPO、地縁組織、大学、地方政府が、相互に意見や立場を理解、尊重しあい、信頼のネットワークを構築することで、地域社会に連帯感や一体感を醸成することができる。それは、ソーシャ

第3節　市民による政治デザイン

ル・キャピタルの蓄積に繋がり、個性と魅力あふれる社会づくりの形成と成熟した市民社会の実現を促進することになるであろう」[34]と。また、吉田民雄も、NPO・企業・大学・地方政府の協力・連携の必要性を前提に、「地域に暮らす多様な人々が地域社会の公共課題解決のために共に集まり、お互いに知恵を出し合ってそれにあたる協働機会の創出のための交流舞台・基盤」としての「地域プラットフォーム」という「〈もう一つの新しい公共空間〉の設計」の必要性について述べている。そして、吉田は、「市民活動の充実や地域社会の発展のためにパートナーシップを構築」しようとしているNPOと地方政府双方に同じ設問のアンケート調査を行った結果として、NPOや地方政府職員の支持する「地域プラットフォーム」像の順位が、①「NPO中心のゆるやかな関係の地域プラットフォーム」、②「地方政府中心の安定的な関係の地域プラットフォーム」、③「大学中心の開放的な関係の地域プラットフォーム」、④「企業中心の実利的な関係の地域プラットフォーム」であったことを示しながら、この調査では「大学中心の地域プラットフォーム」の期待度は低いけれども、これからはその重要性が高まるであろうと指摘する。というのも、今後、「NPOだけでなく自治会・町内会などの地域組織も含めた市民社会組織の成長・発展」に伴い、「地域社会全体の政策的立場から、多様な市民社会組織を補完・支援するより高次な機能を備えたインターメディアリの創設」、すなわち、「政策プラットフォーム」が必要になるからである。吉田によれば、政策プラットフォームとは、「企業、大学、地方政府のみならず多様な市民が自発的に集まり、情報や意見を交換し、討議・熟議する公共空間」であり、「新しい地域活力を生み出すボランタリーな社会的起業の場であるとともに地域発展のグランドデザインを描く都市政策形成の場」であり、「公共サービスの提供を舵取りする協働の場であるとともに地域社会における信頼関係を増幅するソーシャル・キャピタルの醸成の場」でもある[35]。すなわち、「地域社会の公共問題解決のための都市政策づくりや公共の仕事を共に処理する信頼関係の醸成をベースとして、多様な主体が集まり、交流し、熟議する討論デモクラシーの場」「新しい地域発展のグランドデザインを提示する〈都市政策形成のための社会装置〉として、また地域社会における社会的信頼と協力と公共サービスの協働的な生

第3章　政治のデザイン

産・供給を促進する〈ソーシャル・キャピタル醸成のための社会装置〉として、より高次の機能を機軸とする」「柔らかなインターメディアリ」である。したがって、政策プラットフォームの役割としては、「情報創出機能」「資源・技術の仲介機能」「人材育成機能」「ネットワーク・コーディネート機能」「NPO評価機能」「政策提言等の価値創出機能」などが挙げられる。このように、今後必要となるものが「柔らかなインターメディアリとしての政策プラットフォーム」であり、その「政策プラットフォーム」の主要な役割が先述のような機能であるとすれば、まさに、こうした各役割に関する「豊富な専門的な知的資源をもち、他の主体に対して優位性を持つ主体」こそ、大学なのである。「政策プラットフォーム」に求められるものが、「地域の多様な担い手の持つ多様な〈知〉をリンケージし、地域の知的創造的活動を活性化し、地域の知的資源を発掘・洗練・集積し、新たな都市政策をともに創る地域の担い手に共有された〈公共知〉の形成・蓄積」であるとすれば、大学は、「知的資源としての研究者、ボランティア資源としての学生たち、交流装置としての各種施設などの多様な資源をもつ」ことによって、「新しい地域発展の基礎や先駆的な取り組みを生み出す〈公共知〉の形成・蓄積において」その役割をより一層拡大させることになる[36]。また、調査からは、中間的支援組織に対して「協働のコーディネート」や「協働推進の拠点的役割」への期待がきわめて高く[37]、地域においては「多様な問題が新しい質と複合的な関係性を持って現われ」、合意形成の取り方が最大の課題となっているとき、政策プラットフォームにとって必要なことは、大学のもつ「中立性や知的信頼性などの調整力によって、地域バランスと協働を成立させる」こと[38]である。したがって、「地域の新たな可能性を拓く大学を核とした知的創造拠点の形成」が重要なものとなるにつれて、地域発展の展開における大学の主導的な役割に対する期待もますます高まることとなる。それゆえ、「市民社会を主体とした個性豊かな地域の形成が21世紀の地域発展の鍵となる時代」にあっては、「広く地域発展と知的創造拠点たることを視野におさめ」ていることが「大学のサバイバルの条件」となる。だとすれば、「NPOなど市民社会組織の力量をいかした新しい地域発展という壮大な未来構築への挑戦において、市民社会の統治する多様で個性的な公共空間を複層

第 3 節　市民による政治デザイン

的にデザインし、豊かな〈公共知〉の創造に向けて NPO・企業・大学・地方政府のパートナーシップの構築を図る大学の政策構想力が問われる」こととなる[39]。まさしくこの「政策構想力」を支えるものとして、政策科学および総合政策学という新しい学問領域が登場したのであるとすれば、政策科学と大学は密接な関係をもっているのであり、政策科学の今後の展開は、大学のみならず、地域社会にとっても重要な鍵となるはずである。

【注】

1) 生涯学習政策局調査企画課「平成 17 年度学校基本調査速報」文部科学省　2005 年 8 月
2) 天野郁夫『大学に教育革命を』有信堂、1997 年、ii-iii 頁
3) 天野郁夫『大学改革――秩序の崩壊と再編』東京大学出版会 2004 年、162-175 頁
4) 天野郁夫「問われる公立大学」『大学改革の社会学』玉川大学出版部、2006 年、254-257 頁
5) 山口定『市民社会論』有斐閣、2004 年、149-166、178-191 頁
6) 佐藤慶幸『NPO と市民社会――アソシエーション論の可能性』有斐閣、2002 年、3 頁、157-159 頁
7) 辻中豊編『現代日本の市民社会・利益団体』木鐸社、2002 年、76-77 頁
8) 山口定、前掲 5。200 頁
9) 北九州市市民活動サポートセンター『キラキラ』No.61、2007 年 5 月、4 頁
10) 西出優子・埴淵知哉「NPO とソーシャル・キャピタル――NPO 法人の地域的分布とその規定要因」山内直人・伊吹英子編『日本のソーシャル・キャピタル』NPO 研究情報センター、2005 年、9 頁、表 4
11) 楢原真二「北九州市における NPO の動向と問題点の検討」『北九州市立大学法政論集』第 31 巻第 2・3・4 合併号、196-204 頁
12) 吉田民雄「新しい公共空間のデザインに向けて――NPO・企業・大学・地方政府のパートナーシップの構築」『新しい公共空間のデザイン』東海大学出版会、2006 年、2、3、8 頁
13) 北九州市市民活動サポートセンター『市民活動推進懇話会（提言）[最終報告書]』2002 年 1 月、6 頁
14) 内閣府国民生活局編『NPO 支援組織レポート 2002――中間支援組織の現状と課題に関する調査報告書』2002 年、3、7 頁
15) 田中弥生『NPO と社会をつなぐ――NPO を変える評価とインターメディアリ』東京大学出版会、2005 年、iv、19 頁
16) 北九州市市民活動サポートセンター「第 2 回市民活動推進懇話会の概要」北九州市、1 頁
17) 辻山幸宣「これからのまちづくり」『都市問題』第 92 巻第 9 号、2001 年、11 頁
18) みたか市民プラン 21 会議『"こんな三鷹にしたい" みたか市民プラン 21 会議活動報告書』2000 年 10 月

第 3 章　政治のデザイン

19) 森田一雄『序章　私たちの図書館は』伊万里市民図書館、2001 年、4-12 頁
図書館フレンズいまり『図書館は帆、市民は風』伊万里図書館、2001 年、22-24 頁
伊万里図書館「市民参加での図書館づくり〈伊万里市からの報告〉」文部科学省、1-3 頁
20) 犬塚まゆみ「公共図書館ボランティア――伊万里市民図書館」図書館ボランティア研究会『図書館ボランティア』丸善出版、2000 年、156-158 頁
21) 斎藤文男『政治倫理条例のつくり方――地方からの政治改革』自治体研究社、1999 年、5 頁
22) 『毎日新聞』2005 年 7 月 8 日、『西日本新聞』2005 年 7 月 8 日
23) 斎藤文男　前掲 21。4-6、88-91 頁
24) 宮川公男・大守隆編『ソーシャル・キャピタル』東洋経済新報社、2004 年、12 頁、パットナムによる。
25) R・パットナム『哲学する民主主義』河田潤一訳、NTT 出版、2001 年、206-207、220、254 頁
坂本治也「地方政府を機能させるもの？――ソーシャル・キャピタルからシビック・パワーへ」『公共政策研究』第 5 号、2005 年。坂本はソーシャル・キャピタルとシビック・パワーを厳密に区分することの必要性を強調している。
26) 金泰昌「おわりに」佐々木毅・金泰昌編『公共哲学 7　中間集団が開く公共性』東京大学出版会、2002 年、375-376 頁
27) 北九州市立大学『大学改革プラン』
28) 『北九州大学法学部政策科学科設置届書』1999 年 6 月
29) 上野真城子「NPO と政策形成――政策を人々のものにするために」日本 NPO 学会編集委員会編『NPO 研究 2001』日本評論社、2001 年、99 頁
30) 鈴木誠『大学と地域のまちづくり宣言』自治体研究社、2004 年、90 頁
31) 杉山知子「NPO と大学」『新しい公共空間のデザイン』東海大学出版会、2006 年、109 頁
32) 加野芳正『コミュニティの中の大学』有斐閣、2004 年、143-144 頁
33) 大江守之・平高史「問題解決実践と総合政策学――中間支援組織という場の重要性」大江・岡部・梅垣『総合政策学』慶應義塾大学出版会、2006 年、165-167、180 頁
34) 横山恵子「市民活動と NPO・地域・大学と新しいパートナーシップの形成」『新しい公共空間のデザイン』東海大学出版会、2006 年、189 頁
35) 吉田民雄、前掲 12。31-32 頁
36) 吉田民雄、前掲 12。31-39 頁
37) 前掲 14。45-46 頁
38) 山岸秀雄・岡田華織編著『産官学民 NPO プラットフォーム――NPO と大学を軸とした新しいコミュニティ』第一書林、2007 年、22、35 頁
39) 吉田民雄　前掲 12。24、26、28、30-32、37-40 頁

あとがき

　私はまだ、「政策構想」にこだわっている。「政策形成」ではなく「政策構想」としたのは、「政策形成」では、どちらかと言えば、官僚や政治家たちなど政策形成のプロフェショナルに力点が置かれ、「現在の延長」として政策が位置づけられるのに対し、「政策構想」では、確かに政策形成に関してアマチュアであるけれども政治の主体としての市民に力点が置かれ、自らの「未来を発明」するものとして政策を大きくとらえられるのではないかと思うからである。「ベルリンの壁」の崩壊や東日本大震災のような「誰も予測しなかった現実」を目の前にするとき、「現実に基づく客観的予測」を含めて、「いまここにあるもの」について考えるばかりではなく、「いまここにないもの」について考える必要性がますます高まってきたのではないかと思う。「"ここにあるもの"をありのまま見るにも能力がいるが、"ここにないもの"を見るにも、別の能力がいる」として、この「別の能力」を「夢見る能力」と呼んだのは上野千鶴子氏であるが、本書は、この「ここにないものを夢見る能力」に力点をおきたいと考えている。もちろん、政策を考える上で、「ありのままを見る能力」も「夢見る能力」も、ともに必要な能力であるので、本書もそれに対応するため、大きく2つの構成にしている。ただ、今必要と思われる「夢見る能力」を強調するために、少々長いが書名を「未来をデザインする政策構想の政治学」とした。

　本書は、基本的に『政治のデザイン——政策構想論序説』（南窓社、2007年）を継承している。しかし、多くの箇所を削除し補論を追加し、さらに、本文にも大幅な加筆修正を行っている。とりわけ、主要な人名にはアルファベット表記と生没年を付し、説明を要すると思われる事項には簡単な注をつけるなど、利用しやすいように若干の工夫も行っている。ちなみに、追加した補論の初出誌は、次の通りである。

- 「議会制民主主義と大統領制民主主義」(内山秀夫・薬師寺泰蔵編『グローバル・デモクラシーの政治世界――変貌する民主主義のかたち』有信堂、1997年)
- 「人間の意志の営みとしての政治」(「"内山政治学と現代"覚書」『雑誌』No. 33、2009年)
- 「政策科学と大学」(中道寿一編『政策科学の挑戦――政策科学と総合政策学』日本経済評論社、2008年)

また、本書の出版に関しては、福村出版の宮下基幸氏にお世話になった。定年退職を機に、『政策研究』(福村出版、2011年)につながるものとして本書の企画を立てていた際、偶然お目にかかることになった宮下氏にお話し、幸運にも今回の運びとなった。また、本書の編集に携わっていただいたのは、源良典氏と村田昌代氏である。読者にとって利用しやすいようにと様々な、しかも、的確な提案をしていただき、校正作業をきわめて円滑に進めることができた。おふたりの手際の良い編集作業がなければ、本書の完成はあり得なかった。お三方に対し、記して感謝申し上げます。

2014年4月20日

中道 寿一

参考文献

第1章
M・ウェーバー『職業としての政治』脇圭平訳、岩波書店、1980年
高畠通敏『政治学の道案内』三一書房、1976年
篠原一・永井陽之助編『現代政治学入門』有斐閣、1984年
丸山眞男『政治の世界』御茶の水書房、1952年
H・D・ラスウェル『権力と人間』創元新社、1978年
高畠通敏・関寛治編『政治学』有斐閣、1978年
C・E・メリアム『政治権力──その構造と技術』上・下、斎藤眞・有賀弘訳、UP選書、東京大学出版会、1973年
G・パリィ『政治エリート』中久郎訳、世界思想社、1982年
G・モスカ『支配する階級』志水速雄訳、ダイヤモンド社、1973年
V・パレート『エリートの周流』川崎嘉元訳、垣内出版、1975年
R・ミヘルス『政党政治の社会学』広瀬英彦訳、ダイヤモンド社、1975年
C・W・ミルズ『パワー・エリート』鵜飼信成・綿貫譲治訳、東京大学出版会、1969年
中山政夫『現代政治学』三和書房、1966年
秋元律郎『権力の構造──現代を支配するもの』有斐閣、1981年
飯坂良明『現代政治学──新しい社会と市民のあり方』NHK市民大学叢書(2)、日本放送出版協会、1968年
H・ケルゼン『デモクラシーの本質と価値』西島芳二訳、岩波書店、1966年
J・J・ルソー『社会契約論』前川貞次郎・桑原武夫訳、岩波書店、1954年
M・ウェーバー『支配の社会学──経済と社会』Ⅰ・Ⅱ、世良晃志郎訳、創文社、1960年
M・ウェーバー『支配の諸類型──経済と社会』世良晃志郎訳、創文社、1970年
坂口安吾『堕落論』角川書店、2007年
向井・石尾・筒井・居安『ウェーバー──支配の社会学』有斐閣、1979年
岡本幸治・木村雅昭編『現代政治を解読する』ミネルヴァ書房、1990年
伊手健一『政治権力論』雄松堂出版、1984年
阿部斉『アメリカの民主政治』UP選書、東京大学出版会、1972年
N・マキャベリ『君主論』黒田正利訳、岩波書店、1959年
藤原保信・佐藤正志『ホッブズ リヴァイアサン』有斐閣、1978年
友岡・中川・丸山『ロック 市民政府論入門』有斐閣、1978年
小笠原・白石・川合『ルソー 社会契約論入門』有斐閣、1978年
小笠原・小野・藤原『政治思想史』有斐閣、1978年
岩佐幹三・山崎時彦編『政治思想──歴史と現代』法律文化社、1975年
T・ホッブズ『リヴァイアサン』水田洋訳、岩波書店、1992年
J・ロック『市民政府論』鵜飼信成訳、岩波書店、1968年
田中浩『国家と個人──市民革命から現代まで』岩波書店、1990年
福田歓一『近代民主主義とその展望』岩波書店、1997年
阿部・有賀・斎藤『政治──個人と統合』UP選書、東京大学出版会、1994年
C・シュミット『現代議会主義の精神史的地位』稲葉素之訳、みすず書房、1972

年
A・トクヴィル『アメリカの民主政治』井伊玄太郎訳、講談社、1987年
高本・末延・宮沢『人権宣言集』岩波書店、1957年
I・バーリン『自由論』小川・福田・小池訳、みすず書房、1979年
G・セイバイン『デモクラシーの二つの伝統』柴田平三訳、未来社、1977年
E・バーク『エドマンド・バーク著作集』中野好之訳、みすず書房、1973年
C・L・モンテスキュー「法の精神」『世界の名著34　モンテスキュー』井上幸治訳、中央公論社、1980年
飯坂・小松・山下・関『イギリス政治思想史』木鐸社、1972年
G・サルトーリ『現代政党学』岡沢憲芙・川野秀之訳、早稲田大学出版部、1980年
G・アーモンド『現代政治学と歴史意識』内山秀夫訳、勁草書房、1982年
岡沢憲芙「インプットのメカニズム——政党・利益集団・政治的補充」飯坂良明編『モダン・ポリティクス』学陽書房、1978年
上林良一「圧力団体」『政治学副読本』文眞堂、1977年
内田満「政治の過程——参加と組織」『政治学を学ぶ』有斐閣、1976年
内田満『政治過程』三嶺書房、1986年
楠精一郎「圧力団体」『現代政治学』法学書院、1982年
堀江湛「選挙制度と投票参加——選挙過程のなかの市民」『デモクラシーの構造』NHK市民大学叢書、日本放送出版協会、1976年
谷藤悦史「選挙と投票行動」『現代政治学』法学書院、1982年
石川真澄『戦後政治構造史』日本評論社、1978年
富田・堀江編『選挙とデモクラシー』学陽書房、1982年
望月・谷・佐藤『現代政治への視座』れんが書房新社、1983年
本田弘『政治理論の構造』勁草書房、1982年
オルテガ・イ・ガセット『大衆の反逆』神吉敬三訳、角川書店、1967年
奥井智之『60冊の書物による現代社会論——五つの思想の系譜』中央公論新社、1990年
西部邁『大衆への反逆』文藝春秋社、1983年
山崎正和『柔らかい個人主義の誕生』中央公論社、1987年
藤竹暁『大衆政治の社会学』有斐閣、1990年
W・コーンハウザー『大衆社会の政治』辻村明訳、東京創元社、1961年
村上泰亮『新中間大衆の時代』中央公論社、1984年
M・ウェーバー『官僚制』阿閉吉男・脇圭平訳、角川書店、1958年
菅野正『現代の官僚制』誠信書房、1969年
筒井清恵『現代思想の社会史』木鐸社、1985年
高畠通敏『自由とポリティーク』筑摩書房、1976年
M・ウェーバー『国家社会学』石尾芳久訳、法律文化社、1960年
山口定「"管理社会"論の論理——先進社会における政治統合の問題」『統合と抵抗の政治学』有斐閣、1985年
谷藤悦史「"福祉国家"・コーポラティズム・管理」『管理とデモクラシー』学陽書房、1984年
J・K・ガルブレイス『新しい産業国家』都留重人監訳、河出書房、1968年
矢野暢「国家の再検討」『いま、国家を問う』大阪書籍、1984年

参考文献

H・マルクーゼ『一次元的人間』生松敬三・三沢謙一訳、河出書房新社、1980 年
E・フロム『自由からの逃走』日高六郎訳、創元社、1951 年
D・リースマン『孤独な群衆』みすず書房、1964 年
永井陽之助『政治意識の研究』岩波書店、1971 年
堀江湛ほか『現代の政治と社会』北樹出版、1982 年
栗原彬「政治の文化——政治意識」『政治学を学ぶ』有斐閣、1976 年
秋元・森・曽良中『政治社会学入門』有斐閣、1980 年
曽良中清司『権威主義的人間』有斐閣、1983 年
岩永健吉郎編『政治学研究入門』東京大学出版会、1974 年
H・J・アイゼンク『自己発見の方法』本明寛訳、講談社、1978 年
F・I・グリーンスタイン『子供と政治——その政治的社会化』松原治郎・高橋均訳、福村出版、1972 年
星野智ほか『政治学のトポグラフィ』新曜社、1989 年
内山秀夫『比較政治考』三嶺書房、1990 年
篠原一『市民参加』岩波書店、1977 年
R・A・ダール『ポリアーキー』髙畠通敏・前田脩訳、三一書房、1981 年
R・J・プランジャー『現代政治における権力と参加』佐藤・橋・肥田訳、勁草書房、1972 年
S・ヴァーバ、N・H・ナイ『政治参加と平等』三宅一郎監訳、東京大学出版会、1981 年
O・フェルドマン『人間心理と政治』早稲田大学出版部、1989 年
松下圭一『現代政治学』東京大学出版会、1968 年
内山秀夫「政治の変動——運動とイデオロギー」『政治学を学ぶ』有斐閣、1976 年
篠原一『ヨーロッパの政治』東京大学出版会、1986 年
齋藤俊明「政治の変動」星野智ほか『政治学のトポグラフィ』新曜社、1989 年
内山秀夫『政治文化と政治変動』早稲田大学出版部、1977 年
阿部・内田・高柳編『現代政治学小辞典』有斐閣、1978 年
内田・内山・河中・武者小路編『現代政治学の基礎知識』有斐閣、1975 年

第 2 章

日本政治学会編『政治学の基礎概念』岩波書店、1981 年
H・D・ラスウェル『権力と人間』永井陽之助訳、東京創元社、1954 年
Y・ドロア『政策科学のデザイン』宮川公男訳、丸善出版、1975 年
H・D・ラスウェル、A・カプラン『権力と社会』堀江・加藤・永山訳、芦書房、2013 年
田口富久治「イーストンのラスウェル"政策科学"評論」『政治理論・政策科学・制度論』有斐閣、2001 年
山川雄巳「政策研究の課題と方法」日本政治学会編『政策科学と政治学』岩波書店、1983 年
松下圭一『政策型思考と政治』東京大学出版会、1991 年
山口定・柴田弘文編著『政策科学へのアプローチ』ミネルヴァ書房、1999 年
E. E. Schattschneider, *"Politics, Pressures and the Tariff"*, Prentice-Hall Inc., 1935, p. 288.

T. J. Lowi, 'American Business, Public Policy, Case Studies and Political Theory', *World Politics 16*, 1964, pp. 689-690.

T. J. Lowi, 'Four Systems of Policy, Politics and Choice.' *Public Administration Review 32*, 1972, pp. 298-310.

佐藤満「T・J・ロウィの"権力の競技場"論（一）（二）」『法学論叢』121巻1号（1987年）、121巻4号（1988年）

大河原伸夫「政策と政策類型」『九州大学社会科学論集』26巻、1986年

山口二郎『大蔵官僚支配の終焉』岩波書店、1987年

磯崎育男『政策過程の理論と実際』芦書房、1997年

橋立・法貴・斎藤・中村『政策過程と政策価値』三嶺書房、1999年

山谷清志『政策評価の理論とその展開』晃洋書房、1997年

熊本大学地域連携フォーラム『水俣・芦北地域総合研究［平成15年度］山間地集落のくらしと政策』2004年

A・スミス『世界の大思想14　スミス国富論（上）』水田洋訳、河出書房新社、1965年

星野・和田・山崎『スミス国富論入門』有斐閣、1977年

岩間一雄『比較政治思想史講義』大学教育出版、1997年

J・R・ディンウィディ『ベンサム』永井義雄・近藤加代子訳、日本経済評論社、1993年

関口正司「ベンサム」中谷猛・足立幸男編『概説　西洋政治思想史』ミネルヴァ書房、1994年

山下重一ほか『イギリス政治思想史』木鐸社、1974年

永井義雄『ベンサム』研究社、2003年

J・S・ミル「自由論」早坂忠ほか訳『世界の名著38　ベンサム　J・S・ミル』中央公論社、1967年

杉原四郎『J・S・ミルと現代』岩波書店、1980年

J・M・ケインズ「自由放任の終焉」「繁栄への道」宮崎義一訳『世界の名著57　ケインズ　ハロッド』中央公論社、1971年

J・M・ケインズ『ケインズ全集　第9巻』宮崎義一訳、東洋経済新報社、1981年

毛利健三『イギリス福祉国家の研究』東京大学出版会、1990年

A. Briggs, 'The Welfare State in Historical Perspective', *Archives Europeennes de Sociologie*, Vol. 2, 1961.

山口定『政治体制』東京大学出版会、1989年

宮本太郎編著『福祉国家再編の政治』ミネルヴァ書房、2002年

阪野智一「自由主義的福祉国家からの脱却？――イギリスにおける二つの福祉改革」『福祉国家再編の政治』ミネルヴァ書房、2004年

齋藤純一編著『福祉国家／社会的連帯の理由』ミネルヴァ書房、2004年

木村正身「フェビアン社会主義の社会政策思想」『香川大学経済論叢』第51巻第3・4号、1978年

松下圭一『政策型思考と政治』東京大学出版会、1991年

山谷清志『政策評価の理論とその展開』晃洋書房、1997年

松下圭一「日本の政策課題と政策構成」日本政治学会編『年報政治学1983　政策科学と政治学』岩波書店、1984年

山口定『市民社会論――歴史的遺産と新展開』有斐閣、2004年

J・ハーバーマス『コミュニケイション的行為の理論（下）』丸山高司ほか訳、未来社、1987年
高畠通敏「"市民社会"問題」『思想』岩波書店、2001年5月号
栗原彬「市民政治のアジェンダ」『思想』岩波書店、2000年2月号
川本隆史「自己決定権と内発的義務」『思想』岩波書店、2000年2月号
高畠通敏『現代市民政治論』世織書房、2003年
篠原一『市民参加』岩波書店、1977年

第3章
加藤源『都市再生の都市デザイン』学芸出版社、2001年
上山春平『日本の国家デザイン――天皇制の創出』日本放送出版協会、1992年
中谷猛・足立幸男編著『概説　西洋政治思想史』ミネルヴァ書房、1994年
清水幾太郎編『世界の名著36　コント　スペンサー』中央公論社、1970年
K・ポパー『開かれた社会とその敵』内田詔夫・小河原誠訳、未来社、1980年
奈良和重『イデオロギー批判のプロフィール』慶應義塾大学出版会、1994年
西川知一編『比較政治の分析枠組』ミネルヴァ書房、1986年
R・ノージック『アナーキー・国家・ユートピア』嶋津格訳、木鐸社、1995年
押村高・谷喬夫編『藤原保信著作集5　二〇世紀の政治理論』新評論、2006年
井上達夫「共同体論――その諸相と射程」『法哲学年報』日本法哲学会、1989年
足立幸男『公共政策学入門』有斐閣、1994年
足立幸男『政策と価値――現代の政治哲学』ミネルヴァ書房、1991年
篠原一『市民の政治学――討議デモクラシーとはなにか』岩波書店、2004年

索引

ア行

アーモンド, G　80, 82, 86, 88, 129, 182
アイゼンク, H. J　128
アウシュヴィッツ　51
アクトン卿　34
アゴラ　26
足立幸男　198, 204
アダム・スミス　154, 155, 156, 160
アデナウアー　169
アドボケイト　183
アトリー　169
アドルノ, T. W　129
アドルフの合法性　41
アナーキスト　20
天野郁夫　206, 207
アメリカ合衆国憲法　57
アリストテレス　19, 106, 194
アレント, H　113
イーストン, D　65, 145
磯崎育男　147
伊藤博文　192
イニシアティヴ　59, 125, 183
井上毅　192
井上達夫　203
岩岡中正　153
イングルハート, R　200
インディペンデント　85
ヴァージニア権利章典　52
ヴァーバ, S　124
ヴァイツゼッカー　140
ヴァレリー, P　44
ヴィーレック, P　110
ウェーバー, M　17, 18, 30, 34, 39, 41, 61, 73, 74, 79, 99, 115, 117, 118, 119, 128, 135
上山春平　192, 193, 194
ウォルツァー, M　202, 203
ウォルポール, R　58
内田満　135, 137
内山秀夫　132, 133, 134, 135, 137, 141, 142
ウルティマ・ラティオ　34, 44
エートス　28, 128
エーベルト　73
エクレシア　26
エスピン・アンデルセン　168
エリートの周流　36
エンゲルス　61
オイコス　26
王権神授説　42
オーウェル, G　45
オーガンスキー　110
オークショット, M　198
オセアナ　55
オッフェ, G　122
オルテガ・イ・ガセット　103, 105

カ行

カーセ, M　124
ガードナー, J. W　90
カーライル, T　42
カウツキー, J. H　110
カッシーラー, E　42, 49
寡頭制の鉄則　36
加藤秀俊　105
カミュ, A　25
カリスマ　40, 41, 100, 118
ガルブレイス, J. K　120
川崎修　114
川本隆史　188

索 引

ギアツ, C　123
擬似カリスマ　40
グリーンスタイン, F. I　128
栗原彬　189
グレージア, S. de　47
クレデンダ　35, 46
クローチェ, B　110
ケインズ, J. M　166, 169, 170, 171
ゲッベルス　51
ゲリマンダー　94
ケルゼン, H　38, 204
牽制と均衡　55, 57
コアビタシオン　73
コーンハウザー, W　102, 103
コッカ, J　187
ゴビノー, J. A　42
コント（オーギュスト）　196, 197
コンドルセ（ニコラ・ド）　77

サ行

サイト　27
齋藤俊明　170, 205, 206
阪野智一　168
サッチャー　169
佐藤慶幸　210
サラモン, L. M　90, 209, 210
サルトーリ, G　78, 81, 82, 84
サルトル　43
産官軍複合体　37
サン＝シモン　196, 197
サンデル, M. J　202, 203
シーザー, G. J　40
試行錯誤　28
篠原一　131, 205, 206
支配する階級　36
シビル・ミニマム　173
シャイラー, W　110
シャットシュナイダー, E. E　77, 146
シュパン, O　106, 108
シュミッター, P. C　123

シュミット, C　20, 50, 61, 62, 74, 107, 108, 109, 204
シュンペーター, J. A　60, 61, 184
ジョーンズ, C　168
シラク　73
真正カリスマ　40
スカルピーノ　84
スペンサー　197
政治教義　46
関口正司　157, 162, 163
ゼロ・サム概念　31
ゼロ・サムゲーム　71
ソクラテス　161, 193

タ行

ダール, R. A　38, 60, 126
ダイシー, A. V　159
タウン・ミーティング　53, 67
高畠通敏　21, 22, 23, 24, 27, 99, 104, 118, 188
田口富久治　145
田中愛治　85
タルド, J. G　101, 102
チェンバレン, H. S　42
テイラー, C　202, 203
ディンウィディ, J. R　157
デーヴィス, L　125
テクノクラシー　119, 122
デューイ　60
デュベルジェ, M　72, 80, 81
テンプル大司教　166
トクヴィル, A　63, 86, 162
ドゴール　69, 72
ドストエフスキー　51
トマス・アクィナス　106
トルーマン, D. B　61, 86
ドロア, Y　147

ナ行

ナイ, N. H 124
永井義雄 159
中江兆民 193
ナショナル・ミニマム 171, 172, 173
ナチズム 38, 49, 50, 51, 65, 103, 105, 128, 204
ナポレオン 40
奈良和重 198
西部邁 105
ノイマン, F 110
ノイマン, S 48, 77, 79, 81, 102, 113
ノージック, R 61, 202, 204
乃木(希典) 46

ハ行

バーカー 60
バーク, E 53, 66, 77, 78, 205
パーソンズ, T 31
ハーバーマス, J 122, 187, 188
バーバー, B 203
バーリン, I 64, 65
パイ, L. W 129, 135
ハイエク, F 61, 123, 198
バウマン, Z 24, 25, 26, 27
ハクスリー, A 45
パットナム, R 218
パノプティコン 158, 159, 196
ハリントン, J 55
ハルガルテン, G. W. F 110
パレート, V 19, 35, 37
パワー・エリート 37, 103
ハワード, M. M 210
ハンター, F 37
ビスマルク 73
ヒトラー 51, 109
ヒンデンブルク 74
プーランザス 61

プール, I 184
フェリーチェ, R. de 112
フォーラム 183
福澤諭吉 132, 140, 142
フクヤマ, F 60
藤原保信 202
プライス, J 77
ブラウアー, D 90
プラトン 20, 99, 160, 193, 194
プランジャー, R. J 126, 182
フランス人権宣言 53, 57
フリードマン, M 123
フリードリヒ, J 111, 112
ブリッグス, A 166
プレッサス, R 86
プレビシット 125
プロイス, H 73
フロイト 128
フロム, E 102, 129
ベイトマン 60
ベヴァリッジ, W. H 166, 171
ヘーゲル 60, 108, 209
ヘラー, H 32
ベル, D 104, 121
ヘルド, D 61
ベンサム, J 60, 156, 157, 158, 159, 160, 161, 166, 196
ベントレー, A. F 86
ホイッグ 66
法貴良一 151
ボダン, J 52
ホッブズ, T 31, 61
ポパー, K 198
ポリアーキー 126

マ行

マーシュ, A 124
マートン, K 43
マイネッケ, F 110, 123
マキァヴェリ, N 20, 31, 99

索　引

マクファーソン, C. B　60
マッカーサー, D　192
マッカーシズム　105
マッキンタイア, A　202, 203
松下圭一　104, 131, 146, 147, 173, 174, 178, 179
マディソン　61, 67
マホメット　40
マルクーゼ, H　121
マルクス, K　19, 31, 60, 61, 106, 118, 135, 209
丸山眞男　23, 29, 32
マンハイム, K　128, 135
ミード, G. H　43
ミッテラン　73
ミヘルス, R　35, 36, 37
宮川公男　147
ミランダ　35, 46
ミル, J. S　60, 64, 160, 162, 163, 164, 165
ミル, J　60, 160
ミルズ, C. W　31, 37, 102, 103
ミルブレイス, W　183
ムッソリーニ　106
村上泰亮　105
メリアム, C. E　33, 35, 46
毛利健三　173
モスカ, G　35, 37
モンテスキュー, C. L　56, 61, 158, 194

ヤ行

山川雄巳　145
山口二郎　147
山口定　65, 122, 123, 148, 150, 167, 169, 186, 209, 210
山崎正和　105
山谷清志　151, 174, 176, 177
横山恵子　222
吉田民雄　223

ラ行

ラウシュニング, H　50
ラスウェル, H. D　19, 30, 32, 46, 144, 145, 147
ラスキ, H. D　115
ラッサール, F　154
リースマン, D　101, 102
リカード, D　160
リコール　59, 125, 158, 183
リプセット, S. M　110
リンカーン　46
リンス, J　70, 71, 75
ルーマン, N　123
ルソー, J. J　20, 39, 65, 192, 195
ル・ボン, G　101, 102
レイプハルト, A　69
レーデラー, E　102, 112
レーニン　46, 61, 106, 119
レームブルッフ, G　123
レッセ・フェール　156, 160
レファレンダム　59, 69, 125
ローウィ, T　146
ローゼンベルク, A　42, 51, 109
ロールズ, J　201, 202, 204
ロック, J　20, 55, 56, 61, 202
ロッコ, A　106, 107, 108

ワ行

ワシントン, G　77
渡邉雅弘　194

237

中道寿一（なかみち　ひさかず）

1947 年生。慶應義塾大学大学院法学研究科博士課程修了。
北九州市立大学法学部教授を経て、2013 年 4 月より同大学名誉教授。立命館アジア太平洋大学客員教授。法学博士。

【主要著訳書】（2009 年以降）
『カール・シュミット再考——第三帝国に向き合った知識人』ミネルヴァ書房、2009 年
『政策研究——学びのガイダンス』福村出版、2011 年
『サステイナブル社会の構築と政策情報学——環境情報の視点から』福村出版、2011 年
Ｉ・シャピロ『民主主義理論の現在』慶應義塾大学出版会、2010 年
Ｊ・Ｗ・ミューラー『カール・シュミットの「危険な精神」——戦後ヨーロッパ思想への遺産』ミネルヴァ書房、2011 年
Ａ・ウェーバー『Ａ・ウェーバー「歴史よ、さらば」——戦後ドイツ再生と復興におけるヨーロッパ史観との訣別』福村出版、2013 年

未来をデザインする政策構想の政治学

2014年5月25日　初版第1刷発行

著　者　　中　道　寿　一
発行者　　石　井　昭　男
発行所　　福村出版株式会社
〒113-0034　東京都文京区湯島 2-14-11
電話 03(5812)9702
FAX 03(5812)9705
http://www.fukumura.co.jp
印　刷　　モリモト印刷株式会社
製　本　　協栄製本株式会社

©Hisakazu NAKAMICHI　2014
Printed in Japan

ISBN 978-4-571-40030-8 C3031

定価はカバーに表示してあります
乱丁本・落丁本はお取替え致します

福村出版◆好評図書

中道寿一 編著
政策研究
● 学びのガイダンス

◎2,800円　ISBN978-4-571-41042-0　C3036

政策研究を学ぶために必要な基本的技法と実際の研究について実践事例を紹介する初学者に最適の入門書。

中道寿一・仲上健一 編著
サステイナブル社会の構築と政策情報学
● 環境情報の視点から

◎3,800円　ISBN978-4-571-41044-4　C3036

「持続可能な社会」を築く環境政策を東アジア視点から提示。地方自治体からの具体的な政策発信も詳説する。

A. ウェーバー 著／中道寿一 監訳
A・ウェーバー「歴史よ、さらば」
● 戦後ドイツ再生と復興におけるヨーロッパ史観との訣別

◎4,800円　ISBN978-4-571-41051-2　C0036

ヨーロッパ特有の思想史の俯瞰と戦後ドイツへの国家再生の提言。反ナチスを貫き、大戦中に著した渾身の書。

S.S.ウォーリン 著／尾形典男・福田歓一 他 訳
政治とヴィジョン

◎19,000円　ISBN978-4-571-40017-9　C3031

名著『西欧政治思想史』に2004年ウォーリンが増補した第2部を完訳、戦後アメリカ政治学の金字塔がついに原題で全訳刊行。

櫻庭総 著
ドイツにおける民衆扇動罪と過去の克服
● 人種差別表現及び「アウシュヴィッツの嘘」の刑事規制

◎5,000円　ISBN978-4-571-40029-2　C3036

ナチズムの復活阻止を目的とするドイツ刑法第130条を詳細に分析、その比較から日本の差別構造の本質を撃つ。

L.ローゼン 著／角田猛之・石田慎一郎 監訳
文化としての法
● 人類学・法学からの誘い

◎3,300円　ISBN978-4-571-41043-7　C3032

クリフォード・ギアツ『ローカル・ノレッジ』の先へ──解釈人類学による比較法文化学研究の新しい基本書。

角田猛之・石田慎一郎 編著
グローバル世界の法文化
● 法学・人類学からのアプローチ

◎5,000円　ISBN978-4-571-40025-4　C3032

"非西欧法"を法学・人類学など学際的方法で探究する千葉理論の成果を集約。法文化学の礎となる共同研究書。

◎価格は本体価格です。